Marco Trapani

NonManuale di Informatica
per
NonInformatici

Marco Trapani

Nonmanuale di Informatica per Noninformatici

1a edizione – 2016 – lulu.com

ISBN 978-1-326-55150-6

INDICE

Introduzione

Questo libro nasce da un'esperienza d'insegnamento delle Abilità informatiche nella Facoltà (ora Scuola) di Lettere e Filosofia dell'Università degli Studi di Firenze in vari corsi di laurea: Filosofia, Storia, Lettere, Archeologia, Scienze Sociali ed altre ancora; come dico, scherzosamente, cerco di "insegnare a dei serpenti ad allacciarsi le scarpe".

In effetti parlare di Informatica in un ambito nettamente umanistico (per non dire il cuore del ramo umanistico stesso) per alcuni (in particolare studenti refrattari ai numeri) appare un controsenso: alcuni studenti mi hanno, negli anni, confessato il loro timore verso una materia vista come "molto tecnica", "in qualche modo affine alla matematica", "scientifica" e da questo la loro volontà di scansarla, se appena possibile.

Va da sé, ovviamente, che si tratta di una percezione assolutamente erronea dell'argomento stesso, e in particolare di come io lo affronto (e di come ritengo vada, normalmente, affrontato l'argomento informatica parlando con "non informatici").

Il titolo stesso dell'insegnamento ("Abilità informatiche e relazionali") dovrebbe, a un minimo di analisi, far capire che non si parla di come si "faccia informatica" (intendendo come tale la produzione di **hardware** e/o **software** ai più vari livelli) ma, piuttosto, di come si possa e si debba correttamente USARE l'informatica nel migliore dei modi al fine di essere più efficaci ed efficienti in tutte le proprie attività, sia di studio sia professionali o ludiche.

Al giorno d'oggi l'informatica è diventata, volenti o nolenti, una componente essenziale del vivere quotidiano: anche se uno volesse fare il talebano (e recenti fatti di cronaca, vedi il fenomeno ISIS) non si può prescindere da un uso dell'informatica e dei suoi strumenti, in primis internet e la comunicazione via cellulare (o **smartphone**, anello di congiunzione tra telefono e computer in senso stretto).

In questo testo il mio intendimento non è quello di scrivere l'ennesimo "manuale di informatica" (di cui gli scaffali delle librerie sono più o meno pieni) ma, piuttosto, di dare una traccia di riflessione sui vari argomenti che riguardano l'uso dell'informatica (in particolare da parte di un umanista) e di far vedere come un uso consapevole, attento e intelligente di questi strumenti apra una gamma di potenzialità enorme e che rinunciare a tutto ciò sarebbe, quantomeno, poco intelligente (il che per un aspirante filosofo o umanista apparirebbe singolare...).

Non voglio (e non sarebbe produttivo) riportare in questo testo una massa d'informazioni altrimenti reperibili, sia in manuali specializzati per singolo argomento sia su internet, per più motivi:

- in primis perché sarebbe tempo sprecato, visto che tali informazioni già sono disponibili facilmente (a saperle cercare e selezionare.)[1]
- perché tali informazioni, fissate in un testo, diventerebbero obsolete nel giro di pochi mesi (talvolta di poche settimane) e quindi dovrei rivederle e aggiornarle molto frequentemente.
- infine perché non è mia intenzione fornire un testo definitivo sull'argomento (impresa a mio avviso impossibile) ma piuttosto fornire una bussola e una carta geografica per iniziare un viaggio di scoperta ed esplorazione del mondo informatico che ciascuno possa affrontare a proprio piacimento, recandosi di volta in volta nelle regioni che gli sono più utili e che sollevano maggiormente il proprio interesse.

Tutto ciò premesso qualche precisazione e indicazione per il corretto uso di questo "NonManuale":

- Nel testo di volta in volta si troveranno dei termini in **neretto**: invito a cercare questi termini su **Wikipedia** (vedere prima l'apposito paragrafo nel capitolo "ricerche su internet" per come usare correttamente questo strumento) per approfondire e allargare i significati del termine stesso.
- Stessa accortezza per i **nomi** di vari personaggi
- Di quando in quando ci saranno dei "suggerimenti" (indicati con un ☞ a lato) di aspetti curiosi o che sarebbe interessante approfondire, se vi va.
- In linea di massima, e per una scelta di principio, ove possibile ho sempre fatto riferimento a programmi "Open Source" e "Free"; fanno eccezione i moduli dei programmi tipici del settore "office", dove il riferimento anche al software Microsoft© è d'obbligo per il semplice fatto che, ci piaccia o meno, nel mondo del lavoro è uno standard de facto da cui è praticamente impossibile prescindere.
- La lettura, come ogni "manuale" che si rispetti, può essere affrontata a salti (informaticamente si direbbe "random"), andando a cercare di volta in volta lo specifico argomento d'interesse, senza necessariamente leggere il testo in modo tradizionale "dalla prima pagina all'ultima"; va da se che comunque tutto quello che ho inserito nel testo ritengo sia interessante (altrimenti io per primo lo avrei "cassato"…)

---

[1] Si tenga presente che le voci riguardanti l'informatica e annessi e connessi, su Wikipedia, sono normalmente molto ben fatte; se poi si fa riferimento alla versione in lingua inglese sono anche molto complete e aggiornate.

Quindi, buon "uso" di questo "NonManuale".

Note alla 1a edizione

Varie persone, nel corso degli anni, mi hanno convinto della saggezza del detto "Il meglio è nemico del bene"; questo testo ha richiesto molto tempo per la sua gestazione e, a un certo punto, ho dovuto decidere di "licenziarlo" e pubblicarlo anche se molte cose le avrei volute migliorare ancora; probabilmente quindi prima o poi, spero anche in base ai suggerimenti e consigli di chi avrà la compiacenza di leggerlo, uscirà una seconda edizione riveduta, corretta e arricchita (anche alla luce di novità nel magmatico mondo dell'informatica, dove il cambiamento repentino è sempre più la regola).

Disclaimer

Il contenuto del libro è farina del mio sacco, della mia esperienza e dei miei studi; in molti casi riflette anche delle opinioni personali che, come tali, non è detto che siano condivisibili da tutti; ho cercato, quando possibile di segnalarlo, e, ovviamente, me ne assumo la responsabilità.

Nel testo sono citati spesso marchi commerciali come Power Point, Excel, Google, Microsoft, IBM e molti altri che sono, ovviamente, proprietà dei rispettivi aventi diritto.

Dovrei ringraziare molte persone che hanno contribuito in modo significativo alla mia formazione e alla costruzione di quanto oggi so, in particolare tutte le centinaia di clienti e le migliaia di studenti con cui, nel corso della mia carriera, sono venuto a contatto e che, ciascuno, mi ha insegnato qualcosa.

Sarebbe un elenco lungo e tedioso, e mi limito a citare solo tre persone che, in tempi più recenti, hanno avuto un peso rilevante: la Prof.ssa Anna Benvenuti, già Direttore del Dipartimento SAGAS dell'Università di Firenze, il Prof. Alberto Peruzzi, Docente di Filosofia del Linguaggio che mi ha aperto la mente su tematiche non facili, e la Prof.ssa Filomena Maggino, Docente di Statistica Sociale e Presidente dell'Associazione Italiana per gli Studi sulla Qualità della Vita di cui mi onoro di far parte.

Grazie a tutti.

P.S. ovviamente ci saranno degli errori (in informatica, parlando di programmi, un vecchio adagio recita "non esistono programmi senza errori, esistono solo programmi dove il prossimo errore non è stato ancora trovato") e sarò molto lieto di ricevere segnalazioni in merito, sperando, in futuro, di fare una "release 2.0" di questo NonManuale.

Trapani Marco

Mail to: trapani.marco@gmail.com

Parte generale

Questo è, probabilmente, il più "tecnico" dei capitoli (e dovendo "introdurre" l'argomento difficilmente poteva essere diverso); cercherò, nei limiti del possibile, di evitare di eccedere in tal senso, rimanendo sempre nei limiti di comprensibilità e di approfondimento necessari ad un "non tecnico", premettendo però che "capire" anche, seppur in linea generale, aspetti più "tecnici" ed "interni" di un qualsiasi ambito ci permette di utilizzare lo strumento in modo molto più consapevole; è un po' come guidare l'auto: non è strettamente necessario (come era richiesto una volta) sapere cosa diavolo sia lo "spinterogeno" (che, tra l'altro, nei moderni motori a iniezione non esiste più) o come funziona una "frizione a secco", ma sapere che esiste, a cosa serve, più o meno come sia fatta ci permette probabilmente di guidare meglio, e sicuramente sarà necessario se vorremo diventare dei piloti, anche se non saremo chiamati in prima persona a riparare o progettare una autovettura.

L'informatica questa sconosciuta

"Informatica" è un termine relativamente recente: rispetto a molte altre discipline storicamente ben più "anziane" si parla di "informatica" solo da poco dopo la seconda guerra mondiale: il termine stesso nasce nel 1957 (quindi è di un solo anno più vecchio di me…) mentre prima la creazione, programmazione e uso dei computer era una branca dell'ingegneria; solo in tempi recenti ha assunto una importanza tale da diventare una disciplina autonoma, tanto e vero che le "Facoltà di Informatica" sono una realtà autonoma da pochi decenni, e spesso ancora sono inserite all'interno di ambiti come l'Ingegneria o la matematica, con qualche distinguo.

In effetti l'informatica in senso stretto si presta ad essere affrontata in più modi:

- Dal punto di vista dell'**Ingegneria elettronica**, dove ci si preoccupa prevalentemente delle sue componenti "Hardware", ossia le parti tangibili, che si posso proprio toccare, pesare, rompere…

- Dal punto di vista dell'**Informatica gestionale**, dove l'attenzione è posta all'uso e alla integrazione dell'informatica nella realtà delle aziende e della loro organizzazione al fine di meglio sfruttare l'informatica stessa

- Da punto di vista della **Matematica** dove l'attenzione è più sulla realizzazione di componenti software di base (algoritmi) che possano rendere più efficace (e soprattutto più efficiente) la realizzazione di software per i più disparati usi

Ma queste, in effetti, sono specializzazioni piuttosto spinte, e non esaustive del grande mondo delle competenze che gravitano intorno all'informatica: che dire della grafica, necessaria per il "design" di un buon programma, sito o "App" ? e dell'ergonomia, della progettazione di interfacce human-friendly, dello studio di nuove applicazioni dell'elettronica e dell'informatica alla vita quotidiana, dell'intelligenza artificiale, ecc.ecc.?

Dal punto di vista di tutti gli altri (diciamo i "*non addetti ai lavori*"), l'informatica diventa un semplice strumento, che si affianca ai tradizionali "carta penna e calamaio" per rendere più facile e veloce qualsiasi compito umano, sia esso di produzione di sapere o semplicemente di "uso" del sapere già prodotto da altri.

Con una sostanziale differenza: la "potenza" intrinseca allo strumento; l'uso di carta penna e calamaio per scrivere una lettera comunque presupponeva un certo impegno, in termini di tempo e denaro, per cui tale attività era filtrata attraverso un processo cognitivo che permetteva, entro certi limiti, di evitare eccessi e errori (od orrori); la disponibilità di uno strumento immediatamente accessibile e ad un costo "d'uso" praticamente nullo (non si spende niente per inviare una mail o un messaggio via WhatsApp in più…) rende tale attività talmente facile che spesso si presta ad un uso poco intelligente, sicuramente molto meno meditato della spedizione di una lettera (che presuppone di scriverla, imbustarla, affrancarla, spedirla...).

In pratica grazie all'USO dell'informatica le nostre potenzialità comunicative, lavorative, di accesso e produzione di dati sono enormemente cresciute, ma questo sottintende un rischio: ogni errore viene esso stesso amplificato e potenziato grazie (o, meglio, a causa) dell'informatica e delle sue applicazioni.

Purtroppo spesso non ci se ne rende conto, e molto spesso l'uso di strumenti elettronici e informatici effettuato senza una precisa conoscenza del loro funzionamento, dei loro limiti e potenzialità porta da un lato ad una loro sottostima (e conseguente perdita di opportunità) oppure ad una loro pesante sovrastima, con atteggiamento quasi fideistico per cui ci si "fida" del computer, di internet, dell'elettronica in genere, abdicando ad un uso attivo dell'unica parte del nostro corpo che di distingue nella natura: il cervello.

Come tutte le discipline l'apprendimento dell'informatica presuppone un certo grado di impegno e di dispendio di energie e di tempo, ma, a differenza di molte altre, il tempo e l'impegno spesi per acquisire competenze di base nell'informatica è tempo molto ben speso, semplicemente perché l'informatica non è una disciplina "fine a se stessa", con una sua utilità specifica e limitata, ma piuttosto uno "strumento" moltiplicatore che, se correttamente appreso, permette di aumentare le nostre potenzialità in termini di efficienza in moltissimi ambiti, compreso quello fisico: qualsiasi sportivo di un certo livello (ma oggigiorno anche qualsiasi amatore) **utilizza** l'informatica per tenere sotto controllo le proprie performance, senza per questo essere uno specialista di informatica.

Breve storia dell'informatica

Visto che l'informatica è cosa recente, dovremmo riferirci, correttamente, a tutto il lungo periodo precedente come "preistoria" dell'informatica, e, in effetti, se ci atteniamo alla sua definizione in senso stretto (ossia metodi di memorizzazione delle informazioni e di supporto al calcolo) la sua preistoria comincia già quando l'uomo ha scoperto la scrittura e ha iniziato ad usarla per scopi pratici, come le tavolette assiro-babilonesi che servivano per inventari e controlli della produzione agricola e per gli scambi del mercato.

Già questo aspetto introduce un argomento molto interessante: i supporti di memorizzazione, che affronteremo anche da un punto di vista storico nel paragrafo sulla "memorizzazione dei dati".

La possibilità di effettuare complessi calcoli per i più svariati usi è una questione affrontata già nei primi secoli della nostra era; recentemente (inizio '900) è stato trovato un interessante reperto, la cosiddetta

☞ Macchina di Antikythera

che ci dimostra come l'uomo sia ricorso a macchinari più o meno sofisticati per risolvere in modo rapido le sue esigenze, in questo caso di calcoli astronomici (limitatamente alle conoscenze dell'epoca) per il moto dei pianeti e della luna, nonché per stabilire le date delle olimpiadi classiche.

Per inciso l'esistenza stessa della macchina di **Antikythera** è un argomento di grande interesse per un umanista che guardi al periodo greco-ellenistico, dato che ci fornisce indicazioni in merito ad un livello di progresso tecnico-scientifico che fino a pochi decenni fa veniva ritardato di 12-14 secoli...

Saltiamo parecchi secoli e arriviamo rapidamente a **Von Leibniz**: personaggio eclettico, ci si imbatte nella sua figura se si studia la storia o le origini di diverse discipline, tra cui ovviamente la matematica ma anche la filosofia, la logica, e molto altro (è considerato tra l'altro anche uno dei precursori di Freud...).

Leibniz è una figura interessante per più motivi: prima di tutto perché ha inventato una delle prime macchine calcolatrici in grado di fare moltiplicazioni (la precedente macchina di **Pascal** era solo una addizionatrice) ma, soprattutto, perché è stato il primo a ipotizzare una macchina in grado di fare calcoli utilizzando il **sistema binario**; per inciso Leibniz scrive un testo in merito al sistema binario e alla sua semplicità e praticità proprio nel medesimo periodo in cui un suo corrispondente dalla Cina (in quel periodo la Cina iniziava ad "andare di moda") gli sottopone un testo classico, lo **I Ching** o **Libro dei mutamenti**, che, guarda caso, è basato proprio sul sistema binario e sulla combinazione di sei simboli binari (in quel caso linee intere o spezzate) che danno 64 combinazioni possibili, usate, nella civiltà cinese, per molteplici scopi, il più famoso dei quali è un sistema divinatorio spesso mal interpretato specialmente negli ultimi decenni in occidente, dove è stato più o meno maldestramente affiancato ai Tarocchi.

Arriviamo a inizio '800, dove un inventore francese, **Joseph Marie Jacquard,** crea un telaio automatizzato per la produzione dei tessuti (ancora oggi ben noti nel settore come "tessuti jacquard") comandato da un nastro perforato (erroneamente si pensa a "schede perforate", solo perché in effetti erano singole schede unite insieme a formare un unico "nastro").

La macchina di Jacquard è molto interessante anche perché possiamo considerarla l'inizio della figura del "programmatore" in senso lato: in effetti per far funzionare un telaio pre-jacquard era necessaria una sola figura professionale, un operaio altamente specializzato che sapesse far funzionare il telaio e fosse in grado di comandare tutte le varie parti per ottenere il disegno desiderato; in effetti un artigiano per la cui formazione erano necessari anni e anni di pratica.

Con il telaio Jacquard le figure professionali diventano due: una, che potremmo assimilare ad un "colletto blu" o operaio, destinata al mero controllo del funzionamento della macchina, alla risoluzione di problemi come inceppamenti, rotture di fili o anomalie simili, e un'altra, che potremmo invece classificare come "colletto bianco" o impiegato, lavoratore intellettuale, che, partendo da un progetto teorico e astraendo dalla effettiva operatività della macchina (non è necessario che sappia esattamente come si muovono gli aghi e le spolette, non è necessario che sia bravo a far funzionare un telaio) produca dei cartoncini con sopra dei buchi (quindi una astrazione teorica) per ottenere un risultato pratico.

Intorno alla metà dell'800 dobbiamo parlare di un'altra figura, uno di quei personaggi vittoriani che hanno inventato molto più di quello che poi hanno effettivamente realizzato: **Charles Babbage**.

Babbage fu l'inventore di due macchine diverse, la **macchina differenziale** e la **macchina analitica,** progettate allo specifico scopo di eseguire rapidamente e con la massima precisione complessi calcoli per la produzione di tavole logaritmiche (necessarie per i calcoli prima dell'avvento delle moderne calcolatrici, io stesso ho dovuto imparare ad usarle ancora negli anni '70 del '900 per i calcoli strutturali) e di tavole delle maree (previsione delle maree nei porti, una questione che nell'800 era di grande importanza sia per i commerci sia per la marina militare).

Le macchine di Babbage in realtà non andarono molto lontano: come talvolta accade l'idea teorica non era realizzabile praticamente con i mezzi dell'epoca (la precisione delle ruote dentate doveva essere assoluta per garantire un corretto funzionamento) ma il loro funzionamento teorico, la logica che stava alla base, indussero un'altra figura interessante dal nostro punto di vista: **Lady Ada Lovelace.**

Ada Lovelace molto probabilmente non sarebbe passata alla storia se non come la figlia del poeta George Gordon Byron, se non avesse incontrato Charles Babbage; figura insolita per l'epoca (basti pensare alle figure femminili tratteggiate da Jane Austen) Ada studia matematica, scienze, logica e analisi; in particolare si ricorda il suo lavoro su un particolare calcolo, l'**algoritmo per i numeri di Bernoulli**, la cui descrizione è oggi considerata il primo programma informatico della storia; proprio per ricordare la sua figura uno dei linguaggi di programmazione usato dal Dipartimento della Difesa degli Stati Uniti è denominato ADA, con codice MIL-STD-1815 (dal suo anno di nascita).

Pochi decenni dopo, dall'altra parte dell'oceano, arriva un'altra figura di inventore: **Herman Hollerith**, ingegnere minerario; dopo varie esperienze in campo statistico arrivò, nel 1890, a proporre una nuova macchina tabulatrice basata sulle schede perforate per analizzare i dati del censimento.

In quel periodo (ma ancora oggi) negli Stati Uniti i dati della popolazione residente in ciascuno stato erano molto rilevanti dal punto di vista politico, dato che ogni stato doveva eleggere un numero di rappresentanti alla Camera dei Deputati proporzionale alla popolazione stessa; in un epoca di immigrazione, di ampliamento delle frontiere a ovest, di rapido sviluppo degli insediamenti e delle città cambiava, ovviamente, i rapporti di rappresentanza tra i vari stati.

La macchina di Hollerith rappresenta, dal punto di vista informatico, due sostanziali novità:

1. La scheda perforata, che, a differenza della macchina di Jacquard (dove possiamo assimilarla ad un modo di memorizzazione del "Programma"), serve come base di memorizzazione di dati; rappresenta, quindi, il primo caso di supporto informatico in senso stretto per la memorizzazione di informazioni scritte (in questo caso più correttamente "perforate").

2. La macchina stessa che, a differenza della macchina di Jacquard (e, in parte, anche della macchina di Babbage) si presta a molteplici scopi: il telaio di Jacquard può produrre innumerevoli disegni, ma sempre di tessuti si tratta; la macchina di Hollerith può essere applicata, semplicemente definendo il significato attribuito alle varie perforazioni della scheda, ad un qualsiasi compito dove sia necessario contare qualcosa.

Proprio la macchina di Hollerith è responsabile, se vogliamo, della nascita della figura dell'Analista, ossia il professionista che si preoccupa di definire i contorni di un problema applicativo e cerca il miglior modo di risolverlo, impostando le logiche di base e definendo le regole che poi il programmatore dovrà implementare nel vero e proprio programma informatico.

Il fatto stesso che la macchina di Hollerith fosse "ad uso generale" e non specifica solo per uno scopo gli permise di fondare una azienda, la Tabulating Machines Company che, pochi decenni dopo, sarebbe evoluta nella International Business Machines (IBM), corporation che ha dominato il mondo dell'informatica soprattutto a cavallo degli anni '60, '70, '80 e '90 del '900.

Dopo Hollerith dobbiamo aspettare un po' di tempo per incontrare nuovi personaggi interessanti: arriviamo agli anni '30 del '900 per conoscere **Alan Turing**; il contributo di

Turing all'informatica (e non solo) è rilevantissimo: la **Macchina di Turing** rappresenta il modello teorico di base per qualsiasi computer moderno (compresi quindi i comuni smartphone) mentre il **Test di Turing** permetterà, un giorno, di attribuire il grado di intelligenza pari a quella umana alla macchina (o programma) che riuscirà a superarlo a pieni voti.

Alan Turing, oltre a questi contributi fondamentali per l'informatica e la ricerca sull'intelligenza artificiale, fu uno dei principali artefici della vittoria degli Alleati nella Seconda Guerra Mondiale; può sembrare eccessivo, pensando ad un uomo che probabilmente non ha sparato mai un solo colpo di fucile e che sicuramente non ha mai visto la linea del fronte, ma il gruppo da lui guidato a **Bletchley Park** permise agli inglesi di decrittare (vedi il capitolo "crittografia" per qualche dettaglio in più) le comunicazioni militari dell'Asse; proprio questa capacità di lettura fu alla base di numerose vittorie Inglesi (in particolare in Nord Africa) che, fino alla graduale desecretazione delle notizie sulla decrittazione di **Enigma**, erano state attribuite a tutt'altre motivazioni (e quindi, in questo caso, la conoscenza dei fatti arrivata con un ritardo di diversi decenni ha costretto a "riscrivere" la storia della Seconda Guerra Mondiale, almeno nelle motivazioni di numerosi avvenimenti sul teatro europeo).

Nonostante tutto questo Alan Turing nel 1952 fu condannato per omosessualità (sono passati poco più d cinquanta anni, e sembra di parlare di secoli fa) e costretto alla castrazione chimica per evitare il carcere; morì, suicida, due anni dopo, soprattutto a causa della depressione indotta dal trattamento; se si pensa a quello che aveva già realizzato, e al fatto che sia morto a soli 42 anni, ci fa pensare a quanto l'umanità abbia perso a causa dell'omofobia; solo nel 2009 il governo inglese, a seguito di una petizione su internet, ha chiesto pubblicamente scusa per il trattamento riservato a Turing, e nel 2013 la Regina ha elargito la Grazia postuma.

La seconda guerra mondiale diede, come spesso capita, un notevole impulso nella ricerca di strumenti e tecnologie; proprio per la preparazione di tavole balistiche per il tiro dell'artiglieria (tra le altre cose) e per il "progetto manhattan" che portò alla bomba atomica fu progettato e costruito uno dei primi calcolatori: **ENIAC**; un "arnese" pieno di valvole, grande come un paio di appartamenti, che consumava una quantità indecente di energia elettrica ed era in grado di fare poche operazioni di calcolo al secondo.

Dall'altra parte del fronte un ricercatore tedesco, **Konrad Zuse**, progetto e produsse i primi calcolatori elettronici della storia: lo Z1, poi lo Z2 e infine lo Z3; per fortuna il regime nazista, troppo impegnato ad utilizzare macchine elettromeccaniche a schede (ricordate Hollerith? le discendenti delle sue macchine, prodotte dalla IBM, furono usate anche nel censimento dell'Olocausto...) non capì l'importanza e le potenzialità di simili apparecchiature che finirono in un angolo e non furono mai utilizzate realmente.

Dopo la seconda guerra mondiale l'epoca della ricostruzione vide il proliferare di nuove iniziative nella invenzione e produzione di computer, sui tre fronti classici di utilizzo:

- Ricerca pura e applicata
- Sistemi di controllo militare a più livelli

- Sistemi gestionali per le aziende

Ovviamente quando si parla di aziende, in quell'epoca, si intendono le grandi se non le grandissime aziende, visto che i primi computer gestionali costavano milioni di dollari (dell'epoca).

Negli anni '60 in particolare furono inventati i primi "linguaggi di programmazione" (vedi il capitolo relativo alla "programmazione) come il **FORTRAN** (Formula Translator) per scopi matematici e il **COBOL** (Common Business Oriented Language) per la scrittura di applicazioni gestionali; proprio quest'ultimo di permette di sottolineare una figura interessante: **Grace Murray Hopper**, che ha il suo posto nella storia dell'informatica per più ragioni:

1. La prima donna a arrivare al grado di Ammiraglio degli Stati Uniti
2. Alla guida del team che ha inventato il linguaggio di programmazione commerciale più longevo; il COBOL si usa ancora oggi
3. Ha coniato il termine "debugging"[2] (togliere errori da un programma)

L'informatica e il genere femminile, contrariamente agli stereotipi, nella storia sono andate molto d'accordo: basta vedere su Wikipedia (in inglese) il capitolo "**Women_in_computing**" riporta un bell'elenco che smentisce decisamente l'assunto "i computer sono roba da maschi".

Torniamo agli anni '60-'70 dove, nel settore commerciale, si impone la IBM, conosciuta anche come "BIG BLUE" che domina il mercato; addirittura i 5 produttori che la seguono in classifica, tutti insieme, non raggiungono il fatturato della IBM; erano conosciuti con l'acronimo **BUNCH**: Burroughs, Univac, NCR, Control Data Corporation e Honeywell.

Molte sono le aziende che in quell'epoca nascono, crescono, in qualche caso muoiono o si evolvono: Digital Equipment, Hewlett-Packard, Cray, Unisys, Fujitsu, Nixdorf per non dimenticare le italiane: la IME (Industria Macchine Elettroniche[3] e la Olivetti.

Nella seconda metà degli anni 70, grazie alla invenzione del microprocessore (ad opera di un italiano, **Federico Faggin**) i tempi sono maturi per l'invenzione del computer ad uso individuale: il nome PC (Personal computer sarà coniato solo qualche anno dopo da IBM, nel 1981).

---

[2] Gustoso l'aneddoto: il primo "bug" della storia dell'informatica è stato, materialmente, un vero scarafaggio che era andato ad incastrarsi (ovviamente bruciando) nei piedini di una delle valvole che costituivano ENIAC, provocando ovviamente un malfunzionamento e dei dati errati.

[3] La cito, anche se non è molto importante nel panorama mondiale, soprattutto perché è l'azienda che ha prodotto il primo computer su cui ho materialmente messo le mani negli anni '70: un sistema con 6KB di memoria centrale a nuclei di ferrite… monitor da una riga, 40 caratteri… dischi "floppy" da 8" con 512KB di capacità… programmazione in macroassembler da tastiera, con 6 "registri" di calcolo; roba da museo, decisamente.

Difficile stabilire chi sia stato il primo, anche perché molte sono state le iniziative e le macchine anche prodotte da grandi aziende, ma con costi esorbitanti e non certo rivolte al pubblico, ma piuttosto a centri di ricerca e aziende; solo con l'Altair 8800 sarà messo sul mercato un primo "computer" da hobbista, ma ancora si tratta di uno strumento ben lontano da quello che siamo abituati a pensare sulle nostre scrivanie: programmazione in linguaggio macchina, interfaccia tramite poche lampadine a led... roba da appassionati di elettronica, non per tutti.

Ci vorranno alcune "invenzioni" per arrivare ad un oggetto "per tutti": innanzitutto un **sistema operativo**, tra i primi il CP/M e, solo dopo, il MS-DOS della appena nata Microsoft; sempre dalla Microsoft un adattamento del Basic, linguaggio "per principianti" in modo da permettere a molte più persone la possibilità di "usare" un pc per i più svariati scopi.

Nasce in quel periodo anche la Apple, con un primo apparecchio (Apple I e soprattutto il successore Apple II) che ottiene un buon successo: qualche migliaio di "oggetti" venduti.

All'inizio degli anni '80 la IBM; colosso del settore, tira fuori il primo vero PC, o Personal Computer; dimostra di credere in un mercato nascente, non intuendone fino in fondo le potenzialità e le dimensioni: infatti lascia il cuore (Micro Processore) del nuovo PC in mano ad una azienda terza, la INTEL, che diventerà un vero colosso; anche il Sistema Operativo viene acquisito dall'esterno, dalla Microsoft, che ottiene un contratto vantaggiosissimo: non vende il suo MS-DOS alla IBM ma piuttosto lo da in licenza, in modo da avere un ritorno economico, anche se apparentemente modesto, da ogni copia venduta: sarà la chiave per crescere fino a dimensioni inusitate.

In fin dei conti la IBM, di suo, ci mette solo il nome (un vero e proprio "marchio di qualità", soprattutto per le aziende) e un lavoro di ingegnerizzazione che permette di assemblare un vero e proprio "sistema" completo di tutto il necessario, anche se ancora non proprio economico: un PC IBM dell'epoca, con un disco fisso da soli 10 MB (si, esattamente, 10 MB in tutto) e un monitor monocromatico costa, compreso di una stampante da 80 colonne (niente grafica) sui 10 milioni di lire dell'epoca: a conti fatti, più o meno, possiamo paragonarli a 15.000 euro del 2015.

Da qui in poi, più che storia si potrebbe parlare di cronaca; si fronteggiano due mondi: da un lato la IBM e tutto il mondo degli IBM Compatibili, dall'altro la sola Apple che fa della sua "peculiarità" un motivo di vendita: "Think Different", confrontato allo slogan storico della IBM: "Think".

Un discorso a parte si dovrebbe fare per i sistemi "Gestionali", quelli , per intendersi, usati dalle aziende e sicuramente non da privati, visto il loro costo e le loro caratteristiche specifiche.

Negli anni '70 e '80 il mercato è piuttosto affollato: IBM la fa da padrona, ma anche la Olivetti, la Nixdorf, la Univac, la Digital Equipment e molte altre fanno la loro parte; le enormi esigenze di continuo investimento in particolare sullo sviluppo del "Sistema Operativo" da un lato, e la rapida ascesa dei PC (a cui diverse case si dedicheranno, prima fra tutte la Olivetti) spingeranno in un angolo molti competitor: unica eccezione la IBM che, con le sue macchine della linea 3X (sistemi /3, /32, /34, /36, /38) domineranno la scena aziendale, entrando e permettendo la meccanizzazione di quasi tutte le medie-grandi aziende italiane e non; sopra, dedicati alle banche e alle grandissime, i sistemi "mainframe" della linea /360, poi /370 e 43xx.

Dal sistema /38 nascerà, nel 1988, il sistema AS/400, in anni recenti ridenominato **iSeries**, che rappresenterà (e in parte rappresenta a tutto oggi) una "punta di diamante" della tecnologia, soprattutto in ambito software: Sistema Operativo ad Oggetti, Data Base Relazionale integrato, un corredo completo di tool di comunicazione e di sviluppo, un sistema di gestione della sicurezza inattaccabile ne faranno un best seller che resiste ancora oggi, a quasi 30 anni di distanza: in campo informatico è come pensare che un dinosauro circoli ancora nelle nostre campagne e se la cavi, tutto sommato, egregiamente.

Saranno gli anni a cavallo del 1990 a far nascere i due "cardini" su cui poi si innesteranno sviluppi imprevedibili: da un lato **Tim Berners-Lee** creerà il primo sistema di gestione di quello che diventerà il **World Wide Web**, la rete come la conosciamo e usiamo tutti i giorni (ma per questo vedremo nel capitolo "Breve storia di Internet"); dall'altro un giovane dottorando finlandese, Linus Thorvalds, darà il via al fenomeno **LINUX**, sistema operativo **Open Source** basato su precedente UNIX, che conquisterà il favore del mercato grazie alla sua flessibilità e al costo (zero…); quasi tutti i produttori si getteranno su questo nuovo filone, e anche la IBM, poco dopo, si metterà a "supportare" il nuovo sistema.

LINUX, tra l'altro, lo usiamo oggi in centinaia di milioni di persone (molto probabilmente oltre il miliardo), visto che il noto sistema **Android** che fa funzionare una gran parte degli Smartphone sul mercato non è altro che una versione specifica di LINUX…

Come è fatto un computer (e altro)

In linea di principio un computer è composto da poche essenziali parti:

1. Delle parti necessarie per l'**INPUT** di dati (come ad esempio tastiere, microfoni, schermi touch, mouse, joystick, scanner, lettori di codici a barre, linee telefoniche, linee di connessione dati, connessioni bluetooth e altro ancora)

2. Delle parti necessarie per l'**OUTPUT** di dati (come ad esempio stampanti e schermi video, nonché diverse delle parti di input che sono in realtà di Input/Output visto che svolgono entrambe le funzioni, come linee telefoniche o di connessione dati)

3. Una parte che serve per la memorizzazione "permanente" di programmi e dati, rappresentata normalmente da "dischi" o simili supporti (nei primordi tamburi, poi dischi magnetici, dischi ottici o magneto-ottici, oggi sempre più semplici chip elettronici come le schedine SD usate nei cellulari o nelle macchine fotografiche e le "chiavette USB" usate per trasferire dati da un computer all'altro)

4. Una parte che serve per la memorizzazione "temporanea" di programmi e dati in fase di esecuzione, la cosiddetta "memoria centrale"

5. Un processore, che esegue le operazioni previste dai vari programmi (e che, in definitiva, è il "calcolatore" vero e proprio)

6. Un "Bus" o canale che collega il tutto

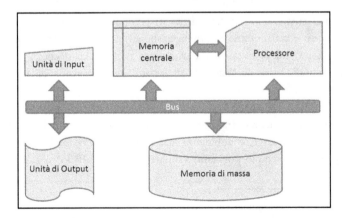

Parte generale

Qualche considerazione addizionale sulle varie parti:

1. **INPUT:** sono le unità più varie e diverse, fondamentali per fornire al sistema dati da trattare; agli inizi si utilizzavano prevalentemente tastiere e poco più, negli anni siamo arrivati ad una notevole diversificazione e a unità di inserimento non solo per dati di tipo "testo", ma anche e soprattutto immagini (scanner, fotocamere e videocamere digitali) e suoni (microfoni); da sottolineare la grande rilevanza, in particolare nel mondo degli **smartphone** e **tablet**, degli schermi TOUCH, che permettono di risparmiare ed evitare la presenza della tastiera, nonché di permettere un uso più intuitivo e facile di molti programmi.

2. **OUTPUT:** inizialmente solo stampanti "a carattere" in grado di stampare semplici tabulati[4], fino ad arrivare oggi a stampanti laser a colori in grado di riprodurre fedelmente fotografie ad una risoluzione elevatissima; anche gli schermi sono cambiati molto, e dai primi esemplari a tubo catodico in grado di visualizzare poche righe da pochi caratteri siamo arrivati a schermi LCD ultrapiatti, leggerissimi, con la possibilità di produrre immagini di elevata qualità.

3. **MEMORIA CENTRALE:** una componente importante del computer o tablet; per vari motivi la sua dimensione influenza sia il numero di programmi che possiamo effettivamente eseguire "in contemporanea" con il nostro computer sia la sua velocità complessiva; la memoria di un PC di uso comune oggigiorno (2015) è tra gli 8 e i 12 GB (Gigabyte, vedi più avanti il capitolo sulla "memorizzazione dei dati"); vale il principio più ce n'è e meglio è.

4. **PROCESSORE:** il processore rappresenta il vero e proprio cervello del computer, quello che provvede alla esecuzione effettiva dei programmi; esistono molte "famiglie" di processori, in base alle case produttrici; in particolare i processori POWER (IBM), i PENTIUM e successori (INTEL), gli AMD. Su internet si possono trovare tabelle di comparazione tra i vari processori per valutarne e raffrontarne la potenza; spesso la velocità viene espressa in GHz (Gigahertz) ma si tratta di un parametro parziale, dato che il vero e proprio "troughput", ossia la "capacità di lavoro", è influenzata da molti parametri diversi.

5. **MEMORIA DI MASSA:** dove possiamo memorizzare i nostri dati, come testi, tabelle, fotografie, registrazioni, film, musica…; ovviamente deve essere capiente per quanto ci serve, e dobbiamo fare una valutazione preliminare delle nostre esigenze; ad esempio possiamo valutare in circa 1 MB lo spazio necessario per

---

[4] Comunque, anche in quei lontani tempi, si riusciva a produrre, con solo la stampa di caratteri dell'alfabeto, opere pregevoli che oggi vanno sotto il nome di ☞ **"ASCII ART"**

memorizzare una fotografia, in 3-4 MB lo spazio per una canzone, in 1.4 GB lo spazio per un intero film; e i testi ? insignificanti... a meno che non contengano immagini particolari un intero libro occuperà poche decine di KB[5].

6. **BUS[6]**: c'è poco da dire: anche se si tratta di una componente essenziale è poco pubblicizzata, e l'utente in genere non si accorge della sua esistenza, visto che non può scegliere: ogni produttore di computer ne ha uno specifico (o pochi) e non è previsto che sia in qualche modo modificabile o espandibile da parte dell'utente.

A proposito delle componenti di INPUT e OUTPUT un po' di attenzione è bene darla alle "porte" o connessioni possibili; ne esistono di molti tipi, e ogni PC (o tablet o smartphone) ne ha, di norma, più di una:

- **Porte Seriali**: quasi in disuso, erano utilizzate per il collegamento di stampanti o di apparecchiature particolari (es. strumenti di laboratorio)

- **Porte USB**: dal loro nome "Universal Serial Bus" si capisce lo scopo: sono progettate espressamente per collegare ad un computer qualsiasi tipo di periferica, sia di input che di output; anche il connettore era nato per essere universale, ossia di un tipo solo; in realtà fin da subito erano previsti il tipo "A" (quello, per intendersi, delle comuni chiavette USB) e il tipo "B" (quello usato per collegare le stampanti, di forma quasi quadrata (dal lato della stampante); successivamente sono nati i "mini" (mini-A e mini-B) e i "micro" (micro-A e micro-B): anche lo standard di velocità è variato, dalla prima versione 1.0 alla 2.0 per arrivare alla attuale versione 3.0, molto più veloce; per distinguerla dai modelli precedenti si può osservare la linguetta all'interno della presa: per la 3.0 deve essere di colore azzurro; in arrivo, giusto per complicare le cose, una nuova misura USB-C, e nuove velocità di trasmissione

- **Porta VGA**: è una porta Video necessaria per collegare al PC un comune proiettore, specialmente quelli più vecchi che spesso hanno solo questo tipo di collegamento; per i proiettori più moderni si può usare, con l'opportuno cavo, la presa HDMI

- **Porta HDMI**: presa video ad alta risoluzione: ottima per collegare il PC ad un televisore o ad un proiettore per ottenere il massimo risultato di visualizzazione

---

[5] Un libro di 2000 pagine (un bel malloppone...) in effetti contiene "solo" 4 milioni di caratteri, circa 4Mb, più o meno una canzone di 3-4 minuti...

[6] Si pronuncia "bas"...

- **Porta PS/2:** è un tipo particolare di porta (di forma rotonda) presente su una vecchia serie di PC IBM (appunto i PS/2) e rimasta in uso, specialmente sui PC tipo "tower" (vedi paragrafo sulle "Tipologie di computer") ; serve prevalentemente per il collegamento di Mouse e Tastiere, oggi spesso rimpiazzata da comuni connessioni USB

- **Presa Cuffie/microfono:** è una presa di tipo "mini-jack" comune a vari apparecchi audio come radio, lettori mp3, lettori cd, cellulari e usata per collegare al pc, in due diverse prese, una unità di OUTPUT (cuffie o casse audio) e una di INPUT (microfono); utilissima l'accoppiata Cuffia-microfono di tipo "centralinista" in particolare se si vogliono usare programmi di videotelefonia on-line come Skype.

Infine qualche considerazione sugli schermi: siamo passati dai primi schermi in "bianco e nero" (quasi subito evoluti in "verde e nero") che permettevano la visualizzazione di poche righe (fino a 24-25) per poche colonne (fino a 80-132) a video grafici di qualsiasi dimensione e con "risoluzione" elevatissima (sono recentemente usciti schermi in Ultra Alta Definizione, e il trend, soprattutto per motivi commerciali, non si esaurisce).

In effetti un qualsiasi pc o smartphone è oggi dotato di uno schermo più che ottimo, in grado di visualizzare immagini, fotografie o film con una resa eccellente; il prossimo confine potrà essere, piuttosto, lo studio di schermi che siano sempre meno fastidiosi per gli occhi, altrimenti tra qualche decennio avremo dei seri problemi di vista da sovraffaticamento per una gran parte della popolazione.

Gli schermi sono sempre più spesso di tipo "touch", ma con diverse caratteristiche: intanto il tipo di penna da utilizzare: ne esistono di due tipi, diversi; le penne che vanno bene per un iPhone, ad esempio, non sono adatte ad un Samsung Note (che ne incorpora una specifica); una delle novità più recenti è uno schermo sensibile alla pressione, nel senso che non ha solo una lettura di tipo binario (toccato-non toccato) ma è in grado di rilevare "quanto" stiamo premendo (vedi iPhone 6) in modo da fornire delle risposte diverse se stiamo sfiorando, premendo o premendo con forza sul video nel medesimo punto; questo permette un livello di interazione più sofisticato, ovviamente lo sviluppo di nuove applicazioni (o nuove versioni di applicazioni esistenti) che ne tengano conto e integrino nuovi servizi, e, ovviamente, uno nuovo apprendimento di tali opportunità.

Tipologie di computer

Cercare di tracciare una categorizzazione del mondo dei computer rischia di fare un lavoro in continua evoluzione; diciamo che quella proposta è una classificazione valida, più o meno, fino al 2015, poi vedremo dove ci porterà l'evoluzione tecnologica.

Iniziamo con il dire che l'informatica NON si limita al settore consumer, ossia ai Personal Computer e apparecchi simili che ciascuno di noi può comprare comodamente in un qualsiasi negozio di elettronica; dividiamo quindi subito i computer in tre grandi categorie:

1. Computer Professionali
2. Computer Personali
3. Smartphone (computer e telefono insieme)

Per computer Professionali intendiamo quelli di grande dimensione e costo utilizzati prevalentemente da due categorie specifiche di utenti: le medio-grandi aziende e i centri di ricerca.

Questi computer sono molto diversi da quelli conosciuti al "grande pubblico": oggigiorno prevalentemente sono montati in appositi armadi (Rack) della dimensione standard (in larghezza) di 19 pollici (circa 48 cm) dove ogni componente (computer, dischi, unità di rete) occupa uno o più "cassetti".

I computer professionali hanno dei costi che partono da circa 10.000 euro per arrivare a svariati milioni, in funzione della potenza richiesta e, in particolare, della capacità di memorizzazione dati; utilizzano, normalmente, dei sistemi operativi specifici, solo in pochi casi Windows (versione server) ma molto più spesso Unix/Linux o derivati oppure il sistema iOs o il sistema MVS (entrambi "proprietari" di IBM); da notare che Apple non è praticamente presente in questo settore.

I computer Personali possiamo dividerli in alcune sottocategorie specifiche:

1. Sistemi "tower"
2. Sistemi "desktop"
3. Sistemi "portatili"
   a. Notebook
   b. Netbook
   c. Ultrabook
   d. Tablet
   e. Tablet convertibili
   f. Phablet (incrocio tra Phone e Tablet, in pratica uno "smartphone" grande…)

Parte generale

La differenza, essenzialmente, sta nella loro forma e dimensione:

- I sistemi "Tower" sono fatti appunto come una torretta, e sono collocati sotto la scrivania; normalmente sono quelli più potenti e espandibili, soprattutto perché non hanno problemi di ingombro e/o peso; non necessariamente sono i più costosi dato che, non avendo appunto problemi di spazio o di alimentazione le componenti costano molto meno di quelle ultraleggere e miniaturizzate necessarie per sistemi portatili.

- I sistemi "Desktop" (oggi un po' in disuso) sono simili per caratteristiche ai sistemi tower, con la differenza che sono collocati, di solito orizzontalmente, sopra la scrivania (normalmente sotto il monitor); rispetto ai sistemi tower sono normalmente un po' meno espandibili ma sono più comodi per l'accessibilità delle porte USB e delle unità per l'inserimento di CD e DVD che sono molto più "a portata di mano" rispetto a doversi piegare sotto la scrivania per il tower.

- I sistemi portatili sono quelli, appunto, che si possono "chiudere" (se prevedono schermo e tastiera, assente nei tablet) e portare con se in una borsa o uno zaino; in base al costo e al peso possiamo avere varie tipologie, e i confini sono più un aspetto di marketing che non una reale differenziazione tecnica; da tener presente:
    - Le unità DVD o CD sono ormai desuete, e si preferisce la memorizzazione direttamente su unità USB o simili anche dei materiali audio/video; sono quindi solo peso superfluo;
    - Raramente un portatile è anche espandibile (nel senso di poter aumentare le dimensioni della memoria centrale o del disco) quindi dobbiamo scegliere fin da subito una dimensione che pensiamo ci soddisfi per un po' di tempo;
    - Il costo è inversamente proporzionale al peso: ogni etto in meno costa svariati euro, visto che il produttore sceglie materiali e componenti progressivamente più leggeri ma più costosi (alluminio, titanio, plastiche speciali); scegliere un portatile leggero (sotto il kg) è comunque una buona scelta per la vs schiena: portarsi dietro una valigia da 3 o 4 kg dopo poche ore diventa veramente troppo;
    - Se si pensa di usare molto il PC per la scrittura di testi o la manipolazione di dati è indispensabile prevedere una tastiera (nei tablet spesso assente o fornita come accessorio a parte); la tastiera riprodotta sul video può andare bene per brevi testi ma è assolutamente scomoda per scrivere un libro (o una tesi); se invece l'uso prevalente è relativo alla navigazione su internet o l'uso di programmi specificatamente

progettati per l'interfaccia touch (APP) allora il tablet sarà la scelta ottimale, anche perché normalmente è molto più leggero (anche sotto i 500 gr);

- I Phablet sono un incrocio tra un normale telefono "smartphone" e un tablet; in pratica un cellulare di dimensioni maggiori (con uno schermo da almeno 5.5") e possono essere usati "quasi" come un tablet, e "quasi" come un normale cellulare; in realtà sono un po' troppo piccoli per essere comodi come un tablet nell'uso specifico, e un po' troppo grandi per portarli dietro sempre come si fa con un comune cellulare; il vantaggio, ovvio, è di poter portare un solo apparecchio invece di due;

- I "Tablet convertibili" (es. il surface della Microsoft o lo Yoga di Lenovo) sono dei tablet che hanno una tastiera (vera) abbinata; in questa configurazione sono praticamente dei notebook molto leggeri (e costosi) ed hanno il vantaggio di poter separare la metà rappresentata dalla tastiera e diventare, in quel caso, dei normali tablet; questo permette di avere i vantaggi di entrambi i sistemi (comodità in caso di uso di programmi "office" e leggerezza in caso di uso come tablet per la sola navigazione o per portarselo dietro); unico problema, per ora, il loro costo elevato, ma siamo abituati a vedere, nell'elettronica, un rapido calo di prezzi, quindi è probabile che in poco tempo questi saranno i sistemi più "utili" da considerare.

Sistema operativo

Prima domanda, spontanea: a che serve ? se abbiamo definito il processore come il cervello del computer, il sistema operativo, parallelamente potrebbe essere definito l'intelligenza del computer stesso.

In effetti un sistema operativo non è altro che un insieme coordinato di programmi che permettono al computer di funzionare, a partire dalla sua accensione e dalla presentazione di una "interfaccia" che permetta, all'utente, di interagire con il computer e fargli svolgere un qualsivoglia compito.

Nei primordi i computer (diciamo fino agli anni '50-'60 del '900) non avevano un sistema operativo: erano macchine dedicate ad uno specifico compito, o a pochi; l'interazione era ridotta al minimo, le operazioni di lettura/scrittura dei dati avvenivano attraverso strumenti più o meno primordiali (dalle schede ai primi dischi magnetici).

Poi, sempre più, ci si è resi conto che molte funzioni "di base" erano ripetitive, che potevano essere standardizzate e messe tutte insieme in modo da evitare di riscoprire, ogni volta, l'acqua calda.

I primi sistemi operativi hanno reso i computer più usabili, più facili da programmare, sempre più disponibili evitando ai programmatori di doversi occupare di funzioni elementari; tra i primi sistemi operativi il DOS (non quello dei pc, omonimo, e arrivato negli anni '80) della IBM equipaggiava le macchine della serie /360 e poi /370 che, anche e forse soprattutto per questo motivo, hanno avuto un successo commerciale di enorme impatto sul mercato dei computer che faceva, all'epoca, i primi passi.

Realizzare un sistema operativo realmente efficace è una impresa molto impegnativa e costosa, che richiede investimenti in tempo (e quindi denaro) enormi: in quel periodo nascono i primi esempi di sistema operativo realizzato nelle Università (e per le Università) come UNIX, che per decenni rappresenterà un filone di sviluppo e in crescita costante da parte di tutte le case di hardware (ad eccezione della IBM) che non si potevano permettere investimenti in proprio.

UNIX avrà, nel corso degli anni '70 e '80 alterne fortune, soprattutto a causa della sua eccessiva complessità (essendo rivolto prevalentemente a ricercatori universitari la "facilità d'uso" non era certo un requisito fondamentale) e della sua frammentazione in numerose varianti, simili ma diverse: insomma, uno standard poco standard.

Solo con la nascita del movimento Open Source, e la successiva realizzazione del primo sistema operativo (basato su UNIX, ma semplificato) da parte di Linus Torvalds, denominato LINUX inizierà un cammino che porterà LINUX ad essere un reale protagonista, e al cui sviluppo/diffusione parteciperanno tutte le case di hardware, compresa la IBM.

Nel mondo dei PC, o meglio degli antesignani dei pc, ci saranno sistemi operativi particolari, tra cui merita ricordare il CP/M (Control Program for Microprocessor) che avrà l'onore di essere usato anche in chiave cinematografica nel primo film Disney dedicato al mondo dei computer: TRON (di cui recentemente è uscito il sequel TRON:*Legacy*).

Nel 1981 la IBM, decidendo di entrare in prima persona nel nascente mondo dei PC affiderà ad una quasi sconosciuta e agli inizi casa di software il compito di realizzarne il sistema operativo: nasce così il MS/DOS della Microsoft che ne determinerà, grazie anche (e soprattutto) ad una intelligente politica di marketing la crescita esponenziale che la porterà, in pochi anni, ad essere il principale protagonista del mondo dei software per PC.

Nello stesso periodo la APPLE, volendo sviluppare non un prodotto che fosse l'assemblaggio di parti prodotte da più fornitori (scelta di IBM, con i processori INTEL e il S.O. della Microsoft) ma piuttosto un sistema coordinato scelse la strada dello sviluppo interno, scelta coraggiosa e ambiziosa che la porterà da un lato ad essere una fonte di innovazione e di realizzazione di prodotti di grande pregio e funzionalità, dall'altra sull'orlo del fallimento agli inizi degli anni '90.

La IBM stessa, resasi conto, in ritardo, dell'importanza del sistema operativo tenterà lo sviluppo in proprio di una alternativa al nascente Windows realizzando un sistema decisamente all'avanguardia come OS/2: purtroppo in questo caso le politiche di marketing (e in particolare il prezzo, inizialmente esoso) ne decreteranno l'insuccesso commerciale nei confronti di Windows 95, prodotto decisamente inferiore come qualità e potenzialità ma offerto da Microsoft a prezzi decisamente popolari (e con politiche di marketing rivolte ai produttori di pc piuttosto "aggressive").

Con Windows 95 e le sue varianti successive (giunte oggi alla versione Windows 10) la Microsoft si ritaglierà un ruolo determinante nel mondo dei PC, senza però cogliere l'importanza e la significatività del nascente mondo degli Smartphone a partire dal 2005, quando nel mercato appare ANDROID, versione di LINUX specifica per i cellulari che conquisterà in fretta una larga parte del mercato, lasciando ad Apple con il suo iPhone (e relativo sistema operativo) e a Microsoft (con Windows Phone) solo una nicchia di mercato, la prima per appassionati della mela (e neofiti in cerca di un sistema quanto più possibile "facile all'uso") e la seconda per chi invece vuole avere un unico interlocutore tra telefono e pc.

Oggigiorno dobbiamo distinguere tre fasce fondamentali, dove valutare il mercato dei sistemi operativi:

1. il mondo dei grandi sistemi (mainframe) dove IBM con il suo MVS ancora recita un ruolo determinante (ad esempio in grandi organizzazioni statali, in banche, in grandi imprese multinazionali), attaccata, dal basso, da varianti del sistema LINUX;

2. il mondo dei medi sistemi gestionali e/o server, dove solo la IBM mantiene un presidio importante con il sistema iOs che equipaggia i sistemi gestionali della famiglia iSeries, mentre tutti gli altri sono equipaggiati con varianti di LINUX/UNIX o, specialmente

nella fascia più bassa, con il sistema Windows Server (omonimo, ma del tutto differente, tecnicamente, dal sistema Windows dei PC);

3. il mondo dei PC, dove la stragrande maggioranza dei PC in uso in aziende e famiglie è equipaggiato con Windows nelle sue varie evoluzioni, da Windows XP a Vista, poi Windows 7, 8, 8.1, 10; una minoranza (stimata su un 10% del mercato) utilizza Apple che oggi usa un sistema derivato da Linux (ma dotato di una interfaccia estremamente intuitiva e di facile uso) e solo un manipolo di appassionati "nerd" sceglie, per il suo PC, il sistema Linux in una delle innumerevoli "distro" (distribuzioni), in pratica versioni più o meno simili e più o meno ricche di funzionalità;

4. il mondo dei cellulari Smartphone, oggi dominato da ☞ **ANDROID** (sistema operativo basato sul kernel LINUX) con altri che utilizzano iPhone (Apple) o Windows Phone (Microsoft).

In pratica l'unico sistema operativo che esiste (in varie varianti) a partire dai cellulari e arrivare fino ai grandissimi sistemi, è proprio LINUX.

Uno degli inconvenienti di LINUX, e anche di altre "promesse" mancate dell'informatica, è il fatto che sia diventato, nel tempo, una jungla di varianti diverse che vengono preparate da gruppi di lavoro del mondo "open source" e "arricchite" di funzioni collaterali diverse; in pratica le varie distribuzioni (es. UBUNTU, DEBIAN, FEDORA, RED HAT, SUSE) hanno in comune il cuore (kernel) del sistema, ma poi per molte funzioni (es. l'interfaccia grafica, il sistema di istallazione e di aggiornamento, varie componenti esterne come calcolatrice, software office e simili) scelgono soluzioni diverse, al punto tale che sono, di fatto, standard diversi; si può vedere la pagina ☞ **Linux** su wikipedia dove si trova un grafo delle varie distribuzioni, che nel 2012 sono varie centinaia, a tutto discapito del malcapitato "utente finale" che dovrebbe, prima di tutto, orientarsi in questo dedalo per decidere quale possa essere la distribuzione più adatta alle sue specifiche esigenze; di fatto, la stragrande maggioranza delle persone, non avendo competenze informatiche "forti", ripiega sulla soluzione proposta dal fornitore del sistema: nel 90% dei casi, Windows, il rimanente Apple; quasi nessuno, e sicuramente nessuno nelle catene della grande distribuzione, offre PC configurati con Linux.

Questa della "frammentazione" degli standard è una storia "vecchia", in informatica: già in vari casi, nel corso dei decenni, sono stati proposti degli "standard" universali che avrebbero dovuto semplificare la vita sia degli sviluppatori sia degli utenti finali; ricordo, a solo titolo di esempio, il COBOL, il C, il Java come linguaggi di programmazione (ciascuno diventato, in vario modo, uno "standard poco standard").

In definitiva da una parte abbiamo una "spinta" verso una standardizzazione (che semplificherebbe molto la vita agli utenti finali ma anche agli sviluppatori, dall'altra una spinta alla "specializzazione" da parte dei fornitori, alla continua ricerca di motivi per poter affermare che il proprio sistema è migliore di quelli della concorrenza, e conquistare quote di mercato e fatturato.

Difficile prevedere il futuro, ma "forse" prima o poi arriveremo ad avere un sistema operativo unificato, tale da coprire tutto il mercato; i vantaggi sarebbero notevoli:

1. Possibilità di apprendimento con maggiore resa: imparare un sistema permetterebbe di poter offrire la propria opera a qualsiasi datore di lavoro o cliente

2. Un unico mercato per i fornitori di soluzioni, che potrebbero offrire le loro applicazioni, senza sforzo, a tutti i potenziali clienti senza preoccuparsi delle loro scelte di base

3. Una capacità di "evoluzione" molto maggiore, visto che gli sforzi di tutti gli informatici del mondo sarebbero concentrati su un solo sistema, e non dispersi su centinaia di varianti

Gli svantaggi, ovviamente, sarebbero soprattutto in una questione: chi lo controlla ? se si trattasse di Windows, la Microsoft diventerebbe di fatto monopolista (e in una certa parte lo è già) e questo, la storia ci insegna, non è mai bene; se si trattasse di un sistema "open" (es. Linux) chi guiderebbe il suo sviluppo ? chi potrebbe decidere cosa è bene e cosa è male, su cosa concentrare lo sviluppo e cosa lasciar perdere ? una questione aperta....

Programmi e applicazioni: il mondo Open

Un computer (qualsiasi) dotato del solo sistema operativo serve a poco o niente: oltre ad accendersi e mostrarci uno schermo (o una linea di comando) non avrà alcuna altra funzione utile ai nostri scopi.

Per qualsiasi esigenza dovremo dotarci di uno specifico programma, un qualcosa che ci permetta di svolgere un ben determinato compito per il quale è stato previsto; anche la banale "calcolatrice" che possiamo trovare su un qualsiasi PC non è, a stretto rigore, un pezzo del sistema operativo (che potrebbe benissimo funzionare senza) ma un programma realizzato appunto per simulare una calcolatrice elettronica che viene venduto, per comodità dell'acquirente, già compreso nel pacchetto del sistema operativo.

Si parla di "programma" quando uno specifico software è destinato ad uno scopo più o meno elementare, mentre normalmente si parla di "applicazione" quando più programmi, coordinati tra loro, permettono di svolgere una funzione complessa e articolata; ad esempio potremmo avere:

- un programma per la gestione di schede bibliografiche
- un programma per la ricerca nel catalogo della biblioteca
- un programma per la gestione delle anagrafiche dei frequentatori di una biblioteca
- un programma per la gestione di prestiti librari
- un programma per la stampa di solleciti per prestiti scaduti
- un programma per la stampa di cartellini da applicare sui libri (con i riferimenti di collocazione)

Il tutto raccolto in una applicazione di "gestione biblioteca"

Sviluppare un programma (e ancor più una applicazione) è un processo lungo e costoso: possono servire settimane o mesi o anche anni di lavoro di uno o più specialisti per realizzare una applicazione complessa, e questo, ovviamente, determina dei costi molto rilevanti; normalmente questo viene fatto da società specializzate (dette Software House) che hanno, nel loro oggetto sociale, la realizzazione e la vendita a terzi di programmi, allo scopo di ricavare un profitto (come qualsiasi impresa).

In questo contesto negli ultimi decenni sono state create migliaia di società, con alterne fortune, per la realizzazione di innumerevoli applicazioni rivolte alla specifica soluzione di esigenze di aziende e/o professionisti e/o privati in grado di pagarne l'acquisto (quasi sempre solo la "licenza d'uso"): si va da gestione di laboratori d'analisi alla gestione di autofficine, dalla gestione di studi dentistici alla gestione di farmacie, dalla gestione della contabilità di un professionista alla gestione dei pazienti di uno studio medico e migliaia di altri possibili esempi, per ogni settore dell'attività economica.

Parallelamente, nel tempo, si è andato sviluppando un ecosistema specifico (denominato "mondo open source") che operava, spesso nel medesimo ambito, con una formula del tutto diversa.

Gruppi di sviluppatori (molto spesso studenti universitari o del dottorato) collaborano, in modo volontario e non retribuito, allo sviluppo di applicazioni attraverso progetti di collaborazione a distanza; queste applicazioni, che non sono di proprietà di nessuno (e vengono appositamente protette dalla possibile volontà di "accaparramento" attraverso apposite licenze) vengono rese disponibili a chiunque senza, quasi sempre, nessun corrispettivo.

Uno dei principali depositi di simili progetti è il sito

☞ **sourceforge.net**

dove è possibile trovare, con un motore di ricerca, oltre 100.000 applicazioni "open source" per i più svariati settori; molti sono progetti allo stato embrionale o che sono morti (abbandonati dagli sviluppatori) dopo un po' di tempo, ma moltissimi sono progetti vivi e vegeti, che, sostenuti dal lavoro volontario di migliaia di appassionati crescono fino a diventare delle validissime alternative al software "commerciale".

Ma cosa ci guadagnano, i volontari ? domanda lecita, e spesso fonte di dubbi che chiunque si pone davanti ad un prodotto "gratuito" (dove sta la fregatura?); in effetti normalmente i volontari, per il periodo in cui partecipano ad uno o più progetti lo fanno spesso per motivi di studio (imparare facendo è sempre il miglior modo di imparare), talvolta, diventando esperti di una specifica applicazione si possono proporre sul mercato come professionisti che offrono servizi (ovviamente a pagamento) a chiunque voglia usare quella applicazione e non abbia il tempo (o la voglia) di mettersi a studiarne il funzionamento: più efficiente ed efficace pagare qualcuno già esperto per risparmiare tempo.

Il mondo Open Source ha creato, negli anni, delle applicazioni validissime (una per tutte LibreOffice) che possono ben competere con soluzioni "proprietarie" senza sfigurare; spesso i team di sviluppo si organizzano in modo "democratico" per decidere sulle varie parti da implementare, e ogni sviluppatore partecipa al progetto magari anche solo per un anno o due; dato che si parla di migliaia di persone e di un continuo ricambio, le forze non mancano; magari manca un po' di organizzazione, e non sempre tutto fila liscio (ma neanche nel mondo "commerciale" si brilla in tal senso).

I vantaggi per gli utenti sono fondamentalmente tre:

1. non si dipende da un fornitore solo (per quanto grande) e quindi il rischio di ritrovarsi con un software "abbandonato" perché l'azienda produttrice è fallita (o inglobata in un'altra più grande che non ha interesse a sviluppare il prodotto) è minore;

2. il costo, che nel caso del prodotto Open Source spesso è nullo;

3. il vantaggio che si può, analizzando il "sorgente" del programma, sapere esattamente cosa fa e come lo fa (e questo, in certi settori, è determinante).

Come in tutte le cose, esistono degli svantaggi:

1. Spesso il prodotto non viene sviluppato secondo le aspettative dei "clienti" (utilizzatori) ma in base alle disponibilità e volontà degli sviluppatori; non sempre le richieste di migliorie o i funzionalità specifiche vengono accolte;

2. Il costo, dato che in realtà quando si parla del costo si dovrebbe analizzare il "costo globale" e non la sola licenza: quanto costa l'assistenza, ammesso che ci sia qualcuno disponibile ad offrirmela ? quanto costa la formazione del personale che deve usare il programma, e chi può fornirmela ?

3. In caso di anomalie o malfunzionamenti, esiste un team che possa intervenire in tempo utile per risolverli, o sono alla mercè della disponibilità dei volontari ?

Insomma, anche in questo caso una analisi di "costi/benefici" che tenga conto di numerose varianti è opportuna, senza fermarsi a mode o a impressioni superficiali basate solo sul costo iniziale della licenza.

Open / free : facciamo un po' di chiarezza

In questo mondo si fa, spesso, un po' di confusione tra due concetti che invece è bene tenere ben separati: "open source" e "free".
Chiariamo separatamente i due concetti:

Open Source

Per capire questo concetto dobbiamo chiarire meglio quale sia, in realtà, il lavoro del programmatore; semplificando al massimo diciamo che si tratta di scrivere istruzioni organizzate (un algoritmo) per risolvere uno specifico problema, e a questo scopo si potrà usare uno specifico ☞ **"linguaggio di programmazione"** (ad esempio Cobol, Fortran, C, Lisp o uno delle centinaia di altri che sono stati creati nel tempo; dopo aver scritto il programma si dovrà utilizzare uno specifico strumento (che a sua volta non è altro che un programma) per "compilare" le nostre istruzioni ed ottenere il "programma eseguibile" (quello che su un pc ha normalmente l'estensione "exe").

Il programma scritto dal programmatore si chiama "sorgente" ("source") mentre l'eseguibile viene denominato "object"; quello che serve, effettivamente, all'utente finale è solo il programma "object", e del sorgente normalmente non sa che farsene.

Non distribuire i sorgenti di una applicazione permette, a chi l'ha creata, di "proteggere" il proprio investimento (per evitare che qualcuno possa copiare il nostro lavoro e appropriarsene).

Fornire anche i sorgenti del programma non è, commercialmente, molto comune; è però necessario se io, compratore del programma, voglio accertarmi con assoluta sicurezza di cosa il programma faccia e di come lo faccia, per problemi di sicurezza o simili: ipotizziamo che io debba comprare un software per la gestione di una centrale nucleare, o di un impianto di massima sicurezza: mi fiderei della garanzia del fornitore che nel software non si siano parti "indesiderabili" che potrebbero causare problemi ? probabilmente no, e quindi comprerò il programma solo se mi vengono forniti i relativi sorgenti, anche se mi dovrò sicuramente impegnare a non divulgarli a terzi.

Quindi può ben esistere un prodotto "open source" che però viene regolarmente venduto e che non può, legalmente, essere usato se non acquistandolo dal relativo produttore.

Free

Per parlare di "free" dobbiamo riferirci invece al modo in cui io possa procurarmi un programma (che, in definitiva, è un prodotto come qualsiasi altro, anche se "immateriale").

Parte generale

Normalmente qualsiasi "prodotto" si deve "acquistare" da un fornitore; il fornitore, salvo casi particolari, produrrà quel programma per ricavarne un profitto, e lo venderà ai propri clienti in uno modo particolare: di fatto non vende mai il "prodotto" ma piuttosto una "licenza d'uso", ossia non cede la proprietà ma concede solo la possibilità di usare una copia del prodotto; questo gli consente di rivendere la medesima "licenza d'uso" a decine, centinaia, migliaia di clienti, rientrando del proprio investimento iniziale (necessario per la realizzazione del programma) e realizzando i propri obiettivi economici.

Le "licenze d'uso" possono, a loro volta, essere vendute in più maniere: con la cosiddetta "one time charge", ossia pagamento in unica soluzione, dopodiché ho una licenza "perpetua" per usare quella versione di programma fino a che mi serve, oppure una licenza a "canone ricorrente", con la quale pago una quota periodica (di norma annuale) e posso continuare ad usare il programma fino a quando continuo a pagare il canone (più o meno come un affitto).

Con la diffusione dell'informatica individuale si è creata una ulteriore possibilità, come risposta ad una esigenza di mercato: la fornitura di software "free" (senza il pagamento di una licenza) che può essere fatta per vari motivi:

1. **Pubblicitario:** viene fornita gratuitamente (free) una versione ridotta di una applicazione (senza, ad esempio, alcune funzioni importanti oppure con possibilità di elaborare solo un limitato numero di dati) mentre la versione "full" avrà una licenza con un costo

2. **A tempo:** viene fornita gratuitamente una versione completa ma funzionante solo per un tempo limitato (es 30 giorni) decorso il quale l'applicazione non funzionerà più se non acquisto la relativa licenza (formula cosiddetta "try & buy", prova e poi compra)

3. **Per motivi istituzionali:** sono numerose le aziende o istituzioni pubbliche che realizzano software per i propri "utenti" e lo forniscono gratuitamente; a titolo di esempio, e solo rimanendo in Toscana, possiamo citare l'APP del consorzio LAMMA per le previsioni meteo, oppure ATAF 2.0 per gli orari e linee del trasporto urbano di Firenze.

Esistono poi delle modalità apparentemente Free, che in realtà sono "a pagamento" ma in una modalità, diciamo, nascosta.

Ad esempio le applicazioni che visualizzano della pubblicità, al loro avvio o in una parte dello schermo: di fatto io utilizzo l'applicazione e il fornitore si fa pagare da chi vuole fare delle "inserzioni pubblicitarie" (banner) rivolte a me; è una delle modalità più diffuse nel mondo delle APP per smartphone, e in definitiva non ha niente di diverso dal modello della televisione commerciale; io non pago un canone per vedere i canali "in chiaro" di mediaset o di La7, ma "subisco" la pubblicità che viene veicolata durante le trasmissioni.

Una modalità un po' più subdola è quella invece di usare l'applicazione in cambio dei propri dati personali, esattamente il modello usato da Facebook e simili; io non pago niente per il servizio, ma il fornitore può utilizzare i miei dati per "venderli" ad esempio per ricerche di mercato.

La vera licenza "free" quindi non rappresenta la normalità nel mondo open, ma solo una delle possibili varianti; è pur vero che la stragrande maggioranza delle normali applicazioni "open source" che io posso trovare in rete, come su Sourceforge, saranno con una licenza "free", ma non è opportuno darlo per scontato.

Una postilla: qualsiasi applicazione open source, comunque, prevede una "licenza", in particolare per chiarire che io, in ogni caso, non posso prendere il sorgente della applicazione trovato in rete e utilizzarlo per realizzare una applicazione "proprietaria" da vendere, a mio nome, con una normale licenza d'uso: sarebbe appropriazione indebita e violazione del copyright, che in questo caso è di proprietà della stessa comunità "open source".

Memorizzazione dei dati

Tutti, chi più chi meno, sappiamo che i computer utilizzano il "sistema binario", un sistema di numerazione che utilizza solo due simboli: 0 e 1; questo per molti, non avvezzi alla matematica, sembra bizzarro e innaturale, abituati come siamo fin da piccoli a ragionare con dieci cifre (e molti pensano 1, 2, 3, 4, 5, 6, 7, 8, 9 e 10, senza capire che invece usiamo 0,1,2,3,4,5,6,8 e 9...).

Il perché di questa scelta è presto detto: semplicità; un computer lavora a velocità inimmaginabili per la nostra mente (che è anche più veloce, ma in un modo molto più complesso) e utilizzare un sistema di base più semplice possibile ne semplifica la realizzazione, ottenendo comunque, grazie proprio alla velocità, i risultati desiderati.

I computer utilizzano, di base, l'energia elettrica: costruire un circuito che sia semplicemente "acceso" o "spento" è molto ma molto più semplice che costruire un circuito dove sia presente una gradazione di energia su più scalini, come valori da 0 a 9.

Ovviamente utilizzare sempre e solo 0 e 1 non soddisfa le nostre umane esigenze, visto che siamo abituati ad utilizzare una simbologia molto più complessa come l'alfabeto (da non trascurare che anche l'alfabeto è una pura convenzione, visto che non ne esiste solo uno: noi pensiamo ai caratteri dell'alfabeto latino, da A a Z, eventualmente integrato con i caratteri anglosassoni J, K, W, X e Y, ma esistono anche molti altri alfabeti: quello greco, quello ebraico, il cirillico...)

Se abbiamo detto che un computer utilizza solo 0 e 1, allora come fare a memorizzare simboli più complessi? Semplice, adottando una codifica che associ, a particolari sequenze di 0 e 1 ripetute, dei simboli fissi in modo da memorizzare una A, ad esempio, come 01000001, una B come 01000010 e via dicendo.

All'inizio dell'era dei computer moderni si decise che un gruppo di 7 cifre (chiamate comunemente bit, da binary digit) fosse sufficiente, visto che permetteva di stabilire una serie di 128 combinazioni diverse, ritenute sufficienti per gli scopi dell'epoca; quasi subito però, per vari motivi, ci si accorse che un gruppo di 8 bit (denominato da allora byte) era più pratico e permetteva una tabella più "ricca" di ben 256 combinazioni.

La IBM, all'epoca dominatrice quasi assoluta del mercato dell'informatica, creò una prima tabella di codifica, denominata EBCDIC (Extended Binary Coded Decimal Interchange Code) dove ogni possibile combinazione è usata per associarvi una lettera dell'alfabeto maiuscolo, minuscolo, caratteri accentati, simboli speciali come + - *, caratteri di interpunzione come virgole, punti, punti e virgola, punto esclamativo o interrogativo (con la variante anche rovesciata ¿ usata nello spagnolo) e, ovviamente, anche le cifre decimali comunemente usate (da 0 a 9).

Nello stesso periodo, più o meno, veniva anche messa a punto una altra possibile tabella di codifica, in parte uguale ma in larga parte diversa, denominata ASCII (da American Standard Code for Information Interchange), adottata rapidamente da tutti gli altri concorrenti in quanto "standard" ufficiale, e, successivamente, anche da IBM per i computer di fascia bassa[7], iniziando dai PC-IBM dal 1981.

Ogni volta, quindi, in cui scriveremo una parola come "parola" sul nostro computer, questa verrà in effetti memorizzata con una lunga sequenza di 0 e 1 come

00001110011000010110001001101111011011000100001

Poco pratico ? per noi, ovviamente si, per il computer molto ma molto più semplice.

In effetti, quindi, ogni carattere memorizzato sul computer veniva rappresentato da 8 bit[8]; perché dico veniva ? semplicemente perché nel tempo ci si è accorti che 256 combinazioni risolvevano le problematiche solo di computer usati nel mondo anglosassone e immediati dintorni, ma che, ad esempio, anche solo voler usare un computer in Grecia, in Israele o nei paesi che usano il cirillico costringeva a complesse operazioni di "paginazione", usando di volta in volta tabelle di codifica diverse, con ovvi problemi per la programmazione e l'interpretazione dei dati; da non trascurare anche caratteri particolari delle lingue nordiche come il danese o lo svedese (Ø), accentazioni particolari richieste da diverse lingue (ãöñç) e via dicendo, nonché l'esigenza di aprirsi sempre più ad alfabeti o sistemi più complessi (come il Katakana giapponese, i caratteri coreani, per arrivare al sistema cinese dove si utilizzano ben 60.000 simboli diversi per rappresentare ciascuna singola parola di base...).

Tutto questo ha comportato di estendere, allargare, la codifica utilizzando prima 16 bit (codifica ovviamente denominata "double byte") per arrivare ad un sistema, oggi adottato da molti computer, che utilizza un numero variabile[9] tra 1 e 4 bit per "codificare" praticamente qualsiasi simbolo[10] sia necessario in tutti gli alfabeti conosciuti, compreso, volendo, anche il Klingon, una lingua artificiale inventata per la serie televisiva Star Trek.

Qualsiasi cosa, quindi, viene memorizzata sempre e solo con sequenze di 0 e di 1; come vedremo parlando di immagini digitali, anche i colori.

---

[7] In effetti ancora oggi i computer di classe "mainframe" della IBM nonché i midrange classe iSistem utilizzano, senza problemi, la codifica EBCDIC, mentre tutti i personal computer, i server basati su UNIX e LINUX utilizzano ASCII.

[8] Esistono particolari tecniche di memorizzazione per "risparmiare spazio", come ad esempio la codifica "packed" destinata alle sole cifre decimali che permette di memorizzare una cifra in soli 4 bit (e quindi due cifre in un byte) ma questo ci confonderebbe solo le idee...

[9] Il sistema è noto come UTF (Unicode Transformation Format) di cui esistono più versioni: UTF-8, UTF-16, UTF-32 e vari altri, utilizzati in casi particolari

[10] Con quattro byte, 32 bit, si possono codificare ben 4.294.967.296 combinazioni.

Software, e non solo

Là fuori c'è un mondo di software e di strumenti disponibili sul WEB per i più diversi usi; nel 99% dei casi, quando pensiamo ad un problema che è possibile risolvere con un computer, c'è già qualcuno che ha scritto un software per farlo.

In molti casi si tratta di un software "generalizzato", ossia non pensato specificatamente per un problema (come ad esempio i fogli di calcolo) e dobbiamo capire, prima di tutto, di cosa abbiamo bisogno; dopo di che possiamo selezionare un software, capire più o meno approfonditamente le potenzialità e provare a risolvere il nostro problema.

Per anni la disponibilità di software era limitata a prodotti "professionali" (costosi...) venduti da aziende ad altre aziende o professionisti e, in limitata parte, ad un cliente "non professionale".

Poi sono arrivati i videogiochi che hanno creato un mercato enorme (e molto remunerativo) rivolgendosi proprio al grande pubblico non professionale[11], così come la vendita e distribuzione di programmi si è allargata tramite il WEB a nuovi mercati e clienti, abbattendo i costi.

Un ruolo rilevante è emerso con il mondo dell' open source, o meglio della realizzazione e distribuzione, grazie al web, di software di buona qualità prodotto da appassionati e reso disponibile gratuitamente (come abbiamo visto nel capitolo relativo).

Con l'avvento degli smartphone il tutto è confluito nei "mercati" di App (che sono, a tutti gli effetti, applicazioni software...) dove Apple ha fatto da apripista con il suo market dedicato ai suoi iPhone, seguito da Google con il PlayStore dedicato ai sistemi Android e poi da Microsoft con uno specifico per le App dedicate a Windows.

In pratica si cerca di rendere disponibile, con una specie di "catalogo", un innumerevole mondo di applicazioni tra cui scegliere, cercando di orientarsi grazie a recensioni di altri utenti, valutazioni sulla diffusione (una App scaricata da 1000 persone ovviamente dovrà far pensare rispetto ad una analoga che sia stata scaricata da 100 milioni di persone...).

Il software Open source, prima disponibile su sourceforge migrerà, più o meno rapidamente, sui vari "market" per essere accessibile al grande pubblico, che difficilmente si avventurerà (quando possibile[12]) fuori dai recinti che i vari players del mercato stanno predisponendo.

---

[11] Da sottolineare che la scrittura di un videogioco è tutto tranne che un gioco: spesso sono coinvolti staff di decine-centinaia di persone, con numerose competenze diverse e richiedono investimenti considerevoli.

[12] E' ben noto che per gli iPhone le App DEVONO essere scaricate solo dal market di Apple...

L'aspetto interessante è che l'offerta dei vari market (vedi PlayStore) ricomprende varie cose un tempo ben diverse e che seguivano canali di distribuzione/vendita separati:

- Applicazioni software
- Musica
- Libri
- Giornali e servizi meteo
- Riviste e Fumetti
- Videogiochi
- Accesso a canali televisivi in diretta o in differita
- Film
- Radio
- Corsi di vario genere (lingue...)

In pratica, quindi, i vari players, tra cui spiccano Apple/Google/Microsoft stanno di fatto monopolizzando e accentrando una lunga serie di servizi di distribuzione/fornitura verso il pubblico; da quando si studia l'economia, il monopolio (e anche l'oligopolio) ha sempre corso grandi rischi di deformazione, e quasi mai a vantaggio dei consumatori.

Un altro filone da considerare è quello dei servizi offerti "via web", che sta ampliandosi sempre più e offrendo funzioni anche molto sofisticate (vedi il "**wiki**"); qualche esempio? vediamo dei software per la visualizzazione di dati:

     www.silk.co

     public.tableau.com/s/

     raw.densitydesign.org

Conversione da documenti cartacei a digitali ?

     plot.ly

Recuperare dati da pagine web ?

     import.io

Creare mappe per visite guidate, articoli e simili ?

     www.mapbox.com

     cartodb.com

     storymap.knightlab.com

Sviluppare progetti di grafica ?

     www.canva.com/about

Gestire appuntamenti di gruppo ?

     www.doodle.com

In quasi tutti i casi si tratta di progetti molto recenti (pochi anni di vita, se si va indietro di 5 anni già si parla di "progetti storici") che, grazie alla diffusione del web e alla facilità di implementazione, possono offrire i loro servizi gratuitamente alla grande massa di utenti "base"; ovviamente sono comunque "aziende" nel più classico dei termini (nessuno regala nulla...) e il loro target è l'utente professionale, che ha bisogno di servizi più sofisticati ed è ben contento di pagare cifre dell'ordine di poche decine di dollari l'anno per ottenerli. In definitiva:

- se le nostre esigenze sono limitate

- se non abbiamo remore a mettere il nostro materiale su internet, dove potenzialmente è a rischio (può essere visto e/o copiato, seppur in modo fraudolento)

- se non abbiamo bisogno di assistenza perché più o meno ce la caviamo da soli di fronte ad una difficoltà...

questi servizi e soluzioni sono ottimali; va da se che molto probabilmente, se siamo nella categoria degli utenti "professionali" saremo ben disposti a spendere anche cifre non banali (si pensi ad AUTOCAD per architetti e ingegneri) per un prodotto professionale, completo, veloce, assistito, per il quale si trovano corsi, manuali, riviste, libri...

Sistemi di numerazione

Riprendiamo, perché in effetti è molto utile, il concetto di "sistema di numerazione"; noi siamo abituati, fin dalle scuole primarie, a ragionare in termini di numeri "decimali"; se chiediamo a una persona in genere quali siano i numeri di base probabilmente ci risponderà 1, 2, 3, 4, 5, 6, 7, 8, 9 e 10.

In effetti è sbagliato, visto che i numeri o, per meglio dire, i simboli usati nel sistema decimale sono 0, 1, 2, 3, 4, 5, 6, 7, 8 e 9...

Un simbolo rappresenta una quantità e, nell'antichità (prima dell'uso dei numeri cosiddetti "arabi") esistevano sistemi diversi, basati su pochi simboli usati in modo apparentemente strano, come ad esempio il ☞ **sistema di numerazione "romano"** che tutti conosciamo, anche perché ancora usato in vari ambiti come le numerazioni ordinali delle Olimpiadi (es. XXIII olimpiade) o per le date sulle targhe commemorative.

Il sistema "romano" si basa su pochi simboli, come I, V, X, L, C, D, M combinati in un sistema "additivo" basato sulla somma dei valori dei vari simboli; il sistema decimale, che noi usiamo, è un sistema "posizionale" dove ogni simbolo assume un valore dato dalla sua posizione rispetto alla cifra più a destra.

In parole povere, 123 lo leggiamo correttamente come 100 + 20 + 3, mentre 321 lo leggiamo come 300 + 20 + 1; la cifra 1 assume quindi un valore 100 se è la terza da destra; matematicamente diremmo che ogni simbolo (cifra) viene moltiplicato per il valore 10 "elevato alla potenza" data dalla posizione relativa rispetto alla destra, quindi 4321 equivale a $4 * 10^3 + 3 * 10^2 + 2 * 10^1 + 1 * 10^0$.

Complicato ? eppure lo usiamo tutti i giorni, e ci è ben familiare.

Ma l'uso di 10 simboli (ripetiamo, 0, 1, 2, 3, 4, 5, 6, 7, 8, 9) non è una imposizione divina, ne una scelta obbligata; nessuno ci vieta di usare un numero maggiore o minore di simboli, pur seguendo lo stesso criterio di base; ovviamente il "valore" del numero rappresentato cambia, visto che non dovremo usare 10 come base ma un numero pari al numero di simboli adottati; quindi potremmo benissimo usare un sistema con 8 simboli (0, 1, 2, 3, 4, 5, 6, 7) dove il numero 5432 "varrebbe" $5*8^3 + 4*8^2 + 3*8^1 + 2*8^0$, in decimale quindi sarebbe equivalente a 2842.

Possiamo, quindi, semplificare ancora e arrivare a usare solo due simboli, 0 e 1, e usare un sistema "binario"; dove ogni numero sarà composto solo da 0 e 1, e quindi ad esempio 10010101 significherebbe $1*2^7 + 0*2^6 + 0*2^5 + 1*2^4 + 0*2^3 + 1*2^2 + 0*2^1 + 1*2^0$, in decimale quindi 149.

Come è facile intuire usare un numero inferiore di simboli produce dei "numeri" che usano, a parità di valore, più cifre; più simboli usiamo, e più "compatto" sarà il nostro numero.

Parte generale

Ci si è resi conto presto che il binario, per quanto ottimale per i computer, era maledettamente "ingombrante" se si dovevano stampare o visualizzare i contenuti di una memoria, e si è ricorsi ad un ulteriore sistema, basato su ben 16 simboli (e per questo detto "esadecimale"): 0, 1, 2, 3, 4, 5, 6, 7, 8, 9, A, B, C, D, E, F; in pratica dopo le consuete cifre "decimali" si usano anche le lettere dell'alfabeto dalla A alla F; perché questa scelta ? semplicemente perché ci si è resi conto che un numero "binario" di 4 simboli può essere "rappresentato" efficacemente da una sola cifra "esadecimale"; in questo modo si potrà, invece di scrivere 8 cifre "binarie", sostituirle con due cifre "esadecimali", risparmiando molto spazio e tempo in caso di stampa e/o visualizzazione[13].

Quella che segue è una tabella di correlazione tra i vari sistemi di numerazione elencati, dove ogni riga rappresenta il medesimo valore, espresso in vari modi, tra di loro "equivalenti" e diversi solo perché il criterio di base è diverso.

Binario	Ottale	Decimale	Esadecimale	Romano
0	0	0	0	Non esiste
1	1	1	1	I
10	2	2	2	II
11	3	3	3	III
100	4	4	4	IV
101	5	5	5	V
110	6	6	6	VI
111	7	7	7	VII
1000	10	8	8	VIII
1001	11	9	9	IX
1010	12	10	A	X
1011	13	11	B	XI
1100	14	12	C	XII
1101	15	13	D	XIII
1110	16	14	E	XIV
1111	17	15	F	XV
10000	20	16	10	XVI
10001	21	17	11	XVII
10010	22	18	12	XVIII
10011	23	19	13	XIX
10100	24	20	14	XX
10101	25	21	15	XXI
10110	26	22	16	XXII
10111	27	23	17	XXIII
11000	30	24	18	XXIV
11001	31	25	19	XXV
11010	32	26	1A	XXVI
11011	33	27	1B	XXVII
11100	34	28	1C	XXVIII
11101	35	29	1D	XXIX
11110	36	30	1E	XXX

[13] Beninteso, questo riguarda solo la visualizzazione e/o stampa; la memoria dei computer rimane costituita sempre e solo da valori 0 e 1.

Binario	Ottale	Decimale	Esadecimale	Romano
11111	37	31	1F	XXXI
100000	40	32	20	XXXII
100001	41	33	21	XXXIII
100010	42	34	22	XXXIV
100011	43	35	23	XXXV
100100	44	36	24	XXXVI
100101	45	37	25	XXXVII
100110	46	38	26	XXXVIII
100111	47	39	27	XXXIX
101000	50	40	28	XL
110010	62	50	32	L
1000000	100	64	40	LIV
1100100	144	100	64	C
1111101	175	125	7D	CXXV
10000000	200	128	80	CXXVIII
11000000	300	192	C0	CXCII
11111010	372	250	FA	CCL
11111111	377	255	FF	CCLV
111110100	764	500	1F4	D
111111111	777	511	1FF	DXI
1111101000	1750	1000	3E8	M
11111010000	3720	2000	7D0	MM
101010101010	5252	2730	AAA	MMDCCXXX
101110111011	5673	3003	BBB	MMMIII
110011001100	6314	3276	CCC	MMMCCLXXVI
110111011101	6735	3549	DDD	MMMDIL
111011101110	7356	3822	EEE	MMMDCCCXXII
111110100000	7640	4000	FA0	MMMM
111111111111	7777	4095	FFF	MMMMVC

In pratica, come si vede, se si deve "visualizzare" un valore fino a 8 cifre binarie (un byte...) possiamo farlo con solo due cifre "esadecimali"; per riconoscere che il valore visualizzato è in una base esadecimale si è adottata la convenzione di farlo precedere da #, quindi 255 decimale equivale a #FF, 100 decimale a #64 e così via.

Tralasciamo, perché non di frequente uso, il calcolo della conversione tra i vari sistemi; tra l'altro oggi si trovano numerose APP che permettono questa conversione con pochi click; ci basti sapere che i numeri, ancorché espressi in varie "basi", sono del tutto equivalenti, e che è assolutamente "normale" eseguire i consueti calcoli aritmetici usando una qualsiasi delle basi possibili (con qualche complicazione per il sistema "romano", non rigorosamente posizionale).

Una osservazione: i numeri binari, per quanto ingombranti, sono molto pratici nelle somme e nelle moltiplicazioni (i calcoli sono molto rapidi...) e hanno anche una caratteristica interessante: se l'ultima cifra a destra è 1, sono pari, se è 0, sono dispari.

Perché tutto questo ci interessa ? a parte la "curiosità intellettuale", che ci dovrebbe aprire la mente a considerare il sistema di numerazione "decimale" come solo uno dei possibili e non l'unico, in effetti l'uso di sistemi di numerazione "esadecimale" talvolta viene adottato negli standard che girano intorno ai computer, come vedremo parlando di colori.

In particolare giova ricordare che tutto, ma proprio tutto quello che "gira" dentro ad un computer, sia esso un testo, un programma, una immagine o una canzone se lo si scompone nei suoi elementi minimi si arriva, sempre e comunque, ad una lunga fila di zero e di uno organizzati secondo un criterio di codifica specifico.

Database

In effetti i computer sono molto bravi quando possono lavorare su "strutture" di dati, molto meno quando lavorano su dati "non strutturati"; ma cosa significa ?

Un semplice testo, ad esempio un tema della maturità, è un buon esempio di "dati non strutturati"; in pratica qualsiasi testo, salvo casi particolari, è un insieme di "dati non strutturati", una sequenza di caratteri (compreso lo spazio, che è un carattere a tutti gli effetti, rappresentato come **00100000**) che, per il computer, non hanno alcun senso (mentre lo hanno per noi).

Un esempio di "dati strutturati" è, invece, la pagella dello studente: si tratta di un semplice documento dove, almeno una volta, si poteva chiaramente identificare il nome dello studente, la classe frequentata, un elenco di materie, dei valori numerici relativi ai voti, in posizioni fisse e determinate; allo stesso modo possiamo considerare un esempio di "dati strutturati" una carta d'identità, una cartella clinica (anche se comprende delle parti "non strutturate" come delle descrizioni), una scheda di catalogazione di un biblioteca, un elenco telefonico (che, tra l'altro, oltre a contenere dati strutturati sempre allo stesso modo: cognome, nome, indirizzo, numero telefonico, li presenta anche in un preciso e rigoroso ordine, quello "alfabetico" iniziando dal cognome).

I dati strutturati, organizzati in singole "schede" (che, nel linguaggio informatico sono chiamate "record"[14]) vengono raggruppate insieme in archivi, denominati "file" (o, in alternativa, "tabelle"); più file insieme, collegati tra di loro in vario modo, costituiscono un "data base" (traducibile come "base dati").

La realizzazione di un Data Base è una questione piuttosto complessa, dato che non è sufficiente prevedere la semplice organizzazione dei dati in tabelle ma anche, soprattutto, il poter collegare tra di loro tabelle diverse per vari motivi: semplificazione, ottimizzazione degli spazi, semplicità di aggiornamento.

Nel tempo sono stati utilizzati vari "modelli" di strutturazione dei dati: il primo, storicamente, era il modello "gerarchico"[15], dove il legame tra una tabella e un'altra era sempre di natura gerarchica, partendo da una tabella "padre" verso tabelle "figlie"; successivamente si affermò, per breve tempo, un modello denominato "reticolare", dove

---

[14] Niente a che vedere con il "Guinness world of record", semplicemente si traduce come "registrazione"

[15] Può anche darsi che sia casuale, ma il modello "gerarchico" è anche quello, da un punto di vista dell'organizzazione aziendale, più antico: esempi di organizzazione gerarchica si ritrovano anche nella Bibbia.

erano previsti, all'interno comunque di una gerarchia, anche dei collegamenti "orizzontali" tra diverse tabelle figlie.

Negli anni '70 un ricercatore della IBM, Codd, teorizzò un modello "relazionale", dove non esistono gerarchie che rendono una tabella più importante di un'altra ma si prevedono, invece, collegamenti di relazione tra tutte le tabelle implicate nella definizione di un insieme di dati; il modello relazionale, unito ad una rigorosa modellazione di natura logico-matematica, si è affermato come il più efficace nella implementazione di strutture di dati molto complesse, e oggi praticamente tutti i principali sistemi di Data Base implementano, più o meno completamente, questo modello.

La gestione di un Data Base, in pratica, si concretizza in un programma software che viene installato su un sistema operativo (e che talvolta è molto integrato nello stesso, come nei sistemi iSeries IBM) e che fornisce tutti gli strumenti adatti per "disegnare" la struttura dei dati, attraverso tabelle, legami, viste, collegamenti e quanto altro.

Un elenco dei sistemi Data Base sarebbe, in ogni caso, incompleto perché in questo mercato (i software di gestione Data Base, specialmente quelli in uso in grandi aziende, hanno un costo elevato, spesso superiore alle decine di migliaia di euro…) le novità sono all'ordine del giorno, con aziende che nascono sviluppando nuovi e più efficienti sistemi, aziende che si fondono, aziende che scompaiono; l'elenco proposto, minimale, è relativo ai sistemi più diffusi, partendo diciamo "dal basso".

Microsoft Access – Open Office Base – Libre Office Base

Sono tre sistemi di gestione di piccoli data base molto diffusi, in particolare perché sono destinati all'uso su sistemi di classe PC e ad uso di un singolo operatore alla volta.

Il primo rientra nel software Commerciale, mentre gli altri due sono dei prodotti Free; in tutti i casi permettono, più o meno, le medesime funzionalità (un po' più sviluppate in Access): creazione di tabelle con relazioni tra le medesime, creazione di maschere per l'inserimento controllato di dati, creazione di report (stampe).

Il limite principale di questi sistemi è quello di prevedere un singolo utilizzatore alla volta, e quindi non sono utili nel caso in cui si voglia/debba realizzare una applicazione usata contemporaneamente da più utenti (come è la normalità) mentre possono andare benissimo per il singolo ricercatore che debba implementare una semplice gestione dei dati della propria ricerca.

MySQL

E' il più diffuso e conosciuto sistema di gestione data base appartenente alla categoria dei software Open Source Free: in pratica la comunità open source ha sviluppato, nel tempo, un sistema di ottimo livello, dotato di una serie di funzionalità aggiuntive (interfacce, sistemi di controllo e gestione) completo e sofisticato.

Il limite principale è dato proprio da una certa complessità: dato che lo sviluppo Open Source non prevede una precisa strategia di sviluppo ciascun partecipante implementa una parte in modo non sempre coerente con tutte le altre, e ci possono essere delle parti un po' "sottosviluppate" vicine a elementi invece molto completi e ricchi di funzionalità.

In ogni caso il fatto stesso che sia gratuito e piuttosto sofisticato ne fa la scelta preferenziale nel caso di sviluppo di progetti da parte di organizzazioni (ad esempio no-profit) che hanno problemi di bilancio, ma non solo: recentemente anche strutture aziendali di rilevanti dimensioni (che non hanno certo problemi di costo) lo hanno adottato dato che come sistema si sposa molto bene con il sistema operativo LINUX.

SQLServer

La risposta commerciale di Microsoft al MySQL; in effetti è nato prima, o poco prima, ed è un sistema che ha raggiunto nel tempo una notevole solidità e ricchezza di funzioni; molte aziende che basano il loro sviluppo sul sistema operativo Windows Server e sugli strumenti di sviluppo Microsoft ovviamente, per motivi di maggiore facilità di integrazione, lo preferiscono.

DB2 IBM – Oracle

Con questi si arriva ai sistemi di gestione Data Base di classe Enterprise, usati da grandi aziende e organizzazioni un po' in tutto il mondo; il primo è realizzato dalla IBM, che non ha certo bisogno di presentazioni: esistono versioni del DB2 che funzionano anche su PC (con qualche limitazione, ovviamente) e su tutti gli altri sistemi IBM; il secondo è realizzato dalla Oracle, una software house che, proprio dall'eccellenza del prodotto di gestione Data Base è arrivata ad essere una grande multinazionale con profitti di molti milioni.

Per avere un sistema DB che implementi completamente il modello relazionale, e che abbia una efficienza adatta a gestire molti milioni di record in pochi secondi si deve, necessariamente, arrivare a questo tipo di prodotti; si pensi, ad esempio, all'anagrafe tributaria italiana: gestire i dati delle denunce dei redditi di oltre quaranta milioni di persone, con tutti i dati relativi a proprietà immobiliari, redditi da lavoro, detrazioni per spese mediche, mutui e quanto altro, tra l'altro per molti anni, comporta la gestione di una quantità impressionante di dati.

XML

L'XML (eXtended Markup Language) si potrebbe, a buona ragione, definire l'esperanto dei computer.

Prima della definizione dell'XML quando si dovevano scambiare dati tra due o più computer si poneva un preciso problema: definire in modo chiaro e ben documentato il tracciato dei dati stessi.

Facciamo un semplice esempio, reale: poniamo che io sia l'ente previdenziale (INPS) e debba ricevere, dalle aziende, i dati della contribuzione dei dipendenti, in modo da poter accreditare le relative posizioni pensionistiche; molti anni fa l'unico modo per fare questo era rappresentato da comunicazioni cartacee, rappresentate da modelli prefincati (immaginatevi dei comuni bollettini di conto corrente postale, un po' più complicati) che l'azienda doveva compilare per ogni dipendente, tipicamente ogni tre mesi, e inviare questi pacchi di moduli all'INPS, che ovviamente doveva prenderli uno per uno e inserirli in un computer; da notare che stiamo parlando, più o meno, di 20 milioni di lavoratori, che fa circa 80 milioni di moduli all'anno[16].

Da un certo momento si è passati alla trasmissione tramite supporti magnetici, e l'INPS ha definito un preciso "tracciato" dei dati stessi; in pratica è come se avesse "disegnato" il modulo non su carta, attraverso caselle e righe da riempire, ma semplicemente indicando con precise regole quali dati dovevano essere comunicati, in che preciso ordine, con quale lunghezza e tipo (numerico o alfanumerico).

Con i supporti dell'epoca, tipicamente "floppy disk", si usava una lunghezza di riga pari a 128 caratteri (un po' come un foglio A4 messo in orizzontale) e, dato che i dati da trasmettere erano molti di più, si usavano più righe consecutive identificate, all'inizio, da una sigla (normalmente un codice di due cifre) definita "tipo record"; per descrivere il "tracciato" l'unico modo era produrre una documentazione cartacea, più o meno voluminosa.

Insomma, un qualcosa del genere:

Nr	da	a	Tp	Denominazione	Note
01	01	02	N	Tipo record	Fisso '01'
02	03	18	AN	Codice fiscale	
03	19	38	AN	Cognome	
04	39	53	AN	Nome	
05	54	61	N	Data nascita	GGMMAAAA
08	62	63	N	Mese di paga	Da 01 a 12

---

[16] Una scatola di risme di carta per fotocopie è di circa 2.500 fogli (5 risme da 500); quindi stiamo parlando di circa 32.000 scatole…

Nr	da	a	Tp	Denominazione	Note
07	64	65	N	Anno[17]	
08	66	76	N	Retribuzione	000000000,00

Nr	Da	a	Tp	Denominazione	Note
01	01	02	N	Tipo record	Fisso '02'
02	03	18	AN	Codice fiscale	
03	19	48	AN	Comune di nascita	
04	49	60	A	Provincia di nascita	
05	61	62	A	Sede di lavoro	
06	63	66	A	Reparto	
07	67	70	A	Mansione	
08	71	76	N	Tipologia orario	

All'epoca non c'era molta scelta: praticamente lo standard veniva imposto da IBM, e più o meno tutti si adeguavano (anche perché controllando IBM una larghissima fetta del mercato tutti gli altri insieme non potevano fare altro...); i supporti erano di pochi tipi, non si trasmetteva via rete a causa dei notevoli costi, i dati richiesti, per forza di cose, erano limitati.

Con gli anni, a partire dagli anni '90, la questione si è complicata moltissimo; sempre più le aziende hanno capito l'utilità e la convenienza di scambiare dati in via elettronica, non solo tramite scambio di supporti ma anche in rete, con internet che piano piano si affermava sempre più come un formidabile strumento di comunicazione.

Nel frattempo però il mercato dell'informatica si è complicato moltissimo: nuovi sistemi operativi, nuove macchine, nuovi competitor, una frammentazione caotica; come fare a mettere d'accordo partner diversi, se nessuno dei due ha la forza di imporre una volontà propria ? [18]

Da non molto, proprio su internet, era nato il ☞ **WEB** e la definizione di pagine tramite un semplice formato standard di "marcatura", l'HTML (Hyper Text Markup Language) che diede l'ispirazione per la definizione di un metodo semplice per la definizione di tracciati di dati, adottando un criterio uniforme almeno per la documentazione e per la messa a punto di standard condivisi.

---

[17] Notare la lunghezza dell'anno, a due sole cifre: questo, decenni dopo, ha creato il problema del ☞ **"millennium bug"**, che ha imposto uno sforzo notevole di aggiornamento del software per evitare problemi all'arrivo dell'anno 2000, che i computer programmati con l'anno a due sole cifre avrebbero scambiato per il 1900...

[18] Per intendersi: l'INPS o il FISCO possono ben imporre, con un decreto o una legge, un determinato standard a cui tutti devono adeguarsi, ma tra aziende private ? una Banca non può imporre ai clienti qualcosa che non gli aggrada, rischiando di perderli...

L'XML consiste, in pratica, di un normale file di testo (infatti può essere "aperto" con un qualsiasi editor, come ad esempio Notepad) dove, oltre ai dati, vengono ricomprese delle "etichette" per distinguerli uno dall'altro in modo chiaro e inequivocabile.

In pratica, ipotizzando il tracciato indicato alla pagina precedente, con un "file" di dati avremmo una serie di righe perfettamente incolonnate in cui una coppia potrebbe essere

```
01TRPMRC58C17D612UTRAPANI MARCO   170319580396000134500
02TRPMRC58C17D612UFIRENZE         FIMIINFOPROG0001
```

Mentre i medesimi dati, in formato XML, potrebbero apparire in questo modo:

```
<Dipendente>
        <CdFiscale>TRPMRC58C17D612U</CdFiscale>
        <Cognome>TRAPANI</Cognome>
        <Nome>Marco</Nome>
        <Nascita>
                <GG>17</GG>
                <Mese>03</Mese>
                <Anno>1958</Anno>
                <Comune>FIRENZE</Comune>
                <Provincia>FI</Provincia>
        </Nascita>
<Retribuzione>
        <Mese>03</Mese>
        <Anno>1996</Anno>
        <Importo>134500</Importo>
</Retribuzione>
<Rapporto>
        <Sede>MI</Sede>
        <Reparto>INFO</Reparto>
        <Mansione>PROG</Mansione>
        <Orario>00001</Orario>
</Rapporto>
</Dipendente>
```

Apparentemente molto meno compatto… ed in effetti è vero; ma, nel frattempo, le cose sono cambiate: i supporti costano sempre meno, la trasmissione dati non ha più costi proibitivi, ed in effetti un file XML, trattato con opportuni programmi di compressione non è poi così prolisso e ingombrante come sembra.

Intorno all'XML, oltre alla definizione dello standard (in se piuttosto semplice, come vedremo) sono stati realizzati diversi altri componenti fondamentali, tra cui:

- uno standard (sempre in XML) per la definizione stessa del tracciato (una sorta di meta-xml) che comprende, oltre al tracciato, anche la possibilità di definire numerosi controlli di base sui dati, in modo da "validare" il contenuto con un procedimento standard

- i programmi di controllo dei dati, che incrociano il file di dati e il file di definizione per verificare sia il formato sia il contenuto e segnalare immediatamente delle anomalie, prima ancora di procedere alla trasmissione.

Ogni singolo produttore di data base poi, ovviamente, si è premurato di rendere "facile" l'importazione e l'esportazione di dati dal proprio "contenitore" (sia esso DB2, Oracle, MySql o altro) tramite lo standard XML.

L'XML è diventato, in pochi anni, la lingua franca dello scambio di dati tra organizzazioni, e ci sono organismi sovranazionali che definiscono, settore per settore, i tracciati XML da usare nei più disparati ambiti, come lo scambio di informazioni finanziare, di dati di bilancio, di ordini, di fatturazione e decine e decine di altri.

Vediamo adesso gli aspetti "tecnici", che sono meno esoterici di quando appaiono.

Abbiamo già detto che il nostro "file di dati" sarà rappresentato da un semplice file di testo; ogni dato contenuto nel file sarà preceduto e seguito da una TAG, racchiusa tra parentesi angolari <>.

La tag di "chiusura" sarà in effetti identificata con </....>, quindi, ad esempio, il dato del cognome potrebbe essere scritto come

<Cognome>TRAPANI</Cognome>

Alcune considerazioni essenziali:

1. Per scrivere una TAG si possono usare lettere dell'alfabeto e numeri
2. Attenzione perché le TAG sono "case sensitive", ossia una lettera MAIUSCOLA è DIVERSA da una lettera minuscola (quindi <Cognome> e <cognome> sono TAG diverse)
3. La TAG NON può contenere spazi
4. La TAG NON può contenere alcun carattere speciale (quindi NO . , + - _ / $ % ecc.ecc.)
5. Le TAG di apertura e di chiusura devono essere rigorosamente identiche (a parte il /)

I dati possono essere raggruppati in "TAG" di livello superiore, come ad esempio:

```
<Datadinascita>
    <Giorno>17</Giorno>
    <Mese>03</Mese>
    <Anno>1958</Anno>
</Datadinascita>
```

Dove la TAG <Datadinascita> raggruppa i tre dati seguenti (la TAG <Datadinascita> in questo caso viene definita elemento "padre" mentre le tre seguenti sono "figli".

Normalmente un file è composto da molte registrazioni, una di seguito all'altra, con la medesima struttura; ad esempio potrebbero esserci "n" registrazioni come

```
<Dipedente>
......
</Dipendente>
<Dipedente>
......
</Dipendente>
<Dipedente>
......
</Dipendente>
```

Da notare che la scrittura "con i rientri" non è affatto indispensabile in XML; i programmi leggono i dati come se fossero scritti tutti su una sola riga; il fatto di metterli su righe successive è più un esigenza umana legata ad una maggiore leggibilità.

Quindi

```
<Datadinascita>
    <Giorno>17</Giorno>
    <Mese>03</Mese>
    <Anno>1958</Anno>
</Datadinascita>
```

e

```
<Datadinascita><Giorno>17</Giorno><Mese>03</Mese><Anno>1958</Anno></Datadinascita>
```

Sono perfettamente equivalenti.

Ad una TAG possono essere associati degli "attributi" che "specificano" meglio le informazioni; ad esempio potremmo prevedere

<Data tipo="nascita">

In questo caso la TAG è solo "Data"; dopo di che c'è uno spazio (che serve, eventualmente, per separare più attributi tra di loro), il "nome" dell'attributo (nel nostro esempio **tipo**) seguito dal simbolo di uguale (=) e dal valore dell'attributo tra doppie virgolette).

Chi ha definito lo standard potrebbe, in questo caso, permettere come attributo più valori come "nascita", "assunzione", "licenziamento", "morte" ecc.ecc.

La scelta di definire più TAG diverse oppure sfruttare il metodo degli attributi è, talvolta, una questione di preferenza da parte dell'analista; in effetti il metodo degli attributi è più usato negli standard tecnici tipo XHTML (un linguaggio con cui si scrivono le pagine WEB) piuttosto che nei tracciati necessari per il trasferimento dati.

All'inizio di ogni file XML è sempre presente una riga particolare, detta "prologo", che assume, normalmente, esattamente questo contenuto:

<?xml version="1.0" encoding="UTF-8"?>

Con questa riga in pratica dichiariamo, all'inizio, che quello che segue è un file di tipo XML (attualmente la versione 1.0 è l'unica definita come standard) e che useremo, per la codifica dei caratteri, lo standard UTF-8.

Qualche dubbio può rimanere se dobbiamo inserire dei dati particolari, ad esempio proprio delle parentesi angolari (si immagini un titolo tipo "La sottile differenza tra > e <") oppure degli apostrofi (ad esempio nel cognome Degl'Innocenti); in questo caso i caratteri speciali, nel file, sono sostituiti da particolari stringhe (insiemi di caratteri) con valori speciali, come:

Carattere	Entità
&	&
<	<
>	>
"	"
'	'

quindi, "Degl'Innocenti" sarà scritto come "Degl'Innocenti" e "La sottile differenza tra > e <" come "La sottile differenza tra > e <"

Chi definisce lo standard di un tracciato deve, necessariamente, predisporre un apposito file di tipo XSD (XML Schema Definition), scritto anch'esso, ovviamente, in XML, che contiene l'elenco delle TAG previste, scritte esattamente secondo l'ordine previsto, nonché una serie di possibili "regole di controllo" usate per la verifica preliminare dei dati, prima di "darli in pasto" ad un programma per la loro elaborazione; in questo modo, ad esempio, potremo prevedere che la TAG "mese" preveda valori che vanno da 01 a 12, e non ammetteremo valori di tipo diverso.

Disponendo di un file XML e del relativo XSD potremo, con programmi standard (non scritti appositamente, quindi) verificare se:

1. Il file rispetta rigorosamente lo standard XML (e in questo caso si dice "Well formed")

2. Se rispetta anche la struttura e i controlli previsti dal file XSD (e in questo caso si dice "Valid")

Tutto questo, apparentemente complesso, ha fornito ai programmatori e agli analisti sia un linguaggio "esperanto" a cui riferirsi, sia un modo economico e facile per tutti i controlli; nel tempo poi i vari fornitori di Data Base hanno predisposto opportuni programmi (detti "parser") che provvedono ad "importare" ed "esportare" i dati di tabelle del data base dal linguaggio "interno" (sempre diverso da DB a DB) verso lo standard XML.

Tanto per fornire qualche esempio pratico, nel mondo del Business si usano, correntemente:

- Tracciati di invio dati di bilancio tra aziende e banche, camere di commercio e simili (standard XBRL, una definizione specifica dell'XML)

- Tracciati uniEMens di invio da aziende/consulenti del lavoro verso l'INPS per tutti i dati contributivi dei dipendenti, mese per mese

- La "Fattura elettronica", standard obbligatorio dal 2015 per tutti quelli che forniscono beni e servizi alla Pubblica amministrazione; le fatture NON si inviano più in modalità cartacea ma tramite un file XML che segue un preciso standard.

Anche il mondo umanistico, ovviamente, non è immune; ad esempio gli standard di comunicazione tra biblioteche, per lo scambio di dati catalografici, sono stati definiti in XML secondo il cosiddetto ☞ **Dublin Core**[19].

Di fatto, oggigiorno, in qualsiasi caso in cui si debbano scambiare dati tra sistemi diversi quasi sicuramente ci imbatteremo (o useremo) un qualche criterio (stabilito da qualcuno: ente, stato, azienda) che utilizza lo standard XML.

---

[19] "Dublin" non dalla omonima città dell'Irlanda, ma dalla città di Dublin nell'Ohio, Stati Uniti.

Produttività individuale

L'informatica, ai suoi albori, era una faccenda riservata alla ricerca scientifica o militare, e in un secondo momento alle esigenze delle aziende: contabilità, magazzino, fatturazione, estratti conto, paghe e varie altre funzioni dove la "gestione dati" era prevalente.

Solo in epoca relativamente recente si è iniziato a percepire che l'uso di apparecchiature elettroniche poteva essere molto interessante anche per una serie di funzioni meno ripetitive, a carattere più estemporaneo, come ad esempio scrivere lettere e comunicazioni, far di conto, presentare immagini e molto altro.

Le varie applicazioni realizzate allo scopo inizialmente erano separate una dall'altra; si poteva usare Wordstar per la gestione testi, Visicalc per il foglio di calcolo, Harvard Graphics per le presentazioni e altri ancora, nonché, per ciascun tipo di programma, tutte le varianti di vari produttori.

In pochi anni si sono affermate delle "Suite" di applicazioni realizzate (o almeno "messe insieme") da un medesimo produttore e destinate ad un uso generalizzato da parte praticamente di tutti.

Queste suite comprendono, normalmente, almeno:

- Gestione Testi
- Gestione Foglio di Calcolo
- Gestione Presentazioni
- Gestione Data base

Nonché varie altre componenti ritenute, da ciascun fornitore, una utile aggiunta.

Il fatto di utilizzare una suite anziché singolo prodotti porta, ovviamente, diversi vantaggi, tra cui:

- Maggiore facilità di apprendimento, dato che i comandi sono i medesimi nei vari moduli

- Maggiore integrazione; ovviamente essendo uno solo il produttore sarà molto più facile che, ad esempio, si possa fare una tabella in Excel e la si possa inserire facilmente in una relazione scritta in Word.

- Facilità di istallazione e aggiornamento: un solo "pacchetto" da installare, attivare e aggiornare

Ma, altrettanto ovviamente, ci sono anche degli svantaggi:

- In linea di principio una minore "ricchezza funzionale" di ciascun modulo rispetto a specifici programmi che svolgano la singola funzione

- difficoltà di integrazione con prodotti di altri fornitori che non fanno parte, nativamente, della suite

Da considerare un aspetto non trascurabile: le Suite di cui parliamo sono rivolte ad un utilizzo INDIVIDUALE, dove l'utente che gestisce un documento/file può sempre essere solo uno alla volta (anche parlando di Data Base) e dove la condivisione avviene tramite aspetti tecnici (dischi condivisi, spazi condivisi in cloud) ma dove comunque non si parla di "attività concorrente": in pratica, parlando soprattutto di data base, non si possono effettuare aggiornamenti di tabelle di dati da parte di più persone contemporaneamente (per questo occorrono sistemi di gestione "data base" di più alto livello, vedi capitolo "data base").

Gestione testi

Già con l'invenzione, a fine '800, della Macchina da Scrivere[20] il lavoro negli uffici era cambiato: nasceva la nuova figura della "Dattilografa" (e fino agli anno '80 la dattilografia sarà una materia d'obbligo per le giovani generazioni di aspiranti impiegati); lo scrivere lettere utilizzando la nuova macchina impone due passaggi: la persona che pensa, crea, il testo raramente ha la voglia o la competenza per usare una macchina da scrivere, e preferisce dettare il contenuto che viene prima trascritto, alla velocità di dettatura, con una tecnica detta stenografia e poi trascritta con la macchina; dato che chi svolgeva entrambi i compiti erano prevalentemente figure femminili venivano denominate stenodattilografe.

A fine anni '70, con la rivoluzione elettronica, si percorre un primo periodo in cui le macchine da scrivere diventano prima elettriche (permettendo una maggiore velocità) e poi elettroniche, aggiungendo via via nuove funzionalità, fino ad arrivare a sistemi di memorizzazione dei testi (prima una sola riga per volta, poi un intero testo su un piccolo disco "floppy"); i visori passano da una singola riga a piccoli schermi da poche colonne per poche righe; pur sempre grandi balzi in avanti se si pensa al faticoso procedimento necessario, prima, per poter correggere eventuali errori di battitura.

I primi sistemi di Office Automation sono ancora macchine riservate alle grandi aziende, costose, enormi (più o meno un armadio a due ante messo in orizzontale...); i sistemi per scrivere sono pesanti video terminali (uno solo pesa circa 35 kg) e la stampa avviene con apposite stampanti "a margherita", una tecnologia che permette di utilizzare un solo tipo (e dimensione) di "font" per un intero testo.

E' agli inizi degli anni '80 che, con la nascita dei primi PC, si assiste ad una vera rivoluzione; fra i primi programmi offerti con il PC ci sono i vari sistemi di "videoscrittura", tra cui primeggia il WordStar; a rivederli oggi sono di una complessità d'uso incredibile, ma rappresentavano, per i tempi, un balzo in avanti notevole: la stesura di un testo non richiede più una attenzione quasi maniacale, dato che si può correggere e ricorreggere quante volte si vuole, senza dover, ogni volta, ricominciare tutto da capo.

Numerosi sono stati i programmi di videoscrittura che, nel corso degli anni, hanno conquistato e manutenuto, almeno per un po' di tempo, il favore del mercato: Wordstar, IBM Displaywrite, Amypro, Wordperfect e molti altri; dopo pochi anni Microsoft lancia il suo Word che, in varie versioni, ha conquistato praticamente da monopolista il mercato

---

[20] Da quella lontana epoca ci rimane un lascito che molti non apprezzano: la disposizione dei tasti cosiddetta QWERTY (dai primi cinque tasti alfabetici della prima fila in alto a sinistra); la strana disposizione era pensata non solo per suddividere il carico su entrambe le mani ma anche, e soprattutto, per "rallentare" il dattilografo in modo da evitare possibili inceppamenti dei martelletti usati per imprimere i caratteri sulla carta.

aziendale; dopo ancora molti anni, siamo già oltre il 2000, il mondo Open Source replica con le varie versioni di Open Office che comprendono un ottimo programma di videoscrittura come Writer.

Qualsiasi sia il programma che andiamo ad utilizzare (e spesso non scegliamo ma utilizziamo quello che troviamo "preinstallato" sul computer acquistato in negozio) oggigiorno i principi di funzionamento sono molto simili, e la diversa denominazione di alcune funzioni, la presenza di qualche tasto in più o in meno, la maggiore o minore ricchezza di opzioni non comportano grossi problemi; in effetti la stragrande parte degli utenti utilizza un word processing al 20-30% delle sue potenzialità, quando va bene.

Molto spesso le persone non impiegano del tempo per imparare bene come funziona un programma e quali sono le potenzialità che permettano di avere, oltre ad un buon grado di efficacia (ottenere alla fine un testo stampato che corrisponda alle proprie esigenze) anche un buon livello di efficienza (farlo in fretta, e soprattutto essere in grado di modificare rapidamente la formattazione se ci si deve adattare a nuove e particolari esigenze (es. un cambio del formato di carta) senza dover lavorare troppo.

Per fare questo in tutti i sistemi moderni di WP si è adottato il principio della "marcatura del testo" (Markup), concetto che ritroveremo anche nel WEB che è nato intorno ad un linguaggio l'HTML, che è proprio un sistema di "marcatura del testo".

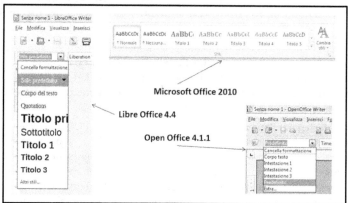

Il concetto è molto semplice da capire, un po' più faticoso da applicare; praticamente si deve concepire un testo (ad esempio un libro) come un insieme di "parti" ripetitive, come Titoli di capitoli e sottocapitoli, paragrafi normali, citazioni e altro ancora; invece di preoccuparsi, per ciascuna riga, di impaginarla con i più immediati e facili tasti a disposizione (cambiando la dimensione del carattere, impostando neretto e/o corsivo e quanto altro vogliamo) dobbiamo associare, ad ogni parte, l'indicazione dello "stile" relativo, ad esempio "Titolo 1" se si tratta della riga di titolo di un capitolo, "Titolo 2" per le righe di titolo di sotto capitoli, con uno schema "a rientri" del tipo

1. Titolo capitolo 1   Stile = Titolo 1
    1.1. Titolo sottocapitolo   Stile = Titolo 2

1.2. Titolo sottocapitolo	Stile = Titolo 2
2. Titolo capitolo 2	Stile = Titolo 1
2.1. Titolo sotocapitolo	Stile = Titolo 2
2.2. Titolo sottocapitolo	Stile = Titolo 2

Questo accorgimento, da seguire con la massima precisione e attenzione, permetterà di adeguare rapidamente tutto il testo se necessario; ad esempio per cambiare tutti i font utilizzati se dobbiamo produrre una copia "cartacea" piuttosto che una "elettronica" (PDF o E-book) dato che, secondo varie ricerche, dovremo adottare font di famiglie diverse.

Funzioni meritevoli da esplorare

Dovremo innanzitutto verificare quali siano le opportunità offerte per l'impaginazione: in primis la dimensione della pagina (ormai il formato A4, ossia 21x29,7 cm è praticamente uno standard onnipresente, e usato da tutte le stampanti "casalinghe", sia di tipo "inkjet" che "laser") e i margini (importante vedere come si può ottenere il margine più largo per le pagine dispari/pari, in modo da poter stampare i nostri lavori in fronte/retro e rilegarli con un il margine vicino alla rilegatura più ampio...).

Importanti poi gli spazi "inizio pagina" e "fine pagina", personalizzabili per inserivi un sistema di numerazione automatica delle pagine nonché elementi decorativi come linee di separazione, intestazioni, titolo del documento e altro (es. logo aziendale per realizzare una "carta intestata").

Come detto nel capitolo precedente è utilissimo imparare a gestire i sommari (nb. Cosa diversa da "indice", usato per indicare elenchi di tabelle e/o grafici e/o immagini, se vogliamo arricchire il nostro documento con tali riferimenti).

Anche la gestione delle note a piè di pagina è completamente automatizzata, e di facile gestione; un po' più complessa la gestione di un "indice dei nomi", utilissimo se stiamo scrivendo un saggio dove citiamo molte persone (es. un testo storico); per fare questo sono necessari due passaggi:

1. Un primo passaggio dove, con pazienza, scorriamo tutto il testo e "segnamo" tutte le volte in cui un nome viene citato (semplicemente evidenziandolo e usando l'apposita funzione "segna voce" dal menù "riferimenti, in Office)

2. Andando nel punto del testo dove vogliamo inserire l'indice e usando la funzione "inserisci indice" sempre da menù "riferimenti"

Ovviamente se correggiamo il testo, inserendo nuove pagine o cancellandone alcune, dovremo ricordarci di tornare sull'indice dei nomi e, con il tasto destro del mouse, richiederne l'aggiornamento; questo vale per tutti i "sommari" o indici, di figure o nomi o altro.

Bibliografia

La bibliografia, specialmente per testi a carattere scientifico (a partire da una tesi di laurea fino a saggi, libri o altro) è un aspetto determinante; i vari programmi di gestione testi oggigiorno includono un sistema sofisticato di gestione della bibliografia che vale la pena di esplorare, soprattutto se si tratta di bibliografie molto estese.

A carattere indicativo possiamo segnalare due criteri generali di gestione, genericamente indicati come "Chicago A" e "Chicago B"[21], per i quali esistono, on line, numerosi siti che ne definiscono minuziosamente i dettagli.

Partiamo dalla "bibliografia" vera e propria; in linea di massima i dati che sicuramente DOBBIAMO indicare sono:

- Autore
- Titolo
- Casa editrice
- Città di pubblicazione (se noto)
- Anno di pubblicazione

Ovviamente ci sono regole molto più complicate per testi tradotti (di cui si deve indicare anche il titolo e anno originali, oltre che i riferimenti della traduzione a cui ci riferiamo) o per testi inseriti in opere collettive (a cura di un autore diverso) o in riviste, giornali, enciclopedie ecc. ecc.; per ciascun caso nei vari standard sono previste regole precise; da segnalare che se si utilizza un sistema automatico di gestione dei riferimenti sarà molto facile passare da un formato ad un altro in base alle nostre preferenze (o a quelle del nostro relatore/curatore/editore) senza dover riscrivere tutto; Office 2013 prevede ben una quindicina di standard diversi di scrittura…

La differenza sta semplicemente nel "formato" di scrittura e nell'ordine dei vari elementi:

Chicago A

Autore, Titolo, Casa Editrice, Città di Pubblicazione, Anno di pubblicazione

Es   Trapani Marco, *Non manuale di Informatica per Non Informatici*, Lulu, 2016

Chicago B

Autore (Anno) Titolo, Casa editrice, Città di pubblicazione

Es   Trapani Marco (2016) *Non manuale di Informatica per Non Informatici*, Lulu

Normalmente per l'autore si indica solo l'iniziale del nome proprio (es. Trapani M.) anche se questa regola crea qualche problema per autori di culture dove l'identificazione non è quella occidentale del "cognome/nome" ma altro (e in quei casi, ad es. autori con cognomi di origine cinese o giapponese) si preferisce lasciarli per esteso.

---

[21] Solo perché definiti, come standard, dalla University of Chicago

Importante è comunque che la Bibliografia sia in rigoroso ordine alfabetico di COGNOME (almeno per i nomi "occidentali"); per motivi di mera leggibilità spesso si preferisce indicare il titolo in corsivo (come negli esempi sopra); è sicuramente da curare la precisione, evitando di scrivere i vari riferimenti in modo diverso uno dall'altro, inserendo o togliendo virgole e/o parentesi o mettendo qualche titolo in corsivo e qualcun altro no... precisione e pignoleria sono necessari per fornire una bibliografia anche "elegante" e che non dia una impressione di sciatteria e disordine.

Molto diversa è invece la gestione dei riferimenti nel testo; il **Chicago A** (preferito in ambito umanistico) prevede l'uso delle "note a piè di pagina" dove si indica sempre[22] il nome dell'autore e una parte del titolo, seguita dall'indicazione della pagina.

Il **Chicago B** (preferito in ambito scientifico) prevede invece di inserire, nel testo stesso, solo il nome dell'autore e l'anno di pubblicazione (Trapani, 2016) tra parentesi, senza l'uso di note, eventualmente (ma non sempre) inserendo anche la pagina (Trapani, 2016, p.62).

Queste, evidentemente, sono solo delle indicazioni generali e indicative, dato che la definizione di uno standard rigoroso per la bibliografia richiede un manuale molto corposo; ciò è dovuto proprio alla necessità di usare sistemi di riferimento quanto più standardizzati possibile per facilitarne l'elaborazione tramite sistemi informatici, ed è molto complesso soprattutto perché le tipologie di fonti sono sempre più diversificate (libri, riviste, giornali, film, musiche, atti di convegni, brevetti, leggi, sentenze...)

Sitografia

Anche se non esiste una specifica funzione per crearla, diciamo comunque che una sitografia, in un testo (in particolare una tesi di laurea) è un complemento importante.

Una questione irrisolta è come si debba ordinare una sitografia, visto che ovviamente un ordine alfabetico semplice ha poco senso.

Un buon criterio parte dalla comprensione di come sia costruito un "indirizzo" web; partiamo dal più semplice possibile:

www.unifi.it

In questo indirizzo si distinguono tre parti:

www che sta per "world wide web"; è una sigla ormai desueta e in molti casi la si omette e i vari sistemi di accesso funzionano tranquillamente lo stesso

.it detto anche "dominio di primo livello" indica, in linea di massima, la zona geografica dove il sito è localizzato (.it sta per Italia, come .de sta per Germania, .uk per Regno Unito, .tv per Isola di Tuvalu...); oltre ai domini "geografici" ne esistono alcuni specifici come

    .com per i siti di carattere business/commerciale

---

[22] Ci sono una serie di regole specifiche per evitare ripetizioni eccessive, con l'uso di abbreviazioni come "idem" e "ibidem" (vedere i rispettivi manuali di standard bibliografici per i dettagli)

.org	per le "organizzazioni"
.mil	per i vari corpi dell'esercito USA
.gov	per i servizi governativi USA
.coop	per le organizzazioni di tipo cooperativo
	e pochi altri (☞ **dominio di primo livello**)
unifi	che identifica il dominio di "secondo livello", in pratica il vero e proprio indirizzo che ci interessa.

Un indirizzo ovviamente si può complicare, appena ci muoviamo all'interno di un sito, e assumere una forma come ad esempio:

http://www.sagas.unifi.it/vp-13-corsi-di-studio-laurea-triennale.html

ripuliamolo un po', giusto per non confondere le idee: "http://www." indica semplicemente al programma che stiamo leggendo una pagina web (facendo un parallelo con un libro cartaceo, sarebbe come se prima di un titolo scrivessimo: "leggere dalla rete:").

Prima di "unifi.it" vediamo che è presente un'altra parola (sagas) che viene denominata "dominio di secondo livello"; sempre facendo un parallelo con il mondo di carta, potremmo dire che "unifi" rappresenta una biblioteca e "sagas" uno scaffale; con lo stesso criterio, sempre andando verso sinistra, potremmo prevedere un dominio di terzo livello, uno di quarto e così via (anche se raramente si vedono in giro siti così complessi da andare oltre il terzo livello…)

Dopo ".it" è presente una "/": questo è il punto dal quale, verso destra, viene indicata la pagina che vogliamo visualizzare (nell'esempio "vp-13-corsi-di-studio-laurea-triennale").

Alla fine, dopo un punto, troviamo una sigla di tre o quattro lettere (estensione) che indica il linguaggio in cui è stata scritta la pagina stessa (spesso html, o php o altro ancora).

Il nome della pagina potrebbe essere preceduto da nomi, separati da "/" che definiscono una struttura gerarchica di pagine così come vediamo sono organizzate le cartelle nel nostro computer.

Quindi, in definitiva, abbiamo:

- A SINISTRA della prima "/" il dominio, suddiviso in primo livello, secondo livello, "Nesimo" livello

- A DESTRA della prima "/" la struttura gerarchica delle pagine del sito, con, per ultima verso destra, il nome della pagina stessa

- Al termine (a destra) l'estensione che indica il linguaggio con cui è stata codificata la pagina.

Tutto ciò premesso, come dovremmo ordinare una serie di indirizzi internet ?

- In ordine alfabetico di dominio di primo livello
  - o Al suo interno in ordine alfabetico di dominio di secondo livello
    - ▪ Al suo interno in ordine alfabetico di dominio d terzo livello
      - E così via finché necessario.

- A parità di dominio, in ordine alfabetico della "struttura" e "nome pagina" (in pratica di tutto quello che sta a destra della prima "/", considerato come un tutto unico.

Indispensabile, comunque, aggiungere, per ciascun SITO (almeno di primo livello) una didascalia per indicare, in chiaro, di cosa si tratta, e una indicazione della data di ultima consultazione, per indicare QUANDO, a nostra conoscenza, la pagina era ancora attiva.

Esempio completo:

www.sagas.unifi.it/vp-13-corsi-di-studio-laurea-triennale.html

Università di Firenze, Dipartimento di Storia, Archeologia, Geografia, Arte e Spettacolo

Pagina attiva in data **15/01/2016**

Ovviamente è possibile (e opportuno) fare una "revisione finale" di tutti i link inseriti in sitografia in una medesima data, e scrivere una frase del tipo:

Siti attivi e controllati in data xx/xx/xxxx

all'inizio, evitando di ripeterla per ogni singolo link.

Font

Parliamo un po' di font, o "caratteri", per dire che oggigiorno, grazie alla tecnologia, è possibile utilizzare un numero praticamente illimitato di caratteri diversi, dai più classici (come il Times New Roman o il Courier) ai più incredibili e fantasiosi come 𝕭𝕷𝕺𝕺𝕯 𝕺𝕱 𝕯𝖗𝖆𝖈𝖚𝖑𝖆 o ▮▮▮▮▮▮ ▮▮▮▮.

Diciamo innanzitutto che possiamo dividere questa marea montante di font in poche ragionevoli famiglie:

Categoria	Nome FONT	Sample
Tipografici		
"con le grazie" (Serif)	**Albertus**	**ABCDEF abcdef 123456**
	Baskerville	ABCDEF abcdef 123456
	Bodoni	ABCDEF abcdef 123456
	Century	ABCDEF abcdef 123456
	DellaRobbia	ABCDEF abcdef 123456
	Firenze	**ABCDEF abcdef 123456**

Parte generale

	Garamond	ABCDEF abcdef 123456
	Palatino	ABCDEF abcdef 123456
	Times New Roman	ABCDEF abcdef 123456
"senza grazie" (Sans Serif)	Arial	ABCDEF abcdef 123456
	AvantGarde	ABDCEF abcdef 123456
	Berlin Sans	ABCDEF abcdef 123456
	COPPERPLATE	ABCDEF ABCDEF 123456
	Folio XBd	ABCDEF abcdef 123456
	Futura Lt	ABCDEF abcdef 123456
	Gill Sans	ABCDEF abcdef 123456
	Verdana	ABCDEF abcdef 123456
Ornato		
Gothic	Bard	ABCDEF abcdef 123456
	Engravers OldEng	ABCDEF abcdef 123456
	Mariage	ABCDEF abcdef 123456
	Martel	ABCDEF ABCDEF
	Oldna Anudan	HBUIU AUUUB 1345
	Scythe	ABCDEF abcdef 123456
Romantic	Blackadder	ABCDEF abcdef 123456
	Edwardian	ABCDEF abcdef 123456
	Exmouth	ABCDEF abcdef 123456
	Kunstler Script	ABCDEF abcdef 123456
	Stuyvesant	ABCDEF abcdef 123456
	Vivaldi	ABCDEF abcdef 123456
Fantasia		
Dark	BloodofDracula	ABCDEF abcdef 123456
	BLOODFEAST	ABCDEF ABCDEF 123456
	BLOODY	ABCDEF ABCDEF 123456
	DEAD WORLD	ABCDEF ABCDEF 123456
	Horrendous	ABCDEF abcdef 123456
West	Figaro	ABCDEF abcdef 123456
	Old Towne	ABCDEF abcdef 123456
	Playbill	ABCDEF abcdef 123456
	URWWOODY	ABCDEF ABCDEF 123456
Design		
Classic	Architecture	ABCDEF abcdef 123456

Logo	Bauhaus JANNISARY NADALL Niagara	ABCDEF abcdef 123456 ABCDEF ABCDEF 123456 ABCDEF ABCDEF 123456 ABCDEF abcdef 123456
	911 PORSCHE BATTLESTAR Big Blue Commodore 64 EAGLE GT II Honda	ABCDEF ABCDEF 123456 ABCDEF ABCDEF 123456 ABCDEF abcdef 123456 ABCDE abcde 12345 ABCDEF ABCDEF 123456 ABCDEF abcdef 123456

E, comunque, qualsiasi classificazione o elenco sarà sempre incompleto, visto che di font ne esistono decine di migliaia e, quasi ogni giorno, ne vengono aggiunti di nuovi.

Dovremmo, innanzitutto, valutare i seguenti fattori:

- Il font che "mi piace" è realmente adeguato al "messaggio" che voglio trasmettere ?
- E' un font ragionevolmente leggibile o riconoscibile ?
- E' un font disponibile su vari sistemi o mi creerà problemi nel passaggio da un pc ad un altro ?
- Il font comprende TUTTI i caratteri che mi saranno necessari ? (attenzione, perché spesso i font più "stravaganti" sono incompleti, ad esempio mancano delle lettere accentate o addirittura delle minuscole o dei numeri...)
- Il font è in "libero uso" oppure è coperto da copyright, e quinti DEVO comprarlo per poterlo usare legalmente in un lavoro commerciale ?

In generale è bene rimanere, salvo esigenze particolari, sui caratteri "Tipografici" più comuni, con l'accortezza di usare

- I caratteri "con le grazie" (Serif) se il nostro testo sarà letto prevalentemente su carta (es. libro o volantino o rivista)
- I caratteri "senza grazie" (Sans Serif) se il nostro testo sarà letto prevalentemente su uno schermo (es. sito internet, file PDF, e-book, presentazioni in PowerPoint)

Nonché, naturalmente, le dimensioni; in particolare se si tratta di documenti "stampati" è bene, preventivamente, fare una prova effettiva di stampa, perché l'effetto a video è spesso molto diverso.

Presentazioni

Fare una presentazione utilizzando un programma come Power Point o Impress è considerato, da molti, come una cosa molto facile, alla portata di tutti; in effetti il programma di presentazione, insieme alla gestione testi, è uno dei primi che viene insegnato ai ragazzi già dalle scuole medie (o prima) e, bene o male, riescono a produrre cose anche complicate.

Usare PowerPoint è, in fin dei conti, facile: basta tenere conto di poche cose, e si riesce facilmente a produrre un risultato.

1. Una presentazione corrisponde ad un FILE, che conterrà "n" pagine (dette slide o diapositive) da far scorrere in sequenza una dopo l'altra

2. Ogni slide conterrà una serie di "oggetti", come caselle di testo, immagini, grafici, figure geometriche disposte a piacere sulla pagina

3. Ogni oggetto potrà avere proprie caratteristiche, come il tipo di carattere (se testo), il colore, il colore di sfondo, le dimensioni ecc.ecc.

4. Per ogni pagina si possono definire delle "animazioni", ossia un comportamento studiato ad esempio per far apparire le righe una alla volta quando si preme il tasto sinistro del mouse, oppure far apparire una scritta come se "cadesse" dall'alto o mille altre combinazioni

5. Tra una pagina e l'altra si possono scegliere degli effetti di "transizione" in modo da rendere più "ricca" la presentazione e/o gradevole il passaggio da una slide all'altra (ad esempio con effetti di dissolvenza)

All'inizio, normalmente, si sceglie uno "stile" tra i tanti proposti, in modo da rendere omogeneo il "design" delle varie slide e non doversi preoccupare, ogni volta, di reimpostare ad esempio il tipo di carattere tra una casella di testo e le successive.

Detto questo, più o meno, siamo attrezzati per produrre una presentazione, che, nella maggioranza dei casi, sarà un po' penosa...

Negli anni, addirittura, si è arrivati a definire una "powerpoint syndrome", ossia un "avvelenamento" delle riunioni o delle conferenze causate da un uso improprio delle presentazioni, con delle slide che non sono affatto "ben fatte" ma, spesso, creano più fastidio che altro.

In particolare si deve tener presente che PowerPoint presuppone la creazione di presentazioni per diversi scopi di base, tra i quali si deve attentamente distinguere, per capirne le caratteristiche di fondo:

1. Presentazione autonoma di contenuti (senza oratore)

2. Presentazione con oratore

3. Presentazione "ad effetto" per attirare l'attenzione (cosiddette "rolling-demo", usate prevalentemente in fiere e manifestazioni)

Ciascuna di queste tipologie ha caratteristiche diverse, e presuppone l'uso di powerpoint in modo diverso; in particolare:

Presentazione senza oratore

Testi brevi ma esaurienti; immagini anche definite, con didascalie ben leggibili; attenzione al tipo di carattere e alle dimensioni; valutare bene la distanza da cui il monitor viene visto; attenzione particolare ai tempi: la transizione tra una slide e l'altra deve essere automatica, quindi il tempo deve essere sufficiente per leggere tutto il testo e osservare le immagini, ma NON TROPPO LENTO, perché se tra una diapositiva e l'altra si deve aspettare troppo probabilmente il pubblico si distrarrà e andrà in cerca di altro

Presentazione Rolling Demo

In questo caso i testi devono essere quasi assenti: parole, slogan, frasi ad effetto; molti effetti di animazione e di transizione, colori, immagini, tutto quello che può ragionevolmente attirare l'attenzione.

Presentazione con oratore

E' il tipo più complesso, dato che il lavoro dell'oratore deve accuratamente sovrapporsi alle slide che non devono mai prendere il sopravvento; in particolare si eviteranno le animazioni se non quelle strettamente necessarie per "seguire" il discorso dell'oratore, e si eviteranno le transizioni tra slide troppo lente o eccessive; proprio su questo tipo di presentazione si concentrerà maggiormente la nostra attenzione da qui in avanti.

Fare una presentazione "efficace" presuppone molte ma molte altre considerazioni, da fare PRIMA di mettere mano a PowerPoint, e da tenere ben presenti via via che si costruisce la presentazione stessa.

Dobbiamo rifarci ad Aristotele, e alla sua "retorica", per capire cosa significa veramente fare una presentazione, che è un lavoro complesso e dove anche un piccolo errore, soprattutto se ripetuto più volte, può compromettere gli esiti di una presentazione, invalidando talvolta il lavoro di mesi.

Il messaggio

La prima cosa da fare è stabilire quale sia il "messaggio" che vogliamo dare con la nostra esposizione; in pratica dobbiamo compiere quel passaggio determinante di analisi che trasforma dei puri dati in informazioni, correlare queste informazioni ad un contesto che ci dovrebbe essere ben noto e "tirare le somme"; in pratica: cosa vogliamo dire ?

Solo dopo che avremo determinato il nostro "messaggio" potremo iniziare a predisporre, sulla carta, la scaletta della nostra presentazione, PRIMA di aprire PowerPoint.

Risultati "asettici" del nostro lavoro (puri dati)

↓

Analisi dei dati e conclusioni
(trasformazione dei "dati" in "informazioni")

↓

Messaggio che intendiamo trasmettere

↓

Presentazione (coerente con il messaggio)

Un aspetto molto importante, da sottolineare più volte, è che una presentazione si prepara PER UN DETERMINATO PUBBLICO; non è possibile, in pratica, fare una presentazione che sia efficace su chiunque, indistintamente, proprio perché una massa eterogenea di persone avrà tali e tanti punti di vista e di interesse da rendere praticamente impossibile "accontentare" tutti.

Ogni volta che prepariamo una presentazione, quindi, per primo dovremo chiederci:

- **A chi è rivolta ?**
- **Chi è il mio "pubblico" ?**
- **Che caratteristiche ha ?**
- **Quali sono i suoi interessi ?**
- **Quale è il suo punto di vista, sul mio argomento ?**

Solo una attenta analisi del nostro "pubblico potenziale" ci permetterà di preparare una presentazione efficace: dire le stesse cose ad un pubblico di studenti, di genitori o di docenti non avrà, nella maggioranza dei casi, un efficacia reale; molto probabilmente risulteremo convincenti solo per uno o due gruppi, ma assolutamente inefficaci per gli altri.

Attenzione: passare subito ad usare PowerPoint saltando questa fase farà si che, molto probabilmente, il nostro "messaggio" sia confuso e incomprensibile, e che, di conseguenza, il nostro "pubblico" trarrà da solo le conclusioni che più gli aggradano, molto probabilmente traendone un "messaggio" del tutto diverso da quello che noi avremmo voluto trasmettere.

Progettare una presentazione

La preparazione di una presentazione è un lavoro di "invenzione", di "attenzione" ai particolari e a tutti gli aspetti più minuziosi; come tutti i "progetti" necessita di un'organizzazione per fasi, in modo da dedicare la corretta attenzione a tutti i punti che la compongono.

Già nell'antichità Greca e Romana le varie parti di preparazione di un discorso erano state codificate secondo uno schema, dapprima in 4 parti a cui successivamente furono aggiunte le "mnemotecniche" per giungere allo schema a 5 parti:

a) **Inventio**

b) **Dispositio**

c) **Elocutio**

d) **Actio**

e) **Memo**

In epoca moderna le mnemotecniche sono state un po' accantonate, per non dire che sono piuttosto cadute in disuso salvo la loro periodica "riscoperta" da parte di specialisti che le utilizzano per dare dimostrazione di abilità al limite del circense; è vero che esercitare il cervello lo rende sempre più duttile e malleabile, e che anche l'esercizio della memoria è un'abilità positiva e utile, ma ai giorni nostri se ne sente sempre meno l'esigenza: la continua disponibilità di testi, sia stampati in formato digitale, di strumenti di ricerca informatica (basti pensare a internet) mettono a disposizione di qualsiasi "ricercatore" strumenti fino a pochi anni fa impensabili.

Naturalmente il processo non deve, non può essere inteso come lineare, ossia di "esaurire" completamente una fase prima di passare alla successiva, ma come un processo ciclico dove è sempre possibile, per non dire necessario, ritornare sui propri passi per correggere, integrare, rivedere anche tutto prima di giungere alla fatidica fase di "actio", intesa, però, di vera e propria "andata in onda".

Le fasi classiche, invece, non sono sostituibili con nessuna apparecchiatura o programma informatico[23]: a mio avviso è decisiva la sensibilità e capacità umana di selezionare e "inventare", ancora ben lontana dalle possibilità anche delle più avanzate ricerche in campo informatico.

In ogni caso alle classiche quattro fasi si deve aggiungere un quinto aspetto, oggi molto più rilevante di quanto non lo fosse nell'antichità: quando abbiamo terminato la nostra

---

[23] In effetti tentativi in tal senso vengono fatti: Green et al. 2002, hanno infatti messo a punto, grazie alla sponsorizzazione dell'ARPA, uno strumento informatico automatico per la creazione di presentazioni basato sulle ricerche di Roth et al. Dal 1990; a tutt'oggi, comunque, non mi risulta che siano stati messi a punto dei sistemi software a tale scopo e che siano commercialmente distribuiti.

presentazione e dobbiamo affrontare le domande del pubblico, detta, con terminologia anglosassone "Question & Answer" (abbreviato spesso in Q&A); per rispetto agli antichi maestri di retorica, mi sembrerebbe più opportuno denominare questa sezione con i rispettivi termini latini (Quaestio & Responsio).

Scelta degli "argomenti"

Contrariamente ad una traduzione "maccheronica", la fase cosiddetta dell' "inventio" non prevede di "inventare" qualcosa, bensì di Ricercare (inventio deriva infatti da "invenire", che in latino significa "trovare"), all'interno dell'argomento in questione, quali possano essere gli aspetti, caso per caso, più convincenti.

La retorica classica era prevista, già da Aristotele, come una tecnica che permetteva di "parlare" di cose per le quali non esisteva una soluzione "logica", quindi le varie opzioni in campo potevano essere tutte, parimenti, valide; non si tratta, pertanto, di esaminare il problema da un punto di vista di "vero o falso", "giusto o sbagliato", ma di cercare, tra tutte le varie sfaccettature presenti, quelle che maggiormente si prestano a "convincere" il nostro pubblico che la soluzione da noi "sponsorizzata" è la preferibile, rispetto ad altre, altrettanto valide, ma meno preferibili.

L'inventio è anche, delle varie parti, quella che maggiormente può, e deve, essere influenzata dalla nostra etica, dalle nostre scelte morali: la selezione delle "facce" di un problema permetterebbe di mettere in ombra gli aspetti meno gradevoli, e di esaltare gli aspetti più gradevoli; non che questo sia negativo, anzi, è necessario, ma risente ed è guidato, su una sottile lastra di ghiaccio, dalle nostre scelte morali.

Le vie per persuadere sono suddivisibili in tre :

    a)   Convincere, parlando alla ragione

    b)   Commuovere, stimolando le passioni

    c)   Piacere, cercando di stimolare nel pubblico un'adesione di tipo estetico.

Ovviamente noi dovremmo privilegiare, specialmente parlando di argomenti che hanno una sostanziale base scientifica, la prima, ma dobbiamo anche tenere conto delle altre due se vogliamo ottenere un risultato pieno.

Sulla "passione" è necessario fare un'ulteriore distinzione, tra quella che possiamo sollevare in chi ci ascolta (il pathos), e quella che possiamo dimostrare noi come presentatori (l' ethos).

Il pathos può essere utilizzato, ma può condizionare fortemente il giudizio degli ascoltatori allontanandoli da un'auspicabile oggettività; inoltre è un pericoloso coltello a doppia punta: se il nostro pubblico dovesse avere la sensazione di essere manipolato attraverso un facile ricorso alla "commozione", potremmo avere un fenomeno di rigetto del tutto controproducente.

L'Ethos non presenta questo tipo di rischio: è il presentatore che si deve "appassionare" a ciò che presenta, e che deve dimostrare, con la "partecipazione" e "presenza", che l'argomento che viene presentato è "degno" di tale passione.

Questo è un meccanismo che può funzionare come un'argomentazione basata sul noto principio di autorità: dimostrando passione e interesse l'oratore stesso si fa "garante" di quanto esprime, con ciò dando maggiore peso a tutta la presentazione.

E' ben noto, in campo commerciale, come il venditore più produttivo non è quello che ha meglio appreso le semplici tecniche di manipolazione psicologica, ma quello che in definitiva "crede" nel prodotto che sta vendendo, e che fa trasparire questa sua "totale fiducia" nelle qualità del prodotto che sta esponendo: un venditore che parte convinto di stare vendendo un prodotto scadente non potrà raccogliere molti ordini.

Dobbiamo, quindi, procedere con l'elencazione delle "prove" che possono essere a sostegno di quanto stiamo presentando.

Le "prove" venivano suddivise in due categorie: le prove "tecniche", ossia quelle che dovevano essere trovate ricorrendo alla "tecnica retorica", e le prove "extratecniche", ossia quelle che erano già "pronte" nei fatti: in pratica il ricorso ad aspetti già noti e convalidati della ricerca scientifica precedenti al nostro lavoro, il ricorso a citazioni di autori che in qualche misura possono avvalorare quanto da noi sostenuto, l'esistenza di regole o di standard che sono condivisi e non discutibili.

Le tipologie essenziali di "prove" nell'antichità venivano suddivise in exemplum, entimemi e sillogismi.

Di queste tre il primo, ossia l'exemplum, viene preferito se si ritiene che il pubblico possa avere delle difficoltà a seguire un ragionamento astratto e teorico, e si cerca di predisporre un fatto, una storia, che rappresenti in modo concreto e pratico quanto stiamo cercando di dimostrare; si badi bene: non è necessario che il fatto o la storia siano veri, è del tutto sufficiente che siano verosimili; in questo senso non si tratta quindi di trovare una "prova extratecnica" di un fatto realmente accaduto, bensì di predisporre una storia "verosimile" che serva da semplice esempio; classico il caso in cui il presentatore inizia il discorso con "a questo proposito, mi ricordo di quella volta in cui mi è accaduto proprio un fatto del genere...": non è necessario che questo sia realmente accaduto, ma che sia del tutto verosimile che sia potuto accadere; in questo senso non è realmente un "mentire", se non vogliamo tacciare di tale epiteto tutte le varie favole e novelle della storia letteraria che sono servite (e in larga parte servono ancora) per divulgare un messaggio attraverso una morale (o per caso qualcuno crede veramente che una rana, in un tempo molto antico, si sia gonfiata fino a scoppiare per assomigliare a un bue? Esopo era quindi un bugiardo?)

Gli entimemi e i sillogismi sono invece delle sequenze logiche, attraverso le quali da due premesse accettate come vere ne deriva una terza conseguente alle prime due; in particolare l'entimema viene anche detto sillogismo retorico, quando una delle due premesse viene sottaciuta in quanto si considera talmente nota e scontata da non aver bisogno di essere espressa.

Parte generale

Il sillogismo, per sua natura, è però di tipo strettamente logico: si dovrà prestare la massima attenzione a non cadere in contraddizioni o in errori di tipo logico, creando dei falsi sillogismi, che molto probabilmente suoneranno subito come "trabocchtti" nelle orecchie del nostro pubblico, squalificando praticamente tutta la presentazione.

Per organizzare e riordinare tutti gli argomenti che stiamo cercando potremo ricorrere ai "loci" che già nel medioevo richiedevano di rispondere alle seguenti domande:

- Quis ? (chi)
- Quid ? (che cosa)
- Qui ? (perché)
- Ubi ? (dove)
- Quando ? (quando)
- Quemadmodum ? (in che modo)
- Quibus adminniculus ? (con quali mezzi)

In epoca moderna questi antichi modi di organizzazione sono passati nella tecnica giornalistica, e ci sono tornati indietro dai paesi anglosassoni nelle ben note 5 W:

- Who: chi è il soggetto della narrazione, chi ha compiuto i fatti e/o chi li ha subiti
- What: cosa è successo
- When: quando il fatto è accaduto
- Where: dove è successo
- Why: perché è successo, quali sono le cause

Ordine degli argomenti (scaletta)

Una prima considerazione è necessaria in merito al criterio di esposizione degli argomenti; in ogni presentazione avremo degli aspetti più o meno importanti, più o meno rilevanti, più o meno "d'impatto"; la scelta dell'ordine di presentazione può seguire diversi criteri e approcci, ma in generale possiamo riferirci ad alcune regole generali:

1. gli argomenti presentati per primi avranno il maggiore impatto, saranno quelli che "cattureranno l'attenzione", che indurranno il nostro uditorio a prestare orecchio a quanto stiamo per dire

2. gli argomenti conclusivi avranno la maggiore probabilità di essere ricordati.

Ovviamente, quindi, l'ordine di presentazione dovrà essere calibrato in funzione di questi principi; un criterio adottato (detto "nestoriano") prevede di selezionare per primi gli argomenti "intriganti", di lasciare al centro dell'esposizione gli elementi di minore interesse e di concludere con quelli che vogliamo siano memorizzati e che diamo i massimi sviluppi nell'attività del nostro uditorio.

Dalla didattica ricaviamo inoltre un elenco di possibili approcci da utilizzare in base al tipo di presentazione e di uditorio:

1. Deduttivo
2. Induttivo
3. Storico-temporale
4. Per problemi
5. Dal punto di vista di...
6. Vantaggi / Svantaggi

Ognuno di essi ha una specifica utilità, e non è detto, in una presentazione particolarmente lunga e complessa, di non doverne usare in sequenza più d'uno, anche per dare varietà e ricchezza alla nostra esposizione.

"Modelli" di scaletta

Modello Deduttivo

La sequenza deduttiva è quella considerata "classica" nella teoria della formazione, ossia quella che tradizionalmente, storicamente, è stata la prima a essere formalizzata in quella che oggi viene chiamata anche "lezione magistrale". La sequenza logica prevede:

1. Presentazione dei principi generali attinenti la materia oggetto della presentazione
2. Esame dei singoli punti in cui i principi generali possono essere scomposti, loro commento e loro analisi
3. Eventuali esempi applicativi dei vari casi
4. Conclusioni con eventuale richiamo dei principi generali esposti in apertura

Questo modello si presta prevalentemente per il passaggio nozionistico di informazioni, quindi per una presentazione dove almeno le premesse siano del tutto concordate e accettate dal pubblico, e la parte prevalente della presentazione sarà quindi nell'esposizione (parte 2) e conseguente esemplificazione (parte 3).

E' un modello che si presta a eccessi di tipo "accademico", il che in una presentazione non è detto sia accettabile (il presentatore non sempre si può "mettere in cattedra").

Modello "Induttivo"

La sequenza induttiva segue un ordine logico di esposizione diametralmente opposto:

1. Presentazione di un fatto, di un avvenimento, di un problema, di alcuni casi particolari o di altro che, per le sue caratteristiche, suscita domande e interrogativi

2. Riflessione su quei casi e quelle situazioni, sulle loro possibili spiegazioni, sulle loro conseguenze, sulle loro ragioni

3. Formalizzazione di una teoria più o meno complessa e articolata delle riflessioni fatte al punto precedente

4. Conseguenze applicative o altri casi a cui quella teorizzazione può essere applicata e che, in qualche modo, la conferma.

Questa metodica si presta a essere usata in presentazioni che devono illustrare realmente delle "scoperte", in caso contrario, (ossia se la teoria e le sue conseguenze applicative sono ben note al pubblico) rischia di risultare molto noiosa e pedante.

Modello "Temporale"

E' detta anche sequenza storica, e consiste nell'ordinare l'argomento da presentare secondo un criterio temporale (che può essere relativo a una presentazione storica vera e propria, piuttosto che una presentazione di un progetto per fasi temporali).

La presentazione si articola quindi in fasi o passi corrispondenti a quelli che "naturalmente" sono presenti nell'argomento, e ogni singola fase o passo può essere affrontata in modo deduttivo o induttivo. Il modello si sviluppa secondo questi passi:

1. Presentazione generale dell'argomento

2. Sviluppo del primo passo "temporale", con analisi deduttiva o induttiva

3. Sviluppo del secondo passo "temporale", con analisi deduttiva o induttiva

4. Sviluppo del "n" passo "temporale", con analisi deduttiva o induttiva

5. Riepilogo e conclusioni

Il modello temporale si presta bene per presentazioni dove l'argomento ha una sua logica temporale intrinseca, e dove lo sviluppo temporale può coincidere con un "climax" che aiuta ad arrivare alle conclusioni in un modo coinvolgente e brillante.

Il problema potenziale è che si rischia un excursus troppo ampio (partire da "Adamo ed Eva") che non sempre è accettabile dal pubblico, soprattutto se una parte degli argomenti è ben nota; si dovrà quindi prestare molta attenzione a calibrare la durata e l'approfondimento delle singole fasi in base alla loro importanza e notorietà nel pubblico.

Modello "Dal punto di vista di…"

Il modello "dal punto di vista di" prevede un'analisi dove l'argomento in questione viene "sviscerato" prendendo di volta in volta un particolare "punto di vista" (in base all'argomento).

Facendo l'esempio della presentazione di un nuovo modello di autovettura ai venditori di una casa automobilistica, potremmo prevedere un'analisi dal punto di vista:

- Del potenziale acquirente

- Della sua famiglia
- Del singolo venditore
- Della concessionaria
- Della produzione
- Della distribuzione/logistica
- Degli azionisti della società
- Degli ambientalisti
- Del governo nazionale
- Della concorrenza
- ...... etc. etc.

Per ogni singolo "punto di vista" si dovranno verificare pregi e difetti, con un esame approfondito sempre mettendosi nei panni del singolo caso.

Prima di procedere sarà necessaria un'introduzione generale (di solito molto breve) e al termine sarà indispensabile un riassunto e conclusione, con particolare enfasi degli aspetti principali del "punto di vista" che si ritiene prevalente nel pubblico.

Questo tipo di sequenza si presta bene per presentazioni di argomenti che prevedono un impatto molto variegato, e il materiale di presentazione può facilmente essere "riorganizzato" disponendo sempre al termine il "punto di vista" del pubblico in quel momento in ascolto, specialmente quando tali presentazioni vengono ripetute più volte con "pubblici" diversi (rappresentati consumatori, giornalisti, azionisti, rete di vendita etc.).

La difficoltà maggiore è una frammentazione eccessiva che può determinare una mancanza di "visione d'insieme", nonché il rischio di una durata non facilmente controllabile.

Sarà quindi necessario prestare particolare attenzione alla conclusione, nonché al livello di approfondimento che dovrà essere calibrato in funzione della durata.

Modello "Vantaggi/Svantaggi"

Il modello "vantaggi-svantaggi" prevede di approfondire un argomento sviscerandolo in singole parti (sotto-argomenti) con una disamina dei vari aspetti di "vantaggio-svantaggio".

Per ogni singolo argomento si dovrà sempre contrapporre un vantaggio a un corrispondente svantaggio: per esempio, nella presentazione di un'autovettura ecologica elettrica potremo avere il "vantaggio: nessun consumo di carburante derivato dal petrolio" con il corrispondente "svantaggio: probabile ostracismo delle multinazionali del petrolio".

Di fatto è un sottoinsieme o, se vogliamo, una generalizzazione del modello precedente dove anziché suddividere i vari "punti di vista" si cerca di mantenere un unico punto di vista generale.

Parte generale

E' un modello che si presta per analisi approfondite, che comunque permette di mantenere una visione d'insieme nonché di cogliere anche aspetti altrimenti trascurabili.

Anche in questo caso il rischio da tenere sotto controllo è l'eccessiva durata e il pericolo della banalizzazione.

Modello "Per Problemi"

Il modello "per problemi" prevede di affrontare un argomento selezionando preventivamente una serie di "problemi" o "applicazioni" pratiche che possono fungere da esemplificazioni di particolari aspetti dell'argomento stesso.

La presentazione è quindi organizzata per ogni singolo problema in modo da partire dalle "domande teoriche" che il problema presenta, e fornire, con l'argomento in presentazione, le relative risposte o soluzioni.

Si presta molto bene per presentazioni a carattere commerciale, ma il rischio è di non selezionare correttamente i problemi avvertiti come tali dal pubblico, e quindi di non riuscire a "toccare le giuste corde" per convincere gli ascoltatori di quanto stiamo sostenendo.

Preparazione delle slide – concetti generali

Una presentazione potrebbe essere sostenuta anche solo con l'aspetto verbale, se riteniamo che il contenuto sia talmente convincente e chiaro da non avere bisogno di ulteriori approfondimenti.

Negli ultimi anni è però ormai "uso e costume" supportare ogni e qualsiasi presentazione con un accompagnamento di "slide", talvolta integrate con filmati, immagini, e quanto altro la grafica ci mette a disposizione.

E' pertanto ormai "normale" predisporre, per una presentazione, anche un supporto visivo per accompagnare la nostra esposizione, ma dovremmo, in ogni caso, tenere presente una serie di suggerimenti basilari:

1. Le slide devono "accompagnare" la presentazione, e non sostituirsi ad essa; l'attenzione del pubblico dovrebbe essere sempre centrata sul presentatore.
2. Le slide devono essere "coerenti" con il messaggio che si vuole passare nella presentazione
3. Le slide devono essere numericamente sufficienti ma non troppe.
4. I filmati, quando presenti, devono avere una durata "breve", entro i due - tre minuti ciascuno.

Di queste, la regola principe è:

E' il PRESENTATORE che deve parlare, NON le Slide !

I vari aspetti complessivi devono essere curati, soprattutto cercando di ottenere un effetto di insieme che sia "elegante" e "coerente" con il messaggio; cosa sia l'eleganza, però, è difficile dire: "elegance is an attitude", secondo Oscar Wilde.

Tentando di tradurre "eleganza" in termini più pratici potremmo dire:

1. equilibrio
2. coerenza
3. armonia di forme
4. armonia di colori
5. sobrietà

Preparazione delle slide – sistemazione del testo

Una delle motivazioni che deve spingere l'autore a scrivere "poco" in una slide va ricercata nelle modalità con cui la mente umana elabora le informazioni.

La modalità di elaborazione sembra seguire questo percorso: la mente

1. legge le informazioni e le memorizza in una "memoria immediata"
2. decide che deve ricordarle
3. le "sposta" temporaneamente nella "memoria a breve termine"
4. le memorizza, in modo definitivo, nella "memoria a lungo termine"

Perché le informazioni passino da una memoria all'altra è necessario che avvenga un passaggio di "comprensione" dell'informazione e di "collegamento" con le altre informazioni presenti nella memoria a lungo termine.

Nella "memoria immediata" le informazioni possono rimanere al massimo 3 secondi; nella "memoria a breve termine" le medesime informazioni permangono per un massimo di 30 secondi; una volta che il processo di comprensione e connessione con le informazioni già note è avvenuto e le informazioni sono state memorizzate nella "memoria a lungo termine", il contenuto della "memoria a breve termine" viene cancellato.

Il passaggio dalla "memoria a breve termine" non può essere saltato, ed è quello che crea il problema: questa memoria sembra avere una capacità limitata, da cinque a un massimo di nove informazioni (o simboli) di una grandezza monodimensionale.

E' la cosiddetta "legge del 7 più o meno 2" di Miller (1956a): una persona "media" può ricordare al massimo soltanto sette elementi: alcuni arrivano a nove, altri hanno un limite a cinque o anche meno.

Per fare un esempio: se ci viene fornita una stringa di cifre come la seguente: 3355434404 probabilmente avremo difficoltà a memorizzarla, ma se la medesima stringa viene "scomposta" in 335 543 4404 (o, per qualcuno 335 54 34 404) l'operazione di comprensione è molto più facile: basti pensare a come dettiamo un numero di telefono al nostro interlocutore: nessuno si sogna di dire

"tremiliarditrecentocinquantacinquemilioniquattrocentotrentaquattromilaquattroc entoquattro"

altrimenti il nostro ascoltatore ci farà ripetere la cifra più e più volte; chiunque la reciterebbe come

"tretrecinque (pausa) cinquequattrotre (pausa) quattroquattro (pausa) zeroquattro"

È da notare, tra l'altro, che il primo gruppo di cifre viene identificato dalla maggioranza delle persone come il "prefisso telefonico" e come tale più facilmente memorizzato dato che "connesso" a una conoscenza già presente nella "memoria a lungo termine".

Questa legge del "7±2" deve essere ricordata e applicata quando stiamo predisponendo le nostre slide; per maggior sicurezza, e per essere certi di "rimanere entro i limiti", potremmo dire:

1. non più di sei argomenti nel nostro indice
2. non più di sei slide per ogni argomento
3. non più di sei righe per ogni slide,
4. non più di sei parole per ogni riga

Potremmo, per eccesso di zelo, prevedere di preferire le parole più brevi, fino a sei lettere, ove disponibili come sinonimi equivalenti, utilizzando, quindi, una sorta di regola del 6x6x6x6.

Molto spesso si vedono, invece, nelle presentazioni, slide che contengono intere frasi composte da trenta o quaranta parole, disposte su più righe, come un intero paragrafo di un testo.

Questo è l'errore più classico che viene commesso da un "principiante" della presentazione; se abbiamo bisogno di fornire ai nostri ascoltatori il testo completo di quanto stiamo presentando sarà opportuno predisporre un fascicolo di accompagnamento alla presentazione, da fornire prima o dopo la presentazione stessa (ci sono pro e contro per entrambe le alternative) e non dovremo mai proiettare dei testi così lunghi che richiedano, al pubblico, un tempo maggiore ai 2-3 secondi per essere letti, altrimenti l'attenzione si sposterà dal presentatore alla slide, con perdita di tutto quello che il presentatore dice mentre il pubblico è impegnato a leggere.

Una riprova molto semplice di questo aspetto si può fare con la visione del "Telegiornale" Rai delle 20:30; da diverso tempo viene proiettata, in basso, una striscia mobile con del testo che riporta i titoli delle principali notizie del giorno; sarà facile constatare che se ci impegnano nella lettura di tali titoli, è molto difficile seguire e comprendere cosa il presentatore sta illustrando in quel momento, perdendo, quindi, i dettagli della notizia; viceversa, se si segue la notizia presentata verbalmente dal giornalista sarà difficile seguire la scritta in basso.

Come è possibile ridurre il testo ? alcune poche semplici regole:

- Eliminare, se non indispensabili, aggettivi e articoli.

• Rivedere la forma per eliminare congiunzioni e articoli superflui.

Esempio di un titolo :

"Gli elementi base dell'Economia"

Può diventare:

Economia: elementi base

Da sei parole a tre… - 50%

Gli americani, fanatici degli acronimi, ne hanno coniati due particolarmente indicativi:

K.I.S.S.	**Keep it Short & Simple**
&	**&**
K.I.L.L.	**Keep it Large & Legible**

Infine, anche se sembra eccessivo: attenzione agli errori ortografici e/o refusi e/o di battitura.

Non può capitare niente di peggio durante una presentazione, sia per l'effetto di "squalificare" il presentatore (con effetto deleterio su tutta la "credibilità" della presentazione) sia per lo stesso presentatore, che, se si rende conto dell'errore "durante", talvolta avrà tali e tanti problemi di "imbarazzo" da perdere il filo e finire in completa confusione.

Per evitare questo inconveniente l'unico modo è rileggere più volte le slide, e, se proprio si tratta di una presentazione importante (ma tutte, in fin dei conti, lo sono) l'unico modo "sicuro" è di rileggere il testo parola per parola, partendo dalla fine e andando "all'indietro"; questo permetterà di concentrare lo sguardo e l'attenzione su ogni singola parola, ed evitare l'effetto cognitivo che ci fa leggere come corretta anche una parola con un errore ortografico, se la lettura avviene troppo in fretta.

Preparazione delle slide – i bullet

Specialmente con l'avvento di PowerPoint (e programmi simili) è "esplosa" la mania di mettere, in tutte le slide, il testo rigorosamente suddiviso in "punti", con, a fianco, un "bullet"[24] che identifica ogni singola riga.

C'è chi ha dichiarato tale uso un abominio, chi non ne potrebbe fare a meno: come al solito "in medio stat virtus" (vedi paragrafo precedente).

Ovviamente piuttosto che una frase intera, lunga cinque - sei righe, è molto ma molto meglio mettere quei 4-5 punti che riportano solo gli elementi chiave (anche solo una parola per riga), perché saremo NOI a dover dire quella frase.

---

[24] Bullet in inglese significa "pallottola"… in effetti se si eccede, equivale a "sparare" concetti al nostro pubblico uno dietro l'altro, senza tregua…

Però... però... qualche slide che non sia "a punti", ma con degli schemi, dei grafici, poche parole ben centrate o simili, servirà a "spezzare" la noia incontenibile di una lunga serie di slide tutte strutturalmente uguali.

In ogni caso, per quanto riguarda proprio i "bullet", la scelta è pressoché infinita: dal semplice quadratino o pallino colorato, fino alla manina con l'indice disteso, alla "spilletta", a piccoli disegni colorati tipo quadro astratto, c'è solo l'imbarazzo della scelta.

Qualche consiglio quindi si impone:

- Meglio mettere "bullet" un po' più grandi del testo (in PowerPoint se ne può regolare la dimensione in percentuale, provare tra il 120 e il 130 %)

- Non fare arlecchinate: è bene usare un solo tipo di bullet per tutta la presentazione, oppure, se si presta a essere divisa in più parti, un tipo di bullet per ogni parte.

- E' inutile mettere immagini troppo complicate: molto probabilmente la maggioranza del pubblico non percepirà, in una relativamente piccola macchia, un'immagine complessa come un'auto o un treno o un aereo o qualsivoglia disegnino (ad esempio il logo di Windows)

- Attenzione all'uso di simboli che potrebbero avere, per il pubblico, un significato: una piccola stella a cinque punte potrebbe sembrarci innocua, ma magari il nostro pubblico la interpreta come un simbolo politico o militare.

- Attenzione al colore: non è necessario che sia dello stesso colore del testo (anzi, se si differenzia può anche essere meglio) ma è indispensabile che si armonizzi in tutto l'insieme dei colori scelti, sia per lo sfondo che per il testo.

Preparazione delle slide – caratteri

Usando un facile gioco di parole si potrebbe dire che il carattere utilizzato in una presentazione denota in modo particolare il "carattere" che si vuole trasmettere.

Con gli attuali mezzi software e hardware sono disponibili centinaia, per non dire migliaia di "font" possibili, per tutte le esigenze e preferenze.

Il problema è, ovviamente, quello di utilizzare dei font che siano poi realmente disponibili con la strumentazione che andremo a utilizzare; è infatti spesso necessario "portare" (ad esempio con una memoria in "chiavetta" USB) la propria presentazione per farla "caricare" su un personal computer usato da tutti i relatori di un convegno; in tale, deprecabile, caso avremo probabilmente dei problemi se avremo utilizzato dei font particolari non normalmente disponibili.

In questo caso sarà opportuno predisporre la presentazione in uno dei due modi seguenti:

1) in formato PDF (Portable Document Format), uno standard creato oltre 15 anni fa dalla Adobe © (vedi www.adobe.com)[25] che lo ha fatto gradualmente diventare uno standard internazionale, oggi adottato anche in ambito ISO-OSI e quindi disponibile per uso da parte di qualsiasi software; questa soluzione è molto semplicistica, ma ha un grave inconveniente: mi perdo tutte le animazioni e/o transizioni inserite nella presentazione.

2) salvare la presentazione utilizzando la modalità "crea pacchetto presentazione per CD"; questa opzione è un po' nascosta (in PowerPoint 2010 è nel menù File→ Salva e invia → Tipi di file) ma è utilissima; in pratica crea una directory (dove lo decidiamo noi, ad esempio su una chiavetta USB) con tutto il necessario per "eseguire" la presentazione, compreso un programma per la esecuzione e tutti i font necessari...

Per essere previdenti sarà opportuno preparare una chiavetta con entrambe le soluzioni...

Non esistono regole precise rispetto all'uso dei font, ma si possono tracciare alcune indicazioni di massima:

- Utilizzare, in una presentazione, non più di due - tre font, al massimo quattro
- Utilizzare i font in modo "coerente", ossia con un significato facilmente riconoscibile (ad esempio un font per i titoli, un font per il testo ordinario, un font per il testo esplicativo per i grafici)
- Preferire font "leggeri" e "leggibili" (sans serif) a font troppo "ricchi" o poco leggibili (serif o fantasia)
- Utilizzare normalmente font proporzionali, lasciando l'uso eventuale di quelli non proporzionali se si devono esporre delle tabelle di valori numerici dove l'incolonnamento regolare può favorire la leggibilità.

Dimensioni

Un aspetto importante è relativo alla dimensione da utilizzare per i caratteri; in una presentazione è fondamentale soprattutto la leggibilità: se dalle ultime file la dimensione dei caratteri li rende illeggibili (troppo piccoli) la slide risulterà non solo inutile ma addirittura fastidiosa per il pubblico, che non può seguire le spiegazioni del presentatore e è costretto ad uno sforzo di fantasia non necessario. Una prova empirica per valutare la dimensione dello scritto di una slide può essere fatta stampando la slide su un normale foglio A4 (ovviamente orientando la stampa in orizzontale (con il lato lungo in basso) e posizionarla a terra vicino ai piedi; se stando in piedi e guardando in basso si riesce a leggere bene lo scritto, probabilmente la slide risulterà sufficientemente leggibile anche in proiezione; questa però è una prova che "funziona" solo se lo schermo di

---

[25] Nella situazione generale il programma Adobe © Reader ©, gratuitamente disponibile sul sito della Adobe, rappresenta lo "standard di fatto" disponibile praticamente su qualsiasi Personal Computer; solo i puristi del free software cercano di sostituirlo con prodotti come FreeReader o altri, che però ancora hanno qualche problema di compatibilità.

proiezione è stato correttamente dimensionato nella sala di presentazione, e questo non è sempre vero; è quindi buona norma una verifica "in loco" anche per questo aspetto.

Si può considerare buona una dimensione tra i 16 e i 32 punti; dimensioni maggiori possono essere necessarie se la sala è grande (e lo schermo è piccolo) ma si rischia di non poter scrivere molti caratteri in una frase.

Le stesse considerazioni fatte per i font possono essere valide anche per le dimensioni:

- Utilizzare le dimensioni in modo coerente in tutta la presentazione (es. titoli in corpo 28-30, righe testo in corpo 24-20

- Utilizzare preferibilmente le stesse dimensioni, evitando di aumentarle solo perché "c'è posto" o di ridurle perché "c'è molto da scrivere in questa slide" (sia nel primo che nel secondo caso forse è opportuno rivedere quanto stiamo scrivendo: nel primo caso potremo essere più esplicativi, nel secondo se proprio impossibile ridurre il testo potremo sempre dividerlo in due slide)

Preparazione delle slide – sfondo

Uno degli aspetti più importanti di una presentazione è l'aspetto generale, quello che nel "linguaggio" di Microsoft PowerPoint viene chiamato "modello", o "sfondo".

Qualche che sia il programma di gestione di presentazioni usato, probabilmente potremo scegliere tra qualche decina di "layout" grafici diversi, dove la combinazione di sfondo, colori, caratteri è già stata predisposta da professionisti della grafica.

Questo però non ci esime dal valutare a fondo se uno dei modelli proposti risponde a tutte le nostre esigenze, e in caso contrario a crearci uno specifico modello completamente adatto.

I colori, innanzitutto: dovrebbero essere coerenti con uno "stile" tra quelli che sono "in campo" nella presentazione; normalmente chi presenta è anche "rappresentante" di una qualche organizzazione (es. Università, Azienda, Associazione) e ha di fronte un pubblico in qualche modo "categorizzabile" (es. colleghi della stessa università o di altre, rappresentanti del mondo politico, sociale, imprenditoriale, o ancora clienti o potenziali "associabili" ad una associazione).

In questo contesto potremo decidere, ad esempio, di utilizzare il colore "tipico" della nostra "appartenenza"; per una presentazione in nome della "Università di Firenze", è preferibile il colore BLU (vedi Home page a www.unifi.it), ma se la presentazione avviene in nome della facoltà di Scienze della Formazione potremmo preferire il Viola chiaro (vedi la Home page della facoltà), infine se la presentazione fosse in nome del dipartimento di Studi Sociali il colore, almeno riferendosi sempre al sito internet, dovrebbe prevedere una banda Blu in alto, una fascia di colore grigio (in alto) e uno sfondo di colore celeste.

Talvolta potremmo decidere, per una sorta di "captatio benevolentiae", di utilizzare i colori dell'auditorio, quindi verificare i "colori sociali" ad esempio del cliente, o dell'associazione di cui fanno parte i nostri ascoltatori; in questo senso è da sottolineare che diverse "corporate" hanno dei "layout" a uso interno a cui i dipendenti si devono (più o meno) attenere per le loro presentazioni; farsi dare un "template" da un referente interno permetterà di preparare una presentazione che appare subito come "familiare" ai nostri interlocutori.

In molti casi le organizzazioni (in particolare grandi aziende, ma anche l'Università di Firenze) hanno predisposto dei "modelli standard" da utilizzare (vedi, per UNIFI, alla pagina Comunicazione→Immagine coordinata→Presentazioni in Power Point all'indirizzo http://www.unifi.it/vp-9350-presentazioni-in-power-point.html).

Alcuni suggerimenti di fondo, relativamente alla grafica.

1. L'immagine di sfondo, dove presente, deve essere molto "leggera", tale da non disturbare la lettura del testo che dovremo scrivere.

2. L'immagine, in ogni caso, comporta una "gestalt" precisa, che dovremo in assoluto rispettare per evitare di dare un impressione di sciatteria o di disordine; un esempio per tutti:

Un immagine di questo genere crea una suddivisione quasi automatica in due parti (quella superiore, più chiara, e quella inferiore, più scura); è "ovvio" che dovremo:

- Mettere i titoli solo nella parte superiore più chiara, assolutamente non andando a "sconfinare" sulla montagna visibile sulla destra, né a toccare il bordo del monte
- Mettere in basso il testo, solo sulla parte più scura
- Rimanere più a sinistra, assolutamente non andando mai a sovrapporsi ai rami del salice piangente che decorano a destra.

Generalmente nei software normalmente usati per creare delle presentazioni sono disponibili diversi sfondi, creati da grafici che hanno lavorato proprio per creare delle immagini di grande effetto.

Attenzione, però, a scegliere uno sfondo che sia:

- coerente con i nostri scopi
- leggibile

Una volta fatta la nostra scelta dovremo in ogni caso tenere presente la "gestalt" che ne deriva, e rispettarla nella creazione delle varie slide. Ad esempio, uno sfondo di questo tipo:

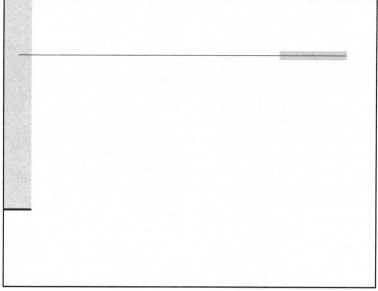

Prevede uno spazio ben preciso in alto per la collocazione del titolo, e in alto a destra (sopra la fascia grigia, che "allarga" la linea orizzontale di demarcazione del titolo) potremo collocare il logo più adatto. La fascia verticale a destra delimiterà lo spazio "occupabile" dal testo o dai grafici, mentre in basso, visto che tutto il "piede" della slide è libero potremo tranquillamente mettere i riferimenti occupando tutto lo spazio disponibile, come ad esempio:

Una scelta "azzardata" ma in qualche caso di notevole effetto potrebbe essere quella di usare delle fotografie "significative" per la presentazione, ovviamente previa trasformazione in colore "seppia" (come una fotografia antica) e molto leggera come contrasto; un esempio può chiarire: se dobbiamo tenere una presentazione in una sede a Napoli, potremmo iniziare la nostra presentazione (prima slide) con una foto come questa:

E poi usare, come sfondo del resto delle diapositive, una sua "elaborazione" di questo tipo:

In questa situazione potremo collocare uno stemma o logo aziendale in alto a sinistra (sopra le nuvole) o in alto a destra, potremo usare il cielo (attenzione a non "urtare" contro il Vesuvio) per il titolo, e tutto lo spazio sottostante la linea del golfo (delimitata dal "Castel dell'Ovo") per quanto dobbiamo scrivere.

In ogni caso si dovrà fare molta attenzione alla leggibilità; in particolare sfondi con colori contrastati possono creare gravi difficoltà di lettura, dato che un carattere chiaro non sarà leggibile sulla parte chiara dello sfondo, e viceversa un carattere scuro non sarà leggibile sulla parte scura; per questo motivo in generale è preferibile, salvo casi particolari, adottare un colore uniforme per lo sfondo, scegliendo tra colori "pastello" (che evitano l'effetto "abbagliamento" di uno sfondo semplicemente bianco) e colori troppo "vivi" che possono risultare affaticanti per la vista.

A titolo di esempio possiamo indicare, come combinazioni "sfondo/testo" valide le seguenti, riproducibili in RGB:

Sfondo	Testo
230,255,255	150,000,050
255,230,230	140,080,000
255,255,230	200,100,000
230,255,230	130,000,000
230,230,255	000,000,150
230,230,230	100,000,100

In pratica sfondo colore "Pastello" e testo Scuro, ben contrastato (evitare il "Nero su Bianco", che ha un effetto di abbagliamento veramente eccessivo); attenzione alla compatibilità dei colori: uno sfondo BLU con scritte ROSSE, oltre ad essere una offesa al buon gusto è anche eccessivamente stancante per la vista, e di lettura molto difficoltosa.

Una ultima osservazione sul colore: si deve anche prestare attenzione al fatto che NON TUTTI percepiscono i colori nel medesimo modo; esistono molte persone che hanno una percezione "diversa" da quella considerata normale, per effetto di varie situazioni di natura genetica[26]; se utilizziamo i colori con una logica di "legenda" (ad esempio

---

[26] Normalmente ci riferisce a queste persone come "Daltonici", ma il daltonismo è solo una delle possibili varianti; esistono differenze di vari tipi.

inserendo scritte ROSSE per indicazioni di pericolo e scritte VERDI per indicazioni di consiglio, potremmo avere, nel nostro uditorio, una certa percentuale di persone che NON vedono la differenza...).

In questo senso è preferibile utilizzare, oltre al "codice colore" anche qualche altro accorgimento, ad esempio una "cornice" stile fumetto per le indicazioni di consiglio, e una di tipo "lampo", seghettata, per le indicazioni di pericolo come:

Preparazione delle slide – disegni e immagini

L'utilizzo delle Clip Art è sicuramente uno degli aspetti più dibattuti: c'è chi è molto favorevole e chi è decisamente contrario anche solo all'idea. A questo proposito è bene sottolineare un aspetto: per "clipart" si intende una figura riconoscibile, di un oggetto o una persona, e non un semplice simbolo come una freccia o un pallino; questi ultimi seguono semplicemente le regole relative ai caratteri, e se servono si devono e possono tranquillamente utilizzare.

A mio avviso l'uso delle Clip Art deve essere ricondotto all'aspetto del "delectare" (divertire) che in ogni presentazione non bisogna mai perdere di vista: una presentazione "divertente" sarà, probabilmente, una presentazione più gradevole da seguire e più facile da ricordare.

Le immagini possono, quando ben selezionate, provocare un aumento dell'interesse del pubblico secondo questo schema:

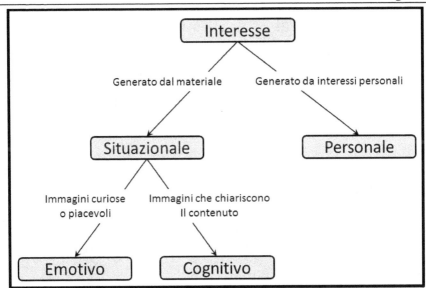

Quindi possiamo cercare di aumentare l'interesse se selezioniamo immagini che siano curiose, piacevoli e, soprattutto in un ambito più formale, se sono significative per chiarire il contenuto di ciò che stiamo esponendo. Il problema semmai è, a maggior ragione che in altri casi, di senso, equilibrio, omogeneità e misura.

Un'immagine, se ben studiata, aggiunge informazioni rispetto al solo testo; la slide di sinistra contiene l'elenco (alfabetico) delle sedi aziendali, ma l'immagine di destra permette anche di posizionarle geograficamente sottolineandone la logica o le carenze sul territorio: tutto il lato "est" (nord-est, dorsale adriatica, Sardegna, mezzogiorno escluso Sicilia) risulta evidentemente "scoperto":

ACME SpA – Sedi	ACME SpA - Sedi
• **Firenze** • Milano • Palermo • Roma • Torino	

La tipologia delle clip-art deve inoltre essere più omogenea possibile: non è bene inserire in una presentazione delle clip-art con caratteristiche nettamente diverse in merito a numero di colori, definizione, dettagli, dimensioni; se possibile, e se coerente, si possono utilizzare delle "serie" di clip-art con personaggi "omogenei" in stile cartoon, come disponibili spesso con i principali programmi di creazione presentazioni, ad esempio la serie a fianco.

Oppure le immancabili "smile" ormai disponibili in tutte le salse.

Un capitolo a parte meriterebbe l'uso delle fotografie, che presentano difficoltà notevoli per chi non fa della grafica e del design la sua professione principale.

Una foto, normalmente, ha "troppi" dettagli per essere positivamente utilizzata in un contesto di presentazione, salvo il caso in cui sia reso necessario proprio dall'argomento; in ogni caso proiettare una foto significa inviare un numero di "messaggi" notevole, quindi sarà necessario dare al pubblico tutto il tempo di "assorbirli" prima di iniziare a parlare, e poi si dovrà fare un grosso lavoro didascalico per far individuare gli elementi significativi.

Spesso è preferibile utilizzare foto in bianco/nero, oppure immagini con colori "falsati" (questo è uno standard, ad esempio, per le immagini in ambito medico, dove, dopo aver mostrato ad esempio una sezione microscopica di tessuto "al naturale" se ne mostra una con colori "alterati" per evidenziare gli elementi rilevanti e procedere con la "presentazione").

In genere, per presentazioni non specifiche, meglio evitarle; anche rimanendo nel campo delle clip-art, è bene cercare quelle più semplici, con pochi colori, e assolutamente NON ANIMATE!

Perché non animate? perché un qualsiasi elemento sulla slide che si muova, un cagnolino che salta, una lampadina che si accende o si spegne, una persona che spinge un carrettino, qualsiasi cosa sia, attirerà l'attenzione del pubblico, che ci rimarrà "attaccato" come una falena ad una lampada per un tempo sufficiente a "perdersi" alcune delle nostre frasi; se l'elemento che si muove non è assolutamente indispensabile, è bene evitarlo.

Riepilogando:

a) **Senso.** La clipart deve essere sensata e coerente con il contenuto sia della slide che della presentazione in genere; non si può mettere un disegnino di una persona o di una vettura in una presentazione che ha tutt'altro argomento, quasi fine a se stessa. Dobbiamo sempre aver presente che una immagine attira molto l'attenzione, quindi se l'immagine non è coerente con quanto dobbiamo dire è molto probabile che il pubblico sia disorientato, o cerchi una "coerenza" che non esiste (perdendo comunque l'attenzione) oppure, peggio, dia un significato del tutto errato e fuorviante rispetto a quanto noi stiamo dicendo.

b) **Equilibrio.** La clipart deve essere messa in una posizione "non dominante", a meno che non sia essa stessa l'aspetto principale della slide; una clipart deve "arricchire" una slide, ma non deve dominarla; a questo proposito è bene ricordare che se la clipart comprende una figura umana riconoscibile (in particolare con il volto dettagliato) il primo sguardo del pubblico andrà a osservare tale figura, e rischiamo di far "perdere" le prime parole che si dicono sulla slide stessa.

c) **Omogeneità.** Omogeneità in più sensi: di colore (che non deve contrastare con il colore di fondo e con il colore dei testi scelto come "motivo" della presentazione), di tipologia di clipart (non è bene mescolare figure, ad esempio, di cartoni animati di diverse serie molto diverse tra loro: se in una stessa presentazione mettiamo una immagine di Batman, una di Topolino, una di Dylan Dog e infine una di Bugs Bunny otteniamo un effetto di confusione ben giustificato), di dimensione (non è bene mettere clipart di dimensioni troppo diverse tra una slide e l'altra; il pubblico si chiederà ragione di tale "differenza", pensando ad un nostro motivo di evidenziazione di qualche tipo)

d) **Quantità.** La raccomandazione, anche in questo caso, è: meglio poche che troppe; se la nostra presentazione non è di carattere strettamente ludico, è meglio che le clipart siano poche, misurate e solo se decisamente significative.

Potremo anche calibrare il tipo e la quantità di "clip-art" in base al tipo di presentazione; ovviamente una presentazione con contenuti "divertenti" (per coinvolgere maggiormente un pubblico non particolarmente preparato sull'argomento della nostra presentazione) si presta meglio ad inserimenti di figure tipo "cartoon" o a vignette simil "barzelletta".

Alcuni disegni "divertenti" possono essere messi all'inizio, per creare un clima maggiormente "rilassato" e positivo, ma con l'accortezza anche in questo caso di non esagerare e di valutare bene il contesto: una presentazione scientifica non dovrà essere introdotta come un cartone animato pena il rischio di cadere nel ridicolo.

Preparazione delle slide – animazioni e transizioni

Si devono distinguere tre tipi di effetti speciali possibili nella preparazione di una presentazione:

- Effetti di animazione sulla singola slide
- Effetti di transizione tra una slide e la successiva
- Effetti sonori

Cominciamo dall'ultimo tipo, per dire subito che non si possono usare nel modo più assoluto; solo se la presentazione fosse un tipo "rolling demo" da lasciare autonomamente in proiezione su una postazione di lavoro, e senza la presenza di un presentatore, allora l'uso, moderato, di effetti sonori, rumori, musiche o simili potrebbe essere funzionale allo scopo; quando invece la presentazione è prevista solo come "supporto" per un presentatore gli effetti sonori non sono affatto appropriati, dato che hanno la tendenza a distrarre, apparire come troppo "ludici" e spesso poco significativi. Vediamo gli altri:

Effetti di animazione sulla singola slide

I programmi prevedono una nutrita e ricca galleria di possibili effetti di animazione, che possono essere associati a ogni singolo elemento della slide (frasi, clipart, grafici ecc.). In linea di massima l'unico effetto veramente utile può essere quello che permette di far apparire le righe di una slide una alla volta, con eventuale "attenuazione" delle righe già esaminate.

Questo effetto corrisponde, in linea di principio, a quello che artigianalmente si otteneva all'epoca delle "lavagne luminose" sovrapponendo al lucido in proiezione una pagina bianca, che poi il presentatore faceva "scorrere" verso il basso scoprendo una riga alla volta. E' una metodologia normalmente usata quando si hanno diversi punti sulla stessa slide, e si deve parlare abbastanza su ogni punto (anche quando i punti più in basso potrebbero, per loro natura, essere in qualche misura controversi); in questa situazione il fatto di non far apparire le righe tutte insieme permette di ottenere una "non distrazione" da parte del pubblico, che ovviamente ha la tendenza, quando viene proiettata una nuova slide, a leggerla comunque tutta fino in fondo; questa lettura richiede del tempo, di cui il presentatore accorto dovrà tenere conto per non "parlare sopra" al momento in cui il pubblico, intento a leggere, non ci ascolterà. Gli effetti di animazione possono risultare talvolta fastidiosi, soprattutto se percepiti come "fini a se stessi", senza particolare significato; effetti come la scrittura carattere per carattere (cosiddetta "macchina da scrivere") o effetti "a caduta" o "a capriola" appaiono solo come banali virtuosismi che fanno solo perdere tempo e distraggono il pubblico; saranno quindi da usare solo con molta parsimonia, quando proprio si ritengono necessari, e in ogni caso in modo "coerente" e "omogeneo" (se una "slide" titolo la preparo con un effetto "capriola" allora tutte le slide "titolo" dovranno essere preparate con lo stesso criterio).

Solo una attenta valutazione potrebbe permettere, in particolari casi, di trovare degli effetti speciali adatti alla situazione (per esempio, un'entrata di "bullet" con percorso a "elettrocardiogramma" in un congresso medico?), ma in ogni caso sarà necessario verificare due aspetti basilari:

- L'effettiva "leggibilità" dell'effetto, ossia che si possa "capirne" il senso, al di là del semplice movimento

- Il tempo necessario per l'effetto, che non deve essere troppo lungo altrimenti l'attesa (anche solo di 1-2 secondi) diventa estremamente imbarazzante e fastidiosa.

Effetti di transizione tra una slide e la successiva

Anche in questo caso il consiglio è di farne a meno! Sono stati preparati, dai produttori software, i più strani e articolati sistemi di presentazione che mente umana possa prevedere, tra cui il più "barocco" consiste addirittura in una sorta di "sipario" teatrale, di colore rosso, che si "chiude" sulla slide per poi riaprirsi sulla successiva. Il difetto principale di tali effetti è che o sono troppo veloci e allora risultano fastidiosi come un effetto di abbagliamento, o richiedono molto, troppo tempo. Forse, e dico forse, se ne potrebbe usare qualcuno (sempre in modo omogeneo e limitato) per le sole slide "titolo" che suddividono una presentazione in più parti; certamente tra una slide e la successiva di una serie continua è meglio non interporre effetti di transizione che sono solo inutili. In ogni caso, per gli "artisti" che pensano di non poterne fare a meno, anche in questo caso la collezione di possibili scelte è piuttosto vasta.

Anche per questo aspetto, attenzione ai tempi! un'attesa anche di solo 1-2 secondi è intollerabile.

Effetti sonori

Poche parole, e tutte negative: normalmente gli effetti sonori non sono appropriati ad una presentazione, meno che mai se inutili: sicuramente distraggono, e inserire un "campanellino" che suona ogni volta che si cambia slide non ci farà guadagnare l'attenzione del pubblico, piuttosto qualche sorrisino di compatimento. Riuscire a selezionare effetti sonori "adeguati", inserirli in giusta "misura", evitare di scivolare nel ridicolo sarà quindi un impegno molto rilevante, che probabilmente sarebbe meglio destinare ad altri aspetti.

Ovviamente eventuali inserti filmati (spezzoni di film celebri, sketch televisivi comici, spezzoni di documentari scientifici) che siano necessari e/o coerenti con la nostra presentazione dovranno avere il relativo sonoro, ma in questo caso le difficoltà aumentano, perché dovremo:

- Verificare che il volume sia adeguato per essere ben compreso dalle ultime file, ma non fastidioso nelle prime

- Se c'è una musica in sottofondo alle parole controllare che le parole non vengano sovrastate dalla musica stessa, eventualmente correggendo le varie tonalità con un programma di "equalizzazione" per "aumentare" la presenza della voce umana

- Verificare che non siano riprodotti fruscii o disturbi causati da una scarsa qualità

- Verificare che il computer sia sufficientemente potente (e non sovraccarico di programmi) per riprodurre immagini e sonoro con un corretto effetto di continuità (evitando sbalzi, interruzioni, singhiozzi).

Ma, tornando agli "effetti sonori", perché i produttori di software li prevedono ? ma semplicemente perché PowerPoint (ad esempio) non serve solo per preparare presentazioni da usare come supporto da parte di un "presentatore" umano, ma anche per predisporre quelle che vengono chiamate "Rolling Demo", una sorta di presentazioni automatiche che vengono lasciate "girare" su uno o più schermi in occasione di fiere, zona demo di convegni, aree commerciali e simili: in quel caso la mancanza di un presentatore ci permetterà (o meglio, ci costringerà) a fare ampio uso di tali effetti proprio per "attirare l'attenzione".

Preparazione delle slide – controllo

Uno dei problemi che si incontrano, nel fare una presentazione (al momento della vera e propria "performance") è che molto raramente potremo utilizzare le attrezzature di cui disponiamo nella nostra normale sede di lavoro.

Oggigiorno è abbastanza normale portarsi dietro il proprio portatile, con sopra tutto il necessario, ma quasi sempre dovremo collegarlo ad un "videoproiettore" di volta in volta disponibile e quasi sempre diverso.

A prescindere dal problema (comunque esistente) di collegamento fisico, che normalmente si può fare con il più comune cavo detto VGA oppure con il più moderno HDMI (e sarà quindi spesso necessario disporre di entrambi, eventualmente con

opportuni adattatori) quasi sempre il videoproiettore avrà bisogno di una "registrazione" di vari aspetti.

Quasi tutti, tramite l'apposito telecomando, prevedono un "menù" di funzioni tra cui scegliere e scorrere tramite appositi tasti disposti a freccia intorno ad un tasto centrale, e prevedono almeno i seguenti parametri, da cercare tra le varie possibilità e registrare in base alle nostre esigenze.

- Luminosità: verificare che l'immagine sia ben visibile, in particolare in base alla luce presente nella sala
- Contrasto: controllare che il contrasto non sia eccessivo (tenderebbe ad eliminare molte sfumature di colore) o troppo scarso (le immagini sarebbero poco nitide)
- Trapezio: controllare che l'immagine appaia, proiettata, esattamente rettangolare (con i lati paralleli e la linea superiore e inferiore di larghezza uguale
- Colore: controllare che i colori non siano "alterati", facendo ad esempio apparire un verde brillante come verde marcio...
- Dimensioni: controllare che l'immagine non appaia "tagliata" in basso, in alto o di lato

Per aiutarsi in tutte queste regolazioni è utile predisporre una slide (da tenere in una presentazione separata o inserita come prima slide, con un contenuto come il seguente:

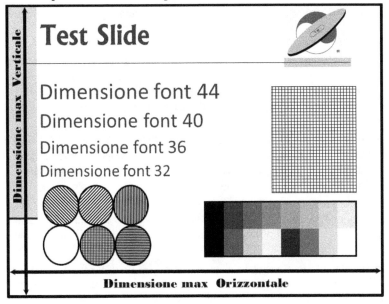

Parte generale

Le varie parti della slide, in primis le linee guida "orizzontale" e "verticale" ci permetteranno di controllare la dimensione, i riquadri colorati che le tonalità di colore siano riprodotte correttamente e i riquadri a griglia che l'immagine non risulti distorta.

Ovviamente i colori di sfondo e del testo saranno i primi da controllare, nonché, andando in fondo alla sala, la leggibilità delle varie righe, altrettanto ovviamente dovremo prima di tuto controllare LA MESSA A FUOCO.

Presentazione delle slide – public speaking

Già il termine mi rimane un po' antipatico, visto che denota una certa "sudditanza psicologica" nei confronti del mondo anglosassone, dove il "public speaking" è considerato una materia specifica, e una competenza trasversale praticamente indispensabile in qualsiasi ambito lavorativo.

In effetti dovremmo, utilizzando una terminologia che ci appare arcaica e in una certa misura "non onorevole", parlare di Oratoria e di Retorica (completata con la Poetica); insomma, roba di cui già scrivevano i Greci, in primis Aristotele che ci ha lasciato due testi (appunto Retorica e Poetica) che, in pratica, dicono già tutto quello che serve; non dimentichiamoci poi di Cicerone e Quintiliano (quindi Roma Classica) con i loro testi, veri capisaldi.

Per trovare qualcosa di nuovo dobbiamo arrivare all' '800, con De Bon, che ha scritto un testo classico intitolato "Psicologia delle folle", manuale di base della comunicazione politica ahimè vilipeso perché molto ben usato (a scopi decisamente non proprio buoni) da personaggi come Mussolini e Hitler; nel '900 Perelman e Cialdini con i testi sulla psicologia della persuasione; tutto il resto, in qualche misura spesso molto alta, non è altro che una "rimasticatura" e un aggiornamento, spesso solo linguistico, di quanto si trova in questi pochi ma determinanti autori.

Un manuale di Public Speaking richiederebbe un testo a se stante, e comunque se ne trovano di tutti i livelli e per tutti i gusti; in questo capitolo mi limiterò a pochi aspetti, principalmente legati al "public speaking supportato da slide", che presenta alcune peculiarità specifiche spesso ignorate e, per questo, fonte di gravi errori nella conduzione di presentazioni.

La **prima regola**, e spesso la più violata, è che **NON SI DEVE MAI LEGGERE** il testo contenuto nelle slide; le slide devono essere un supporto visuale separato (ma coerente) dal discorso del presentatore, e se il presentatore "legge" la slide, uno dei due è superfluo (spesso proprio il presentatore, che risulta quasi fastidioso o noioso).

Proprio per questo il testo, sulle slide, deve essere quando di più stringato possibile, in modo da fornire al pubblico una sorta di "riassunto" visibile di quanto il presentatore sta esponendo, e, ovviamente, il presentatore dovrà dire molto di più di quanto si legge nella slide.

Seconda regola, altrettanto violata: il presentatore **NON DEVE MAI GUARDARE LE SLIDE**, ma, piuttosto, il pubblico; la sua attenzione deve essere rivolta verso le persone che ascoltano, per poterne cogliere i vari feedback costituiti dallo sguardo, dall'espressione visiva e/o corporea per capire se viene compreso o se qualche passaggio merita un approfondimento; lo schermo di proiezione sarà quasi sempre alle spalle del presentatore, il quale avrà, davanti a se, il monitor del PC dove potrà gettare, ogni tanto, lo sguardo per controllare il regolare avanzamento della presentazione.

Terza regola: EVITARE LA MONOTONIA; il cervello umano ha fame di stimoli, e se non li trova nella presentazione tende a distrarsi e a cercare stimoli nell'ambiente intorno a se; quindi un buon presentatore dovrà stare molto attento a variare spesso il tono della voce, il volume, il ritmo, seguendo l'andamento del discorso al fine di "sottolineare" con la voce i passaggi più importanti o complessi.

Quarta regola: ATTENZIONE ALLA DIZIONE; non è necessario, se proprio non si fa di mestiere il presentatore, fare un corso di dizione per eliminare eventuali inflessioni dialettali, ormai "sdoganate" anche nella televisione, dove una volta la "perfetta" dizione in "italiano standard" era considerata irrinunciabile; comunque dovremo evitare quei difetti che sono più fastidiosi e che possono compromettere la comprensione da parte del pubblico:

- Trascinamenti delle vocali finali delle parole, intercalari (ooooh, iiiiii, ehm…) che spesso il presentatore usa quando teme, con il silenzio delle pause, di perdere l'attenzione del pubblico, mentre ottiene l'effetto contrario.

- Mangiarsi le parole; una dizione ottimale richiede un lavoro notevole, ma un minimo di attenzione (e soprattutto parlare CON CALMA, senza fretta) già permette di non esagerare.

- Usare le PAUSE; la pausa, spesso, è più comunicativa di una frase; lasciare che il pubblico abbia il tempo di "assorbire" quanto abbiamo detto permette un livello di ritenzione e di attenzione molto maggiore.

Quinta regola: ATTENZIONE AI GESTI; in particolare noi italiani, nel mondo, siamo noti per gesticolare eccessivamente, specialmente se confrontati agli inglesi, che spesso stanno fermi e rigidi, quasi impassibili; i gesti sono utili, ma devono essere coerenti con quanto stiamo dicendo; possiamo ad esempio usare le mani per "enumerare" i vari punti che stiamo esponendo, spostarci rispetto al "punto fisso" in cui di solito si rifugia un oratore, ma soprattutto per diminuire il livello di monotonia, senza eccedere.

Se, poi, il lavoro di "presentazione" dovesse avere, nella nostra carriera lavorativa, una specifica importanza sarà bene attrezzarsi, in primis studiando su un buon manuale, e, se opportuno, partecipando ad un corso specifico di Public Speaking o di Teatro (anche se quest'ultimo, per quanto molto interessante, prevede un tipo di "public speaking" particolare).

Fogli di calcolo

"HIC SUNT NUMEROS", per molti studenti di area umanistica, e, quindi, stiamone alla larga... ragionamento quanto di più sbagliato possibile, visto che chiunque, oggigiorno, nel mondo del lavoro (in qualsiasi ambito) utilizza, affianco ad un programma di videoscrittura, anche un foglio di calcolo che, udite udite, non serve solo per fare calcoli.

Il foglio di calcolo, se non ci fosse, bisognerebbe inventarlo. E, tra l'altro, se qualcuno lo inventasse oggi diventerebbe molto rapidamente multimiliardario, visto il successo planetario di questa applicazione e la sua incredibile insostituibilità.

Oggigiorno, come spesso capita, ci si riferisce al foglio di calcolo come ad "Excel", come se Excel (in realtà "nome proprio" del foglio di calcolo targato Microsoft) fosse l'unica implementazione o la prima.

Il foglio di calcolo nasce molto prima di Microsoft, o almeno quando Microsoft era appena appena agli albori, grazie ad un geniale studente di economia di Harvard, Dan Bricklin, che ne mise a punto l'idea osservando i vari casi in cui avrebbe avuto bisogno proprio di uno strumento del genere per poter utilizzare il proprio computer, senza dover dipendere da un programmatore.

All'epoca anche negli Stati Uniti l'idea che il "software" fosse brevettabile non era ancora affermata, e il prototipo di Bricklin, dopo l'immediato successo di mercato, fu rapidamente copiato da molti altri produttori, compresa Microsoft.

Il foglio di calcolo (ma da qui in avanti, per brevità, diremo CALC[27]) è, detta in breve, la prima "killer application" che sia mai apparsa sul mercato; un qualcosa che ha creato, di fatto, una nuova classe di prodotti, un nuovo "paradigma" di riferimento per tutta una serie di aspetti.

Prima di CALC era necessario, per qualsiasi compito si volesse far eseguire ad un computer (di qualsiasi classe) l'intervento di uno o più specialisti (analisti e programmatori) che predisponessero un opportuno programma, una sequenza di istruzioni ben determinate in grado di eseguire un ben definito compito; anche l'utilizzo del linguaggio BASIC, pur se aveva reso la programmazione un "lavoro" non necessariamente riservato a specialisti, non permetteva di uscire da questo modello: hai un problema ? ti serve un programma; il problema cambia, anche di poco ? devi modificare il programma.

CALC mette a disposizione, di chiunque, un modello che permette di implementare calcoli (e non solo) costruendo "modelli" per risolvere problemi senza bisogno di

---

[27] CALC in effetti è il nome del "foglio di calcolo" nella suite Libre Office

programmare, in un modo estremamente intuitivo e, soprattutto, facilmente controllabile dall'autore stesso, che può vedere i risultati intermedi via via che implementa il modello stesso.

Nelle pagine seguenti ho previsto una introduzione "Generale" ai fogli di calcolo senza fare riferimento ad una specifica implementazione o versione; qualsiasi sia la versione in uso (Microsoft, OpenOffice, LibreOffice) troverete on line decine di manuali approfonditi (talvolta anche troppo) per chiarire qualsiasi dubbio o esigenza.

Fogli di calcolo – generalità

La logica di base di CALC ricorda (e questa la conosciamo tutti, in particolare gli studenti) lo schema della "battaglia navale":

	A	B	C	D	E	...
1						
2						
3						
4						
5						
...						

Lo schermo si presenta suddiviso in colonne (identificate con una o più lettere dell'alfabeto) e in righe (identificate con un numero progressivo); l'incrocio di una riga e di una colonna viene definito CELLA, e quella in grigio nella figura sopra è, appunto, la cella C4.

Le dimensioni del foglio variano in funzione della specifica implementazione; inizialmente VISICALC nasce con solo 5 colonne e 20 righe, ma oggi versioni come EXCEL arrivano a migliaia di colonne e decine di migliaia di righe (ben oltre l'utilizzo "normale" di un foglio di calcolo, anche se necessario in particolari situazioni).

Le colonne (e le righe) possono essere dimensionate a piacere, utilizzando il mouse[28]; con la tastiera (e aiutandosi con il mouse) ogni cella può essere riempita con un contenuto a scelta tra:

- Un valore numerico
- Una stringa di caratteri (testo)

---

[28] E' bene prendere pratica con il mouse; click sul pulsante sinistro per selezionare, click sul lato destro per avere il "menù contestuale", Premere il tasto e trascinare per ridimensionare ecc.ecc.

- Una formula di calcolo (quando il contenuto inizia con =)

I testi ovviamente sono utili per indicare il contenuto delle celle sotto o a fianco, in base alle preferenze dell'autore; i valori numerici saranno il nostro "input", ossia i dati che immettiamo direttamente noi, mentre le celle che contengono formule visualizzeranno direttamente il risultato.

Fogli di calcolo – formule

Le formule sono, ovviamente, il punto di forza di CALC, e possono comprendere funzioni elementari come funzioni estremamente sofisticate.

Nelle formule potremo utilizzare sia valori (inserendo direttamente numeri) sia "riferimenti" a celle (e questa è, ovviamente, la cosa più utile): se varieremo la cella di partenza anche tutte le celle, contenenti formule che ad essa fanno riferimento, cambieranno modificando il risultato.

Ad esempio, inserendo nelle celle i seguenti valori:

	A	B	C	D	E	...
1	Data	Pasto	Bus	Varie	Totale	
2	01/05/2015	5,50	3,00	5,00	=B2+C2+D2	
3	02/05/2015	7,00	1,50		=B3+C3+D3	
4	03/05/2015	6,50	4,50	2,00	=B4+C4+D4	
5	Totale	=B2+B3+B4	=C2+C3+C4	=D2+D3+D4	=E2+E3+E5	
...						

Otterremo

	A	B	C	D	E	...
1	Data	Pasto	Bus	Varie	Totale	
2	01/05/2015	5,50	3,00	5,00	13,5	
3	02/05/2015	7,00	1,50		8,5	
4	03/05/2015	6,50	4,50	2,00	13	
5	Totale	19	9	7	35	
...						

Con opportune funzioni di "formattazione cella" sarà molto facile ottenere una visualizzazione maggiormente accattivante, e di più facile lettura, come:

	A	B	C	D	E	...
1	Data	Pasto	Bus	Varie	Totale	
2	01/05/2015	5,50	3,00	5,00	**13,50**	
3	02/05/2015	7,00	1,50		**8,50**	
4	03/05/2015	6,50	4,50	2,00	**13,00**	
5	Totale	**19,00**	**9,00**	**7,00**	**35,00**	
...						

Ovviamente variando una qualsiasi cella tra B2 e D4 automaticamente verranno ricalcolati sia i totali orizzontali che quelli verticali.

Le formule di calcolo possono prevedere tutte le funzioni matematiche di base, utilizzando simboli specifici come:

- Addizione   +   es.   =A2+B2
- Sottrazione   -   es.   =A2-B2
- Moltiplicazione *   es.   =A2*B2
- Divisione   /   es.   =A2/B2
- Potenza   ^   es.   =A2^B2

Il calcolo nelle formule seguirà le normali regole algebriche, eseguendo prima le moltiplicazioni, divisioni e potenze e solo dopo le somme e sottrazioni; potremo, in base alle nostre necessità, inserire delle parentesi per condizionare l'esecuzione prima di somme e poi di moltiplicazioni, come ad esempio in

=(A2+B2)*(C2+D2)

Da notare che si usano solo parentesi tonde ma in numero praticamente illimitato, facendo solo attenzione al loro "bilanciamento" (ci deve sempre essere una parentesi chiusa dopo una aperta, e ovviamente le parentesi "interne" verranno risolte prima di quelle più "esterne").

Fogli di calcolo – funzioni

Già con queste semplici regole CALC sarebbe uno strumento utilissimo, ma per diventare formidabile sono state aggiunte le "funzioni"; in pratica delle "istruzioni" complesse che hanno, sempre, il seguente formato:

=FUNZIONE(PARM;PARM;PARM)

Dove "FUNZIONE" sarà il nome di ogni specifica funzione di calcolo o altro, seguita, senza spazi e tra parentesi, da un numero variabile (fisso, diverso e specifico per ciascuna funzione) di "parametri", ossia di dati che la funzione userà per ritornarci il valore desiderato; i parametri, tra di loro, sono separati dal segno di "punto e virgola".

La prima (e forse la più usata) funzione è la SOMMA; nel suo formato elementare prevede di elencare, come parametri, una serie di celle da sommare tra di loro; in questo caso, ovviamente, sarebbe equivalente ad una semplice serie di addizioni fatte con il segno +, come :

=SOMMA(A2;B2;C2;D2)   **equivale a**   **=A2+B2+C2+D2**

Ma, come parametro, potremo indicare anche un "intervallo" di celle, che viene scritto nel formato CELLA:CELLA, (cella iniziale, due punti[29], cella finale) come ad esempio

=SOMMA(A2:D2)

Naturalmente l'intervallo può essere a piacere, e vengono considerate le due celle (iniziale e finale) come gli "angoli" di un rettangolo; il nostro foglio iniziale quindi potrebbe essere scritto come :

	A	B	C	D	E	...
1	Data	Pasto	Bus	Varie	Totale	
2	01/05/2015	5,50	3,00	5,00	=SOMMA(B2:D2)	
3	02/05/2015	7,00	1,50		=SOMMA(B3:D3)	
4	03/05/2015	6,50	4,50	2,00	=SOMMA(B4:D4)	
5	Totale	=SOMMA(B2:B4)	=SOMMA(C2:C4)	=SOMMA(D2:D4)	=SOMMA(B2:D4)	
...						

Tutto sommato sembra uguale, come sforzo... ma se le colonne e le righe sono molte ma molte di più, il vantaggio diventa evidente; notare la cella E5 dove la "somma" non è di una sola riga o colonna (come nelle altre) ma del "rettangolo" con angoli B2 e D4.

Le funzioni forniscono una nutrita serie di possibilità in svariati ambiti, come la statistica (ad esempio MEDIA, MODA, MEDIANA e numerose altre, ben più complesse), il calcolo finanziario (AMMORTAMENTO, INTERESSI, RATA, RENDITA ecc.ecc.) e decine e decine di altre; ovviamente, per poterle usare, a prescindere dal banale problema di scriverle correttamente (con il giusto formato e parametri) è necessario conoscerne il significato; la funzione FISHER, che "restituisce" la trasformazione di FISHER, non la potremo usare se non sappiamo di che si tratta e a cosa serve.

---

[29] Prestare particolare attenzione all'uso dei "due punti" (:) che spesso, a video, si possono confondere con il "punto e virgola" (;). Nella funzione SOMMA otterremmo dei risultati ben diversi tra scrivere =SOMMA(B2:B10) e =SOMMA(B2;B10); entrambe le scritture sono valide, ed il foglio di calcolo non darà segnalazioni di sorta, ma la prima somma TUTTE le celle comprese tra B2 e B10 (quindi B2+B2+B4+B5+B6+B7+B8+B9+B10) mentre la seconda somma SOLO le celle B2 e B10 (quindi B2+B10); il risultato, ovviamente, è ben diverso.

Alcune funzioni sono specificatamente previste per operare su caselle che contengono del testo, come ad esempio

=STRINGA.ESTRAI

Che ci permette di "prendere" uno specifico carattere da una specifica posizione di una casella di testo; ipotizziamo, ad esempio, di avere una colonna (in un elenco di persone) che contenga il codice fiscale; sapendo che nel codice fiscale italiano le posizioni dalla 12 alla 15 contengono un codice identificativo della località di nascita, potremo prevedere una formula come nell'esempio:

	A	B	C	...
1	Nome	Codice Fiscale	Nato a	
2	Trapani Marco	TRPMRC58C17D612U	=STRINGA.ESTRAI(B2;12;4)	
...				

In questo modo nella cella B2 isoleremo la stringa D612, che nel caso specifico corrisponde a FIRENZE; se abbiamo molti dati sarà semplice (vedi più avanti il paragrafo sugli ELENCHI) riordinare o selezionare i dati dell'elenco per individuare tutte le persone nate nel medesimo comune.

Fogli di calcolo – funzione condizionale (SE)

Una delle funzioni più utili e, apparentemente, più complicata è la funzione SE; il suo funzionamento, in effetti è piuttosto semplice, e diventa complicato solo se, per i nostri scopi, dobbiamo inserire una funzione SE dentro un'altra.

La funzione SE prevede innanzitutto una CONDIZIONE; secondo le regole della logica, una condizione può dare due soli risultati: può essere VERA oppure FALSA (tertium non datur...); il formato della funzione, che prevede sempre tre parametri, è:

=SE(CONDIZIONE;RISULTATO SE VERA; RISULTATO SE FALSA)

La condizione può prevedere un "test" tra una cella e un valore, o tra due celle; i test possibili sono espressi secondo la simbologia tipica della logica, ossia:

- Uguale   =
- Maggiore   >
- Maggiore o uguale   =>
- Minore   <
- Minore o uguale   =<
- Diverso   <>

Se, ad esempio, prevediamo le seguenti colonne:

A	B	C	...

Parte generale

1	Nome	Voto	Esito esame	
2	Trapani Marco	28	=SE(B2>18;"Promosso";"Bocciato")	
3	Rossi Mario	16	=SE(B3>18;"Promosso";"Bocciato")	
...				

Otterremo, come risultato, la seguente visualizzazione:

	A	B	C	...
1	Nome	Voto	Esito esame	
2	Trapani Marco	28	Promosso	
3	Rossi Mario	16	Bocciato	
...				

La questione si complica, ma solo come "aspetto", se abbiamo l'esigenza di prevedere una serie di condizioni "una dentro l'altra" o, con termine tecnico, "nidificate"; ad esempio se avessimo dei valori di risultato (in ipotesi nella cella B2) di un test che vanno a 0 a 100, e prevedessimo tre possibili esiti: fino a 40 si è bocciati, da 40 a 60 si deve sostenere una integrazione di esame, oltre il 60 si è promossi, dovremmo scrivere una funzione come la seguente:

=SE(B2>40; -------- ;"Bocciato")

Dove, nello spazio previsto per il "vero" inseriremo a sua volta una funzione SE, in questo modo:

=SE(B2>40;SE(B2>60;"Promosso";"Integrazione");"Bocciato")

Dovremo, quindi, prestare particolare attenzione al corretto posizionamento delle parentesi e dei vari segni di "punto e virgola", per avere il risultato desiderato.

Come si vede dagli esempi non dovremo mai lasciare degli spazi tra un valore e l'altro, e se dobbiamo inserire delle stringhe di caratteri (es "Promosso") dovremo inserirle tra "doppi apici"; solo tra i doppi apici, se ci serve, potremo prevedere degli spazi, ad esempio "Serve Integrazione".

Oltre alla semplice funzione SE ne esistono diverse altre, che soddisfano qualsiasi esigenza di analisi logica sui dati e permettono di creare colonne di "risultati" di test.

Fogli di calcolo – elenchi

Un foglio di calcolo non necessariamente serve solo per fare calcoli; alcune funzioni risultano molto utili se dobbiamo semplicemente gestire degli elenchi di dati, ad esempio una bibliografia oppure un elenco di persone; tramite un apposito menù (Dati) è possibile facilmente riordinare gli elenchi in base al loro contenuto, oppure "filtrarli" per avere la visualizzazione di parti specifiche rispetto ad un elenco molto lungo.

Esistono anche funzioni apposite per effettuare dei conteggi rispetto al contenuto, ad esempio per calcolare rapidamente quanti sono i maschi e le femmine (ovviamente se avremo previsto una colonna con questa indicazione).

Fogli di calcolo – riferimenti multipli

Un "file" di un foglio di calcolo in effetti può contenere più "fogli", come se fossero delle pagine sovrapposte una sull'altra (sono visualizzate tramite delle linguette in basso, inizialmente denominate "Foglio1"; "Foglio2"; "Foglio3"; ma possono essere, con il menù contestuale, ridenominate a piacere, così come se ne possono creare altre, normalmente fino ad un massimo di 256 in un solo "file").

Prevedere più fogli è molto utile se dobbiamo gestire diversi dati, e potremo, in ogni caso, fare riferimento ad una cella di un foglio diverso da quello in uso semplicemente scrivendo il riferimento completo, come

Foglio1!A1

In pratica facendo precedere, al normale nome della cella, il nome del foglio separato da un "punto esclamativo";

E' anche possibile riferirsi ad un "file" diverso; in questo caso il riferimento diventa:

(File)Foglio1!A1

Nel nome "File" (scritto tra parentesi) potremo NON INDICARE la cartella che lo contiene (e allora il programma lo cercherà nella medesima cartella del file su cui stiamo lavorando) oppure indicarlo, nel formato specifico del sistema operativo e completo (il che lo rende un po' più complicato).

L'utilizzo di questa strutturazione è spesso utile se dobbiamo:

- Raccogliere ed elaborare dati da più file, ad esempio se abbiamo noi fornito un file a ciascun nostro collaboratore (il nome del file potrebbe essere proprio il nome del collaboratore) e creare un file che li riepiloghi tutti insieme.

- Creare un file con più fogli, ad esempio uno per ciascun mese dell'anno, dove inserire dei dati; potremo poi creare un foglio per totalizzare "in verticale" i vari fogli dei mesi.

Fogli di calcolo – grafici

Il foglio di calcolo è anche, tra le altre cose, lo strumento più "a portata di click" per creare dei grafici a partire da dati inseriti nel foglio; sarà sufficiente selezionare i dati e poi cliccare su "Inserisci" scegliendo tra una vasta gamma di possibili tipologie; dopo aver creato il grafico "base" sarà possibile, cliccando con il tasto destro sulle sue varie parti (titolo, legenda, asse orizzontale, asse verticale, serie di valori, riquadro dati) utilizzare i vari menù contestuali per "rifinire" il grafico sistemandone tutte le possibili opzioni con un numero, a prima vista impressionante, di possibili valori e scelte.

Ovviamente fare un grafico corretto presuppone una buona conoscenza dei principi base della statistica ma, anche, della comunicazione, come vedremo nel capitolo apposito sui grafici.

Statistica

Se l'informatica è la bestia nera degli umanisti, non saprei come definire la Statistica: a torto considerata una branca della matematica in realtà è una disciplina che nasce, ed appartiene a pieno titolo, con le scienze sociali; statistica deriva da "studio dello stato" e offre dei potenti mezzi per comprendere la realtà che ci circonda.

Fin dall'800 ci si è resi conto che la realtà stava diventando sempre più complessa, e che non erano sufficienti delle analisi di natura puramente descrittiva per comprenderla: era necessario valutare in modo approfondito, con dati il più possibile oggettivi, una serie di fenomeni che interessavano tutti gli ambiti dell'agire umano (e non solo).

L'economia in primis aveva bisogno di valutazioni che andassero ben oltre il semplice far di conto (tramite sistemi contabili più o meno sofisticati) e permettessero la comprensione del passato e, ove possibile, fare previsioni per il futuro.

Lo stato moderno doveva prendere innumerevoli decisioni e queste non potevano più essere basate su valutazioni e preferenze del "signore" di turno, sia pure un sovrano illuminato e la sua corte di più o meno validi aiutanti; c'era bisogno di raccogliere dati, di analizzarli, di soppesarli in modo analitico e oggettivo per poter prendere decisioni utili al benessere della popolazione e, in ultima analisi, anche al sopravvivere del governante di turno: l'esperienza della Rivoluzione Francese aveva insegnato che non si poteva ignorare il benessere delle masse perché queste, prima o poi, si sarebbero ribellate.

La statistica nasce in questo contesto e si evolve, rapidamente, in disciplina autonoma rispetto alla matematica, da cui prende solo "in uso" una serie di strumenti di calcolo ma spesso creandone di propri in base alle specifiche esigenze.

Oggigiorno la statistica è diventata una disciplina fondamentale, al punto in cui secondo autorevoli quotidiani[30] per i laureati contemporanei dovrebbe essere una competenza di base, necessaria in qualsiasi ambito, compreso le scienze umane e le discipline che apparentemente poco hanno a che fare con i numeri: cito Carrie Grimes, Laureata in Antropologia e Archeologia : "People think of field archaeology as Indiana Jones, but much of what you really do is data analysis".

Ancora, dalla medesima fonte, Erik Brynjolfsson, Economista al MIT: "We're rapidly entering a world where everything can be monitored and measured, but the big problem is going to be the ability of humans to use, analyze and make sense of the data".

Dare senso al mondo; questo l'obbiettivo e la sfida; in un mondo sempre più complesso direi che sia ovvio dover ricorrere a strumenti complessi.

---

[30] New York Times, 6 agosto 2009

Parte generale

Un umanista oggi ha molto da offrire, a questo mondo: non diventerà mai uno "statistico puro", che studia nuovi metodi e nuovi strumenti, ma sarà indispensabile come "applicato", ossia in grado di usare questi metodi e strumenti nella sua specifica disciplina, sia essa l'archeologia che la storia dell'arte: solo in questo modo potrà fornire nuovo senso a cose già studiate anche a lungo, e affrontare nuove sfide e nuovi problemi.

Anche la statistica, come tutte le discipline, ha i suoi tranelli: con una conoscenza superficiale o distorta si rischia di commettere dei grossolani errori che non dipendono, ovviamente, dallo strumento ma dal suo cattivo uso.

In questo capitolo affronterò solo alcuni aspetti di base, sperando di suscitare interesse per l'argomento (che poi è lo scopo di tutto il libro) e istradare anche esperti di discipline umanistiche in questo percorso, che non sostituisce ma integra le competenze specialistiche di ciascuno.

Media, Mediana, Moda

Spesso durante un corso lancio una provocazione agli studenti: scandisco bene la frase "la metà di voi ha un intelligenza inferiore alla media"[31] e chiedo di discuterla.

Con degli umanisti, questa appare immediatamente come una sfida, e la discussione si accende quasi subito sul tema "ma come è possibile misurare l'intelligenza", con, spesso, dotti riferimenti alle "intelligenze multiple" e ai limiti del QI (Quoziente Intellettivo); in pratica, parlando di "intelligenza", scatta un meccanismo difensivo proteso ad evitare la possibile "valutazione", bestia nera di molte persone.

In pratica si perde di vista il senso e il significato di un elemento statistico (in questo caso la mediana) concentrandosi solo sul fenomeno in esame, stroncando quasi l'idea stessa di poter "calcolare" dei valori e di usarli per fare una graduatoria.

Sarebbe stato molto più banale (e meno riflessivo) se avessi detto "la metà di voi ha una altezza inferiore alla media" visto che il tema dell'altezza solleva molta meno suscettibilità…

L'uso di elementi come la ☞ Media, la ☞ Mediana o la ☞ Moda (che sono i primi e più semplici indici statistici) rappresenta il primo passo verso un obiettivo ambizioso: capire la realtà che ci circonda.

Il mondo è pieno di fenomeni complessi, articolati, ed è difficile comprenderli se si va ad esaminare ogni singolo caso; parliamo ad esempio di altezza; come potremmo valutare una popolazione, e confrontarla con altre, se ci mettessimo ad osservare e valutare ogni singolo individuo che la compone ? sarebbe praticamente impossibile valutare se, ad esempio, gli Svedesi sono più alti dei Greci; riferirsi ad ogni singolo Svedese e ad ogni

---

[31] La citazione è del Prof. Piergiorgio Odifreddi, autore di molti e interessanti libri sul tema della filosofia della scienza, della matematica e di altro; già Odifreddi precisa che si dovrebbe, correttamente, parlare di "mediana"; inoltre, sempre per precisione, dovrei aggiungere "dei presenti".

singolo Greco potrebbe creare problemi di osservazione: se prendiamo un giocatore di Basket Greco probabilmente sarà più alto di un comune cittadino Svedese…

Calcolare una media, in questo caso, pur con qualche cautela, ci permette di valutare l'altezza di una popolazione e, ad esempio, valutare nel tempo se questa altezza aumenta oppure no; grazie ai dati raccolti per decenni durante le "visite di leva" ad esempio noi sappiamo che la popolazione italiana degli anni 2000 è più alta (in media) della popolazione degli anni '50; accorgendosi di questo fatto potremmo valutare se ciò è avvenuto grazie ad una diversa e più ricca alimentazione o indagare altri fattori.

Matematica nella statistica

Un po' di matematica, ovviamente, nella statistica è necessaria; però è anche vero che, salvo scendere in profondità, la matematica necessaria è molto semplice; si tratta, spesso, di somme, divisioni, qualche potenza o radice quadrata, niente di più.

Spesso un umanista si spaventa davanti ad una formula come

$$M_{a,pond} = \frac{\sum_{i=1}^{n} x_i f_i}{\sum_{i=1}^{n} f_i} \text{ [32]}$$

In effetti si tratta di un vero e proprio linguaggio (ma per chi studia le lingue classiche e si scontra con l'alfabeto Greco, i Geroglifici o altre forme di scrittura dovrebbe essere una banalità comprenderlo) e, come tutti i linguaggi, necessita di un minimo di conoscenza.

La lettura, in questo caso, in italiano sarebbe:

La media ponderata degli elementi del gruppo "a" è data dalla Sommatoria (simbolo Σ) del prodotto di tutti i valori X (dal primo all'ennesimo) per i relativi pesi f, divisa per la sommatoria di tutti i pesi.

Più complicato a dirsi che a farsi…

Per un uso diciamo di base il "foglio di calcolo" è già uno strumento accettabile, e lavorando con colonne di numeri è piuttosto facile (spesso usando funzioni già pronte) ottenere dei valori "riepilogativi" che ci permettono di valutare meglio i dati che stiamo osservando, e di farci sopra dei ragionamenti.

Un esempio semplice può chiarire: prendiamo i voti degli esami di uno studente universitario; per chi frequenta l'università da dopo la riforma del 1999 (legge 509) è normale sapere che gli esami non sono tutti uguali: esistono esami da 3 crediti, da 6 crediti, da 9 crediti, da 12 crediti e varie misure intermedie; in pratica questo valore dovrebbe misurare il "volume" di lavoro necessario per prepararsi (ore di lezione e ore di studio), e sostituisce il vecchio criterio degli esami "annuali" o "semestrali"; nel nostro caso, quindi, rappresenta il "peso" di ciascun esame.

---

[32] Da wikipedia

E' abbastanza evidente, anche intuitivamente, che un voto elevato (e di riflesso un voto molto basso) preso in un esame da 3 crediti avrà una "importanza" ben diversa dallo stesso voto preso in un esame da 12 crediti.

	A	B	C	D
1	**Titolo esame**	**Voto**	**CFU**	
2	Statistica	29	9	261
3	Filosofia	30	9	270
4	Storia contemporanea	28	6	168
5	Economia	30	9	270
6	Letteratura	18	5	90
7	Informatica	30	6	180
8			44	1239
9	Media semplice →	**27,50**		**28,16**
	Media ponderata ↗			

In questa griglia (facilmente realizzabile con un qualsiasi foglio di calcolo) di esempio ho inserito 6 esami sostenuti da un ipotetico studente (colonna **A**) con i relativi voti (colonna **B**) e i CFU (colonna **C**).

Nella colonna **D** sarà sufficiente inserire una formula =B2*C2 (da ripetere automaticamente in tutte le righe fino alla **7**.

Nella cella **C8** inseriremo una funzione come =SOMMA(C2:C7) e nella cella **D8** la funzione =SOMMA(D2:D8)

Le due celle rappresenteranno quindi il dividendo e il divisore della nostra formula (dove le celle da **D2** a **D7** sono il prodotto di X e f, la cella **D8** la sommatoria (Σ) di questi prodotti (potremmo chiamarli "voti pesati") e la cella **C7** la sommatoria dei pesi.

La cella **D9** sarà quindi una semplice divisione =D8/C8 che ci fornirà la "media ponderata"; a titolo di confronto potremmo mettere, nella cella **B9** la funzione =MEDIA(B2:B7) per vedere quanto i due valori siano differenti.

Un semplice foglio di calcolo è uno strumento sufficiente per l'elaborazione di dati e di statistiche a livello elementare; ovviamente una statistica "seria" richiede strumenti più potenti e specifici, come STATA, SYSTAT, DPSS, R, e altri ancora; molti di questi sono strumenti professionali il cui costo può essere anche molto rilevante (le licenze di alcuni strumenti, a livello aziendale, arrivano anche a centinaia di migliaia di euro).

Uno dei più diffusi prodotti in ambito statistico, utilizzato per la sua notevole versatilità, è R, che in realtà è un vero e proprio ambiente di programmazione orientato alla statistica; apprendere R ovviamente richiedere un bel po' di impegno, ma è sicuramente un buon investimento per il futuro, visto che è una competenza sempre più richiesta in molti campi.

Comunque esistono numerosi software opensource e freeware in ambito statistico, sviluppati da organizzazioni internazionali, e si può valutare quale possa essere più adatto allo scopo specifico che ci serve; vedere, ad esempio

☞ https://en.wikipedia.org/wiki/List_of_statistical_packages

☞ https://en.wikipedia.org/wiki/Comparison_of_statistical_packages

Senza, comunque, dimenticare che una base di statistica deve essere appresa e compresa, prima di procedere all'uso di un package, altrimenti non si saprebbe che farne; come per tutti i software, non fornisce risposte, ma aiuta a trovarle...

Nel sito ISTAT si trovano molti materiali di studio, come ad esempio

☞ http://www.istat.it/it/files/2012/03/introduzione.zip

Che è un interessante pacchetto di studio per la statistica con excel...

Molto interessante, sempre dal sito ISTAT, il volume

☞ http://www.istat.it/it/files/2012/03/statisticaxesempi2.pdf

che introduce in modo esemplificativo a molti concetti della statistica con esempi concreti tratti dalla vita quotidiana.

Internet

Potremmo definirla una delle meraviglie del mondo tecnologico; l'importanza di internet e del suo funzionamento, nel mondo post-industriale in cui stiamo vivendo difficilmente può essere sopravvalutata; a prescindere dal fatto che permette la comunicazione in tempo reale e a costi limitatissimi tra gran parte della popolazione mondiale, internet viene sfruttata in migliaia di modi diversi per interconnettere sistemi elettronici che altrimenti non potrebbero proprio funzionare.

Sempre più si stanno diffondendo punti di accesso alla rete: le università, luoghi pubblici, spesso locali di intrattenimento (bar, discoteche, ristoranti) forniscono ai propri clienti un "wi-fi access point" alla stessa stregua dei bagni: si tratta di un servizio quasi "necessario", di primaria importanza.

Ci sono, ovviamente, voci contrarie: specialmente tra gli umanisti si trovano persone che sono contrarie a questo uso smodato della rete e delle sue connessioni, e ci sono anche persone contrarie per presunti (mai provati) rischi per la salute provocati dalle onde elettromagnetiche; chiariamo questo punto: sicuramente le onde elettromagnetiche possono essere dannose, ma solo se si trovano in una concentrazione altissima, assolutamente al di sopra di quella creata dalle normali apparecchiature elettroniche presenti nel nostro ambiente (anche un comune televisore o un frigorifero emanano onde elettromagnetiche…); del resto qualsiasi cosa può essere letale: anche bere acqua; a parte il rischio annegamento (che può essere provocato da una quantità tutto sommato piccola) se si bevono più di otto litri di acqua in un solo giorno si ottiene una diluizione del sangue e una perdita di elettroliti che provoca la morte…

Internet c'è, con tutti i suoi pregi e i suoi difetti; un po' come l'energia atomica o mille altre cose: una volta inventata è impossibile "disinventarla", e quindi non possiamo far altro che accettarla, conoscerla, comprenderla, farne possibilmente buon uso.

Breve storia di internet

La storia di internet tutto sommato è piuttosto breve: dobbiamo risalire solo agli anni '60, quando i computer erano qualcosa di molto diverso da oggi: macchine molto grosse, in ogni caso costosissime, che spesso permettevano l'uso da parte di un solo utente alla volta; niente a che vedere con i moderni sistemi in grado di gestire migliaia di utenti, e neanche con il nostro comune PC in grado di far "girare" diversi programmi in contemporanea.

I computer erano, prevalentemente, usati dalle università e dai centri di ricerca per complessi calcoli e analisi di problemi; non esisteva la posta elettronica, quindi gli scambi tra centri di ricerca lontani era incredibilmente lento: scaricare dati su bobine magnetiche e spedirle per posta richiedeva talvolta settimane.

Anche il fatto di dover "fare i turni" per usare il computer costringeva a lavorare anche di notte o, raramente, a lasciare il computer parzialmente inattivo.

In quel periodo negli Stati Uniti la ricerca scientifica era, normalmente, finanziata dai militari, che potevano disporre di un budget praticamente illimitato: gli USA erano, di fatto, in guerra con l'URSS, anche se si trattava di una strana "guerra fredda".

Qualsiasi invenzione, qualsiasi ipotesi di possibile avanzamento scientifico che potesse tradursi in un vantaggio competitivo e militare degli USA sul resto del mondo era ovviamente molto ben visto, e spesso si finanziavano anche programmi di ricerca strampalati e incredibili, come la possibilità di "leggere nel pensiero"[33]; in questo scenario la richiesta, da parte delle Università, di finanziare la creazione di una rete di computer "resistente ad un attacco atomico" era sicuramente molto allettante.

La **DARPA** (Defense Advanced Research Projects Agency) finanziò, così, la realizzazione di una rete di computer "non gerarchica", concetto decisamente alieno per i militari.

In una struttura organizzata normalmente si individua una gerarchia di comando, con un vertice e una base: così sono organizzati gli eserciti e le aziende fin da tempi biblici (è Mosè che, nella bibbia, ascolta i suggerimenti di un anziano che gli indica come gestire una moltitudine di popolo: creando una gerarchia) mentre la realizzazione di quella che sarebbe stata chiamata Internet solo 20 anni dopo era basta su un sistema reticolare e dove la perdita di uno dei "nodi" per guasto (o attacco nucleare...) non avrebbe compromesso il funzionamento del resto del sistema.

---

[33] Il film "L'uomo che fissa le capre" racconta, probabilmente in forma molto caricaturale, un esempio di questa tendenza; del resto le più strane invenzioni sono, prima di essere inventate, del tutto "incredibili"; basti pensare al Laser, alla stessa radio o televisione, all'energia elettrica... con il pensiero e le conoscenze di un uomo di soli due o trecento anni fa.

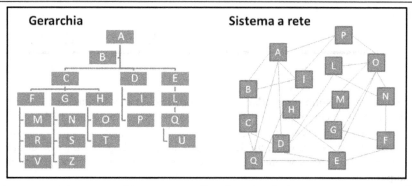

La struttura a sinistra, gerarchica, presenta diversi vantaggi: si conosce esattamente chi da gli ordini, quali sono le "linee di comando", quante persone ciascuno deve tenere sotto controllo; insomma, ordine e disciplina, esattamente quello su cui sono basati gli eserciti classici di tutto il mondo.

Quella a destra rappresenta una sorta di "caos organizzato": ciascuno può parlare con chiunque altro, se non si ha un collegamento diretto basta passare attraverso uno o più "nodi" di collegamento, nessuno da ordini ma tutti collaborano; per un militare un incubo assoluto.

Ma la seconda struttura presenta un notevole vantaggio strategico: se, ad esempio, il nodo "H" viene colpito tutto il resto della rete continua a funzionare tranquillamente; il nodo "Q", che usava "H" per parlare con "I" (non avendo un collegamento diretto) semplicemente inizierà a transitare attraverso "C" e "B" per arrivare a "I"; nella prima, se viene colpito "Z" poco male, il resto continua a funzionare; ma se viene colpito "C" ? tutto il ramo sottostante, ben 11 elementi, rimane isolato e non può ricevere ordini da "A", e, in definitiva, non funzionerà...

Internet nasce al servizio delle università, che così possono mettere a fattor comune le relative conoscenze, scambiarsi rapidamente dati, risultati di ricerche scientifiche, comunicare in tempo quasi reale con chat e e-mail, tra l'altro a costi che sono fissi, indipendenti dalla quantità di lavoro svolto (non si mette un francobollo per ogni mail che si invia, si paga un abbonamento fisso alla rete...)

Nei primi venti anni la rete cresce, ma rimane appannaggio dei centri di ricerca, delle università e di pochi appassionati che si collegano con strumenti primitivi: i modem a 56 Kb sono considerati già eccezionali, e non esistono programmi come Explorer o Firefox o Chrome per "navigare": si deve conoscere l'indirizzo del sistema a cui ci si vuole connettere (formato da 4 cifre, corrispondenti a 4 byte, ad esempio 192.134.56.12), ci si deve "autenticare" fornendo una User e una Password per ogni sistema a cui si vuole accedere (anche se molti sistemi prevedono l'accesso "Anonymous" o "Guest") e si deve conoscere il programma che si andrà ad utilizzare, di volta in volta diverso.

Lo scambio di indirizzi, la scoperta di nuovi "nodi" che forniscono particolari servizi diventa un modo per allargare le proprie conoscenze in rete, ci si indicano i "server" più interessanti o più utili tramite e-mail o in forum, gli antenati della chat e di Facebook.

Solo agli inizi degli anni '90, grazie al lavoro di Tim Berners-Lee, un ricercatore del CERN di Ginevra, verrà pensato e realizzato un sistema di "ipertesto" navigabile con un programma di semplice utilizzo, e di realizzare pagine "WEB" per rendere accessibile il contenuto della rete senza dover lavorare "in profondità".

Il WEB (che molti confondono con internet) è solo una (anche se forse oggigiorno la più importante) delle applicazioni che "girano" su internet; le altre due più importanti sono la mail (che può essere usata "tramite" il WEB, ma che rimane un servizio a se stante) e il protocollo FTP (File Transfer Protocol), che serve per il semplice trasferimento di file.

In epoca più recente, dopo gli anni 2000, è iniziata la diffusione di nuovi "ambienti", dedicati alla realtà virtuale, come Second Life che, forse apparso troppo presto per la potenza dei computer e della rete dell'epoca, faceva pensare a degli sviluppi molto maggiori di quelli che poi si sono rivelati (è stata una delle più interessanti "bolle" dove molti, anche troppo, si erano messi ad investire in modo massiccio, senza realizzare poi gli aspetti e i ritorni economici attesi.

Sempre dopo il 2000 si sono affermati gli ambienti, tipicamente WEB 2.0, che rientrano sotto la denominazione di "social network"; in effetti si tratta di una evoluzione (tecnicamente notevole) di ambienti già esistenti prima del web, come le chat o i forum; nei social però l'interattività, la pubblicazione di contenuti, la ricerca e le connessioni tra persone sono molto più sofisticate; per molti l'esperienza di internet e del web si limita alla frequentazione di un social (tra tutti il più diffuso è sicuramente Facebook) e questo rappresenta sicuramente una limitazione e una perdita di opportunità: è come rimanere ad esplorare la cima della montagna, perdendo di vista sia la montagna stessa che le ampie vallate e gli oceani sottostanti...

Le ricerche su internet

Anni dopo nascono i primi motori di ricerca, a partire da Yahoo per arrivare all'onnipresente Google, un fenomeno di natura mondiale tanto da far nascere un nuovo termine: To Google in inglese, Googlare con un brutto ma efficace neologismo è ormai sinonimo di "fai una ricerca su internet".

In questa frase si nasconde, però, un errore di fondo: si accumuna il WEB ad Internet, mentre si tratta di due cose molto diverse: internet è la rete di computer e infrastruttura che permette di fare molte cose, compreso la e-mail piuttosto che lo scambio di file, mentre il WEB è solo la "crosta" superficiale di internet, costituita dai milioni, oggi miliardi di pagine di ipertesto navigabile, ma non rappresenta tutto internet.

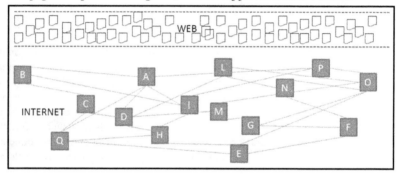

In effetti i motori di ricerca, Google in primis, funzionano secondo un principio molto semplice: appositi programmi, denominati "ragni" (visto che "corrono" sulla ragnatela del WEB) scorrono periodicamente (in pratica di continuo) le pagine, le indicizzano, utilizzando i vari link presenti per passare da una pagina all'altra.

Quando noi facciamo una ricerca con Google abbiamo, come risposta, le varie (spesso numerosissime) pagine che contengono i termini ricercati; questo spesso ci appaga e pensiamo che internet sia tutto ciò, che le sue possibilità si esauriscano in questo: errore.

In effetti si utilizzava internet già prima del WEB e di Google, semplicemente collegandosi al server che sapevamo contenere una specifica "banca dati", e utilizzando un programma apposito, spesso diversi uno dall'altro, per cercare informazioni specifiche.

Più o meno quello che si fa, normalmente, quando si accede al servizio OPAC (On-Line Public Access Catalog) della Biblioteca dell'Università: la pagina WEB (quella su cui Google può fare la ricerca) contiene solo le informazioni sulla biblioteca stessa: dove si trova, i suoi orari, il regolamento per i prestiti e poco altro; però una pagina specifica ci permette di inserire vari dati (autore, titolo,) e scoprire se uno specifico libro è disponibile e dove è collocato; questo, Google, non ce lo dirà mai[34].

Ma quante sono le possibili "banche dati", simili all'OPAC, a cui possiamo accedere da internet ? innumerevoli, e per tutti i gusti: giuridici, economici, storici, informazioni di tutte le nature e forme, raccolte spesso da organismi pubblici (Ministeri, agenzie, regioni, ISTAT e chi più ne ha ne metta), da Università, da privati.

Ognuno può, nello specifico settore di interesse, cercare chi possono essere i "produttori di informazioni" e cercare, nei rispettivi siti, l'eventuale disponibilità di accesso a banche dati; una ricca miniera è sicuramente rappresentata dall'ISTAT che mette a disposizione una notevole mole di dati ricavati dal censimento della popolazione piuttosto che da altre indagini statistiche; analogamente l'EUROSTAT a livello europeo, l'OCSE, l'ONU; in Toscana la Regione, nell'ambito del progetto Open Data, ha messo a disposizione un sito (dati.toscana.it) così come molti altri enti pubblici (in primis il governo, tramite www.dati.gov.it).

Il motore di ricerca di Google nasce in un epoca in cui il WEB stava cominciando ad assumere dimensioni rilevanti, e la ricerca di siti, informazioni, pagine e quant'altro lo compone era, di fatto, sempre più complessa: i sistemi di indicizzazione basati su cataloghi (similarmente a quelli disponibili, in forma cartacea, in una comune biblioteca) erano pesanti e molto complessi, sia per la loro organizzazione sia per il loro aggiornamento.

Qualche considerazione sull'organizzazione di un catalogo: qualsiasi criterio di classificazione per categorie si adotti avremo sempre una visione del materiale condizionata dal criterio stesso; l'esempio del ☞ **Codice Dewey** adottato per la classificazione delle opere librarie è significativo: basti vedere la categoria delle "religioni" per rendersi conto che la parte del leone, come codifica, la svolge la religione Cristiana, nelle sue varie forme (Cattolica, Ortodossa, Protestante ecc.ecc.) e, in misura minore, le altre religioni monoteiste (Ebraismo e Islam) mentre tutte le altre (che, pure, sono seguite da milioni di persone nel mondo, come Buddismo, Induismo ecc.ecc.) sono relegate in un "angolo" della codifica, con molta minore analiticità; è un segno evidente del criterio di classificazione, creato nell' '800 in Nord America, e della "lente deformante" con cui venivano viste (e catalogate) le religioni a quel tempo; anche il fatto che l'informatica (a quel tempo inesistente come disciplina) non fosse (ovviamente) presa in considerazione e che successivamente sia stata inserita quasi all'inizio del "codice" è un segno dei tempi.

L'aggiornamento, poi, di un simile "catalogo" (esistevano, all'inizio, ad esempio su sistemi come Yahoo o Virgilio Directory) richiede un lavoro costante difficilmente automatizzabile (se non per le eliminazioni di siti ed indirizzi che scompaiono) perché le

---

[34] Mai, in informatica, è un tempo un po' troppo lungo; non è detto che prima o poi si riesca ad implementare Google fino a questo punto, oppure che la biblioteca stessa decida di creare (magari in automatico) una specifica pagina web per ciascun libro presente, in modo da essere "indicizzabile" da parte di Google.

pagine (o, in questo caso, i siti) non hanno una connotazione semantica, quindi se si trova un sito che parla di "Pesca" qualcuno deve analizzarlo per decidere se va messo sotto la categoria degli sport, delle attività industriali di pesca in mare o della coltivazione degli alberi da frutto (senza contare il colore pesca e altri possibili significati).

Uno degli esempi tuttora attivi è ☞ **Dmoz** (www.dmoz.org); si tratta di un "catalogo" di siti mantenuto da volontari che ne curano l'aggiornamento; al 19/8/2015 la sezione relativa ai siti italiani contava quasi 160.000 siti; apparentemente molti, ma se si considera che in Italia ci sono quasi 4.000.000 di aziende (e tralasciamo enti pubblici, comuni, regioni, aziende sanitarie, università ecc. ecc.) si comprende subito che un simile numero è piuttosto limitato, e comprende solo una parte di quanto è presente sul WEB.

Oggi le WEB Directory sembrano uno strumento "superato" e la maggioranza delle persone, specialmente giovani, non sa neanche della loro esistenza; il fatto che (vedi DMOZ) dipendano dal lavoro umano le rende limitate e con possibili errori, ma, in effetti, rappresentano uno strumento utile per iniziare una navigazione specifica alla ricerca di informazioni o siti su un argomento particolare; un esempio: cercando su DMOZ nella sezione

Top → World → Italiano → Tempo Libero → Auto → Alfa Romeo

Si trovano 14 siti, prevalentemente gestiti da privati, che contengono materiale, foto, notizie sulle auto "Alfa Romeo", e tutti in italiano; un buon punto di partenza per una ricerca su tale tema; cercando "Alfa Romeo" (messo tra virgolette…) con Google si riceve un elenco di 93.500.000 risultati… decisamente completo, non c'è che dire, ma un po' lungo da scorrere e approfondire.

Internet – affidabilità

Uno dei problemi maggiori del WEB e di Internet (che in realtà è anche un suo pregio, a ben vedere) è il fatto che chiunque può pubblicare praticamente qualsiasi cosa.

Non esiste alcuna legge, regola o norma che possa impedire di pubblicare dei contenuti, e le normative esistenti contro la diffamazione, contro la pubblicazione di materiale illegale (ad esempio contro la pedopornografia o contro l'apologia della ideologia nazista) si scontrano con il semplice fatto che internet non ha (e non conosce) confini: ciò che è illegale in uno stato può tranquillamente essere pubblicato in un altro, e diventa visibile da chiunque nel mondo.

Esistono delle tecniche e delle modalità per "oscurare" dei siti, anche dietro ordine della magistratura, ma questo si rivela spesso un espediente simile a cercare di vuotare un oceano usando un colapasta; se qualcuno pubblica un contenuto diffamatorio possiamo ricorrere alla giustizia, e, dopo una causa civile (il cui costo non è certo banale), e sempre ammesso che sia possibile individuare con certezza l'autore, potremo ottenere la rimozione del contenuto, ma solo se è stato pubblicato nel medesimo stato (in Italia quindi con un dominio .it) e perseguire il colpevole solo se risiede nello stato italiano; in caso contrario la questione diventa molto più complessa e costosa, e di dubbia riuscita; nel frattempo (e possono passare anni) il contenuto rimane visibile e accessibile.

Questo rappresenta una grande libertà (la libertà di espressione è una delle prime conquiste della democrazia e della civiltà) ma dovrebbe essere accompagnata da una grande responsabilità, cosa che invece non avviene.

Così è ben possibile creare un sito con contenuti falsi o tendenziosi, o tendente a diffondere credenze senza uno straccio di prova (o addirittura inventandosi anche delle pseudo-prove che sarà ben difficile confutare); è ben noto il tema delle "bufale" che circolano su internet (in inglese Hoax) e che, con frequenza, vengono credute vere da ampie fasce della popolazione, spesso non in grado di fare un "lavoro" di valutazione che richiede impegno, conoscenze, tempo, mezzi.

Grazie ai motori di ricerca come Google è sempre più facile accedere ad una quantità sterminata di informazioni, e sarà sempre più facile in futuro; la sfida, a questo punto, si sposta: dal saper trovare informazioni (un tempo girando per biblioteche, oggigiorno sempre più navigando su internet) a saperle valutare e contestualizzare.

In pratica un faticoso lavoro di "filologia" (disciplina ben nota agli umanisti...) che permetta di attribuire un "valore" al documento/testo reperito; si dovrà necessariamente valutare

1) in primis il sito che ospita il contenuto; ovviamente un sito "accademico" come https://www.stanford.edu/ dell'università di Stanford, ma senza andare lontano anche

Unifi, avrà una "autorevolezza" dei contenuti molto maggiore del sito di un giornale generalista (che spesso cita contenuti senza approfondirli) e ancora molto maggiore di un sito di un giornale satirico (che addirittura fa della pubblicazione di notizie e informazioni false il proprio scopo)

2) subito dopo dovremo valutare l'autore (se riusciamo a individuarne il nome) per vedere se ha una riconosciuta competenza NELLA SPECIFICA MATERIA; da tenere presente che anche se si è vinto un premio Nobel (ad esempio nella Letteratura) ciò non ci rende esperti di altri rami (e talvolta si è esperti solo in una branca molto molto specifica anche della propria materia); se un premio Nobel come Dario Fo (a cui va tutta la mia stima) pubblica un testo sull'inquinamento atmosferico dovremo, necessariamente, prenderlo come un "parere personale" (magari del tutto condivisibile), non come un testo scientifico e autorevole.

3) dobbiamo anche valutare se effettivamente l'autore è chi dice di essere; è molto facile pubblicare un testo in un blog e attribuirne la paternità ad una altra persona; in una pagina di Wikipedia dedicata al filosofo Manlio Sgalambro (autore di diversi testi di canzoni di Franco Battiato) per un certo periodo c'è stato scritto che era l'autore di "Fra Martino Campanaro", e diversi giornali generalisti, nel momento della sua morte, lo hanno scritto nei loro articoli…

4) non facile anche la collocazione spazio-temporale: quando è stato pubblicato ? non sempre è possibile risalire al periodo, e dato che le opinioni e le valutazioni nel tempo possono cambiare dobbiamo sapere quando quel particolare testo è stato scritto; un documento scritto da Norman Schwarzkopf risale a quando era studente a West Point (nel 56), quando era Capitano durante il Vietnam (nel 65), quando era comandante in capo durante la Prima guerra del Golfo (1990), prima dell'attacco alle Torri Gemelle (11/9/2001) o dopo ? è ben probabile che il suo punto di vista su varie questioni sia cambiato nel tempo, e dovremo poterlo contestualizzare.

In definitiva dovremmo applicare quanto meno la regola delle tre conferme: una notizia, informazione, dato, non può essere considerato valido se non proviene da almeno tre fonti del tutto indipendenti l'una dall'altra (se cerco notizie su un Filosofo potrei consultare Wikipedia, Stanford e Treccani e metterle a confronto, dando comunque, nel caso specifico, maggior peso alle ultime due).

Tutto questo richiede uno sforzo e un impegno considerevoli, e dovremo valutare, caso per caso, quanto tempo vogliamo/possiamo spendere per approfondire una questione, o se trovare (e ve ne sono) siti e autori che già svolgono (per lavoro o per passione) questo compito in specifici settori, e fidarsi (sempre fino a prova contraria) del loro parere.

Internet – i suoi problemi

Chiariamo subito un aspetto: internet è uno strumento, e come tutti gli strumenti è solo un "oggetto" neutrale che non ha colpe proprie: un eventuale uso improprio o illegale non è, ovviamente, "colpa" di internet ma di chi lo usa; in questo capitolo non intendo quindi analizzare gli aspetti legati all'uso di internet come *mezzo per commettere reati* (ad esempio l'adescamento di minori, il traffico di pedopornografia, il commercio di droghe o armi o simili) ma, piuttosto, gli aspetti tecnologici che possono sembrare, a primo avviso, delle ottime cose, ma che nascondono dei problemi connessi al loro abuso.

Internet nasce ad uso di Accademici e Militari, due categorie di persone che, in genere, non hanno tempo da perdere e poca voglia di scherzare; devono ottimizzare il loro tempo, hanno tutto l'interesse (in particolare gli accademici) a vedere riconosciuto il loro lavoro e hanno, specialmente i primi, poca attenzione ai concetti di riservatezza: basti pensare alle giustificazioni verso la "libera scienza" addotte anche da scienziati della ricerca nucleare o spaziale che avevano passato informazioni "al nemico" in nome della libertà di informazione, o, più recentemente, al fenomeno di "wikileaks" che ha messo a disposizione di tutti, sempre in nome della "libertà di informazione" e della "trasparenza" dei documenti che erano stati scritti con l'idea che fossero "strettamente confidenziali".

Il concetto stesso di società si basa su due poli: libertà e privacy; se il concetto di libertà è ragionevolmente definibile (si è liberi di fare qualsiasi cosa non leda la libertà di un altro) sulla questione della privacy il confine è un po' più sfumato: ognuno, nel suo privato, è libero di fare qualsiasi cosa (ad esempio essere appassionato di "sadomasochismo") ma ha anche il diritto a che questa sua preferenza non sia di pubblico dominio; in particolare gli organismi governativi, in nome della "realpolitik" spesso devono prendere delle decisioni che sarebbero, per il grande pubblico spesso poco informato, del tutto impopolari, ad esempio nei rapporti tra stati, o in decisioni che riguardano le tasse (non a caso esiste il "segreto di stato" e la nostra stessa Costituzione non ammette referendum popolari in tema fiscale); in genere le leggi dei vari stati prevedono comunque che qualsiasi documento abbia un limite temporale oltre il quale deve essere messo a disposizione degli storici (in genere 50 anni), ma non si ha alcuna certezza che, in questo lasso di tempo, determinati documenti o atti vengano del tutto distrutti.

Alla luce di questo, parliamo un po' di internet e delle sue interrelazioni con la società moderna, o meglio di come questo possa avere influenza sulla società del futuro.

Anonimato

In internet non è difficile utilizzare una identità fittizia (lo sanno bene i frequentatori dei vari Social Network, ma anche e soprattutto i frequentatori di chat o siti di incontri, sia per adulti che non), e, con un po' di accorgimenti (ad esempio usando al posto di Firefox,

Internet

Chrome o Explorer un browser specifico come TOR che "nasconde" l'indirizzo fisico del nostro computer) navigare in modo del tutto anonimo e non rintracciabile.

Questo permette da un lato di garantire la privacy di ciascuno, ma dall'altro anche di poter commettere una serie notevole di reati con una facilità che, prima di internet, era ben lontana.

Confini

Internet non ha confini, e non riconosce, di fatto, i confini statali che ci derivano dalla storia e hanno plasmato il mondo come lo conosciamo; ai nostri tempi la terra è suddivisa in entità "stati" che hanno il controllo del loro territorio, dove, con varie forme di governo che vanno dalla Democrazia alla Tirannia con tutte le possibili sfumature, vengono imposte leggi e regole che variano da stato a stato; l'esempio dell'Unione Europea che sta, faticosamente, cercando di superare, almeno in una zona circoscritta del mondo, i confini statali per formare una entità "stato" di ordine superiore è, praticamente, un caso unico; altrettanti esempi si possono fare di "dissoluzione" e di creazione di entità stato più piccole (vedi l'ex URSS o la Yugoslavia); nella storia solo gli Stati Uniti sono riusciti a creare uno "stato federale" più o meno compatto, ma a prezzo di una sanguinosa guerra contro una secessione e comunque andando ad occupare un territorio "nuovo" dove non esistevano strutture "statali" in grado di contrastarne la nascita.

Questa frammentazione del mondo comporta, ad esempio, che ciò che è illegale in un posto possa diventare legale a pochi chilometri di distanza, solo perché c'è una linea più o meno immaginaria di "confine"; chi viaggia anche solo per turismo dovrebbe informarsi attentamente sulle leggi dei posti che visita dato che, a titolo di esempio, il possesso di una "modica quantità" di droga (es marijuana) che in Italia non è un reato in altri paesi potrebbe comportare addirittura la pena di morte.

Internet non riconosce confini; da un qualsiasi paese è del tutto normale "navigare" sui contenuti messi a disposizione da altri paesi, e le legislazioni nazionali sono del tutto impotenti contro questo fatto; anche le misure prese (ad esempio "oscurare" i siti ritenuti illegali) sono tecnicamente inefficaci, dato che esistono facili tecniche (le cui istruzioni si trovano facilmente proprio su internet) per aggirare tali misure.

E' anche facile acquistare in paesi stranieri dei prodotti "vietati" nel nostro e, con un po' di fortuna, riuscire a farselo recapitare in forma anonima; non tutti i venditori stanno attenti alla legislazione del paese di arrivo, limitandosi a rispettare la legge del loro paese e ad accertarsi di incassare quanto richiesto; i problemi dell'acquirente e del paese di destinazione non sono, in definitiva, problemi loro.

Nel breve termine questo ha comportato delle reazioni "forti" da parte dei vari stati, come ad esempio sta cercando da anni di fare la Repubblica Cinese vietando e controllando la navigazione su contenuti ritenuti "ostili" o "non appropriati", ma sembra di assistere alla scena del bambino che tappa un foro su una diga con il dito... prima o poi la diga crollerà comunque, anche perché il numero dei "navigatori" aumenta ogni giorno e le risorse per "controllare" questa marea costeranno sempre di più; più vicino a noi l'ordinanza della magistratura italiana tendente ad "oscurare" siti dove era possibile fare il "download" illegale di film o musica (tutelati dalla legge sul copyright); ha funzionato, per una decina di giorni... poi gli incalliti "scaricatori" hanno imparato come fare ad aggirare il blocco o hanno trovato nuovi siti analoghi.

Nel lungo termine potremmo assistere ad un tentativo, velleitario, di "spezzare" internet e riportarla a dimensioni "statali", con linee di connessione strettamente controllate ai "confini" (quello che sta appunto cercando di fare la Repubblica Popolare Cinese) ma, molto probabilmente, questo sforzo sarà destinato all'insuccesso, visto che la tecnologia offre ogni giorno di più strumenti e metodi per andare oltre.

Anche i grandi operatori di internet, come Google, Amazon, Facebook per citare i più noti, non rispettano molto i confini e, comportandosi né più né meno peggio di molte altre "multinazionali", approfittano delle norme nazionali per cercare le migliori condizioni per il loro interesse, andando ad operare in stati a "fiscalità agevolata" di fatto sottraendo alle casse dei singoli stati una parte rilevante delle loro entrate.

Più probabile quindi che si possa assistere, in un futuro più o meno lontano) ad una sorta di abdicazione dei poteri statali in favore di un entità (che ancora non esiste) sovranazionale, a livello mondiale, in grado di stabilire regole e leggi comuni e di avere i mezzi e la possibilità di farle rispettare (o almeno tentare, visto che l'illegalità è sempre esistita); questo, ovviamente, non sarà né facile né indolore, visto che nessuno stato rinuncia facilmente alla propria "sovranità" (vedi appunto l'esperienza UE) a meno che non vi sia costretto; internet, e tutto quello che ci gira sopra ed intorno, potrebbe essere il grimaldello in grado di scardinare la attuale struttura socio-politica degli "stati nazionali".

SPAM

Internet potrebbe collassare ? è un dubbio che ogni tanto riemerge e garantisce ai giornali l'occasione di pubblicare un buon titolo "catastrofista", e di cui dopo pochi giorni ci si è già dimenticati.

In realtà Internet ha attraversato vari momenti critici nella sua crescita, uno dei quali è stato il passaggio da un sistema di indirizzamento denominato IPV4 (nato con internet, e che prevedeva la possibilità di collegare alla rete un numero enorme, per allora, di computer: oltre quattro miliardi) ad un sistema molto più ampio (IPV6) che risolve, almeno per un lungo periodo di tempo, il problema; questo passaggio è avvenuto pochi anni fa, e il grande pubblico praticamente non se ne è neppure accorto.

Internet poi dipende da una serie di strutture fisiche come reti, sistemi di connessione, satelliti, cablaggi e simili che, come è ovvio, non sono né eterne (anche se la loro "usura fisica" è molto limitata) né indistruttibili (basta una ruspa che trancia un cavo per "scollegare" da internet un intero quartiere di una grande città...) ma anche questo è solo un problema di investimenti e di manutenzione.

Uno dei problemi potenzialmente più gravi è dato dal suo successo, e da quanti e quali possibili utilizzi saranno veicolati, in futuro, dalla rete internet.

Come tutti i sistemi anche la rete ha una "capacità finita": pensiamo ad esempio ad una autostrada: su una normale autostrada a due corsie ci possono transitare un numero "n" notevole di veicoli ogni ora (diciamo, a titolo di esempio, 10.000); se, in un momento particolare, cercando i entrare sulla autostrada tutti insieme 100.000 veicoli questo provocherà inevitabilmente dei rallentamenti, degli ingorghi e, al minimo problema, il blocco della autostrada stessa; si può risolvere ? certo, costruendo una terza corsia, e, se non basta, una quarta... ma se qualcuno inventasse dei "veicoli" senza autista, destinati al trasporto di singoli pacchetti, e su quella autostrada cercassero, da un giorno all'altro, di entrare non centomila veicoli ma un miliardo di veicoli ? non sarà molto facile o pratico costruire una autostrada a 100 corsie... ammesso che risolva il problema.

Internet fin dalla sua nascita prevede un sistema di pagamento molto particolare: in pratica si paga (poco) il tempo di connessione, e non si spende niente altro per il "traffico" generato[35]; in particolare, ad esempio, non si paga un "francobollo" per ogni e-mail spedita.

Fin quasi da subito c'è stato chi ne ha approfittato: inviare migliaia di e-mail a scopo pubblicitario ha un costo irrisorio (un minimo di organizzazione delle "liste di indirizzi" e poco più) rispetto ad una distribuzione di volantini o invio di lettere tradizionali: questo metodo fu denominato SPAM (dal nome di una marca di carne in scatola) e oggi rappresenta un grosso problema: una parte rilevante del traffico che corre su internet è rappresentato proprio da SPAM, e ben lo sanno gli utenti, che spesso vedono la propria casella di posta piena di e-mail indesiderate; nonostante le varie legislazioni nazionali (come quella italiana, che in teoria vieta questa pratica) cerchino di contrastare il fenomeno, niente fa supporre che sia in declino; anche i vari operatori di telecomunicazioni o gestori di internet cercano di contrastarlo, ma con scarsa fortuna.

Lo SPAM è, molto spesso, utilizzato anche per scopi fraudolenti; ne riparleremo nel capitolo sul Malware, a proposito della diffusione dei virus e del fenomeno del Phishing.

Il Download di contenuti è un altro fenomeno che ha visto una crescita esponenziale: a causa della limitata velocità agli inizi su internet era possibile scaricare solo files di dimensioni limitate, diciamo dell'ordine di pochi Kb e Mb; dalle foto si è presto passati al download della musica (file in formato MP3 di dimensioni fino a qualche Mb) e il fenomeno è esploso; oggi è "normale" fare il download di interi film, con dimensioni da 700 Mb a 1,4 Gb per ogni file; in futuro è prevedibile che si arrivi al download di film in formato ad alta definizione (fino a 6 Gb per file); si è già arrivati, comunque, alla fruizione di servizi televisivi (che molti anni fa, specialmente negli USA, viaggiavano "via cavo" su reti specifiche) attraverso la normale rete internet: un altro carico che si va ad aggiungere a tutto il resto; oggi sono comuni servizi di videotelefonia (es. Skype) che stanno

---

[35] Non è così nei sistemi di connessione basati sulla telefonia cellulare, dove si paga a "traffico" (i GB consentiti mensilmente) e non "a tempo"; si tratta di un mercato in grande crescita, ma specifico e particolare.

rapidamente soppiantando la telefonia tradizionale: anche questo aggiunge ulteriore carico alla rete.

I gestori della rete di telecomunicazione sono costantemente all'inseguimento della domanda: si costruiscono sempre più reti, si trasformano da tecnologia basata sul rame a tecnologia in fibra per aumentarne la capacità e la velocità, ma al tempo stesso sempre più persone e aziende iniziano ad utilizzare internet e tutti i servizi offerti.

La questione non è banale: di fatto le reti di comunicazione sono diventate il sistema nervoso che permette il funzionamento di innumerevoli servizi, e hanno assunto sempre più un connotato strategico; il fatto che la rete sia, ad esempio in Italia, appannaggio di un operatore privato crea un problema di dimensione di investimenti (ovviamente il privato ha lo scopo di generare profitti, e questo lo si ottiene solo se gli investimenti e i costi non superano i ricavi) e, in particolare, la loro tempestività: un operatore privato difficilmente farà degli investimenti "a lungo termine" prevedendo la crescita futura del mercato ragionando in termini di cinque-dieci anni, mentre sarebbero necessari investimenti strategici di grande rilevanza economica e con ritorni misurabili in termini di decenni, e, in particolare, con ritorni in termini di crescita economica che non necessariamente andrebbero a costituire ricavi per gli operatori della rete (si pensi alla potenziale crescita di fatturato di una azienda: difficilmente l'operatore della rete potrà farsi pagare per questa crescita...).

WEB da 1.0 a 2.0

Molti pensano che il passaggio da WEB 1.0 a quello che definiamo WEB 2.0 sia, essenzialmente, un aspetto tecnologico: nuovi linguaggi, una maggiore interattività, nuovi colori, nuovi standard visuali, HTML5, PHP, CSS 3.0 e chi più ne ha più ne metta.

In realtà questo passaggio è molto ma molto di più, e non riguarda né gli ingegneri elettronici né gli informatici, troppo concentrati sugli aspetti di loro competenza per osservare cosa sta succedendo nel mondo.

Siamo, a mio avviso, ad un passaggio epocale, l'avvento di un nuovo mondo o, meglio, di un nuovo modo di concepire, produrre, condividere cultura.

Un passaggio simile, forse, è avvenuto qualche migliaio di anni A.C., quando l'uomo ha inventato la scrittura: è stato un fenomeno che ha permesso, all'umanità, di arrivare dove è arrivata.

Il fatto stesso di poter "fissare" dei testi ha creato i presupposti per i "codici", da Hammurabi in poi, di poter stratificare la conoscenza avvalendosi di quanto era stato già fatto nel passato, e, granello dopo granello, aumentare la montagna del sapere umano.

La stessa invenzione della stampa a caratteri mobili di Gutenberg non ha avuto una rilevanza simile; intendiamo, è stato un momento cruciale, dove la possibilità di riprodurre libri e testi con costi che li rendessero sempre più accessibili ha aumentato a dismisura le potenzialità del genere umano, ma si tratta, come spesso accade, di una semplice innovazione di tecnologia: dai papiri alle pergamene, dalle pergamene alla carta, alla stampa, alle rotative e via via fino alla stampa laser; in fin dei conti, nel modo di "produrre" conoscenza non è cambiato niente: è solo una questione di quantità e di costi.

Da sempre, su qualsiasi libro (o testo in genere) la prima cosa che si vede, sulla copertina, è il nome dell'autore.

Ogni scritto, ogni testo, ha sempre un referente che lo ha concepito, di cui possiamo sapere il livello di attendibilità, se si tratta di un buffone o di un serio studioso della materia; addirittura su questo fatto abbiamo costruito due aspetti eclatanti: il "diritto di autore" e il delitto di "plagio"; entrambi sono determinanti non solo per garantire a chi impiega il proprio tempo nel concepire scritti di averne una remunerazione, ma anche per poter identificare l'autore di ogni scritto, sia per condannarlo (ad esempio con una fatwa come è capitato a Salman Rushdie solo per aver scritto un romanzo secondo alcuni irriguardoso verso il Profeta) sia per poterne valutare i possibili retroscena: perché ha scritto quello che ha scritto, chi è, a quale corrente di pensiero, filosofia, politica, appartiene ? è una persona di peso, da ascoltare e leggere con attenzione oppure no ? cosa altro ha scritto, nel passato ? il suo pensiero è coerente e segue una linea logica, al limite evolutiva, oppure è una semplice banderuola che va dove tira il vento ?

Nel mondo abbiamo sempre avuto, inoltre, un rispetto notevole della "privacy": il fatto stesso di parlare dei fatti degli altri, noto come pettegolezzo, è un comportamento riprovevole (anche se poi se ne è quasi fatto un mercato, basta vedere i giornali di "gossip"); negli ultimi anni.

Tutto questo, con l'avvento del WEB 2.0, sta cambiando.

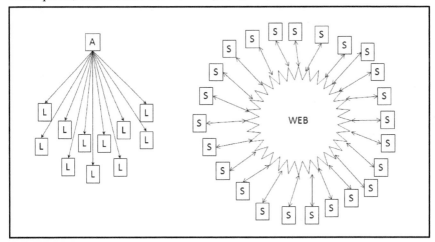

Stiamo passando da un modello "uno a molti" (un autore, almeno venti lettori di manzoniana memoria) ad un modello "molti a molti", dove tutti scrivono e tutti leggono; dove il concetto stesso di "autore" è sfumato, quasi insignificante; si sente dire "l'ho letto su internet", come se "internet" fosse un autore attendibile o addirittura il più attendibile in assoluto.

Una cosa del genere, nella storia dell'umanità, non c'è mai stata.

Fino ad oggi la produzione di cultura, di contenuti, è stata riservata ad una elite, una classe di persone specificatamente dedite a questo, persone che hanno lavorato duramente per prepararsi sui vari settori dello scibile umano e poi, solo poi, sono state ritenute in grado di poter scrivere testi e aggiungere ancora qualcosa al sapere dell'umanità[36].

Con l'arrivo del WEB 2.0, di cui Wikipedia e i Social Network sono l'esempio paradigmatico, questo modello è cambiato: per ora in modo ancora marginale, anche se l'impatto sociale è stato più rilevante di quanto si possa immaginare.

Abbiamo accesso ad una enciclopedia che ogni giorno diventa più grande, scritta in numerose lingue (addirittura alcune voci sono anche in napoletano e in veneto...), a cui

---

[36] Trascuriamo, proprio perché casi eccezionali, vari figure di personaggi fuori dagli schemi che comunque hanno rappresentato, nella storia dell'umanità, figure rilevantissime: quando i fratelli Wright, due sconosciuti meccanici di biciclette, costruirono il loro apparecchio volante fior di professori e di ingegneri si erano cimentati, senza successo, pur con molto maggiori finanziamenti.

sempre più persone, a cominciare dagli studenti delle scuole primarie e secondarie, si affidano.

Abbiamo come fonte informativa il "chiacchiericcio" che si diffonde nei social network come facebook, google+, o ancora riteniamo attendibili e valide le notizie che vengono lanciate su Twitter, con buona pace dei giornali e dei giornalisti che, anche loro, si stanno adeguando ad utilizzare questi nuovi mezzi di comunicazione senza forse rendersi ben conto che ciò li rende, più o meno, obsoleti (o forse alcuni se ne rendono conto ma possono farci poco o nulla...).

Tutto questo, unito alla sempre più onnipresente possibilità di accesso alla rete, come cambierà il modo di pensare, informarsi, di produrre conoscenza e contenuti ? difficile a dirsi, visto che, tutto sommato, siamo agli inizi di questa nuova era, ma, a mio avviso, è materia che riguarda i filosofi, i sociologi, gli psicologi, gli specialisti nella formazione, in una parola: gli umanisti; e ben poco gli ingegneri e gli informatici, che si sono limitati a togliere il coperchio di questo nuovo vaso di Pandora.

Social Network

Tutti ne parlano, tutti ci sono, i pochi esclusi (o auto-esclusi, più per snobismo che altro) si sentono tagliati fuori.

Poi, timidamente, entri nel gioco; osservi, vedi i tuoi "amici" (amici? ma chi li conosce, veramente? forse uno o due ogni trenta, il resto sono in realtà dei perfetti sconosciuti, al massimo si potrebbero definire "conoscenze casuali") che "postano"; spesso "condividono" roba scritta da altri, roba che ha fatto il giro del mondo e ritorno, battute, frasi di autori celebri, talvolta con attribuzioni talmente dubbie che pensi: "se davvero Tizio avesse scritto una fesseria del genere, non sarebbe diventato Tizio".

E osservi, curioso; cominci timidamente a mettere dei "mi piace" sulle cose che ti sembrano più intelligenti; osservi il fluire ininterrotto di materiale visivo e testuale che ti passa sopra la testa, che cerca di entrare nella tua mente ma che, dopo pochi secondi, passa oltre senza lasciare traccia, lasciando spazio per nuove immagini, nuove frasi.

Ti dicono che ci sono gruppi di persone che hanno i tuoi stessi interessi, le tue stesse passioni: scopri la funzione cerca, e ti metti a cercare "amici", "pagine", persone che per qualche motivo conosci, interessi anche sopiti che trovano nuova linfa nell'idea che ci siano altri che le condividono con te (sarebbe molto strano che non ci fossero, molte delle tue passioni sono spesso mode che, come tali, hanno interessato tantissime persone in un certo lasso di tempo, e che ti sono rimaste incollate addosso come un vestito comodo che non ti decidi a buttare proprio perché è comodo).

Osservi, nelle pagine, lo stesso fluire di frasi, di immagini, di foto spesso raccattate in giro nell'universo della rete, un universo che ogni giorno, ogni secondo, si espande ad una velocità a cui non potrai mai star dietro, e ogni immagine, ogni foto, rappresenta un granellino di sabbia in riva al mare.

Sotto ad ogni frase, ad ogni immagine, si sviluppano, lentamente, delle discussioni a distanza fatte da frasi che raramente superano le tre righe: mozziconi di pensieri, parole, solo puro testo spesso anche sgrammaticato o con una grammatica e una sintassi che farebbero tirare fuori la matita blu alla Maestrina dalla Penna Rossa.

Cerchi di capire il senso di quello che leggi, interpreti, completi i significati sia delle immagini (ma che avrà voluto dire ?) sia delle frasi, non ti ricordi delle lezioni di tecnica comunicativa dove hai imparato che ognuno "legge" nell'immagine quello che, di vissuto, si porta dietro da anni, da decenni, tanto profondamente sepolto che non ne sei più consapevole.

E ti illudi di essere capace di colmare quel novanta tre per cento di comunicazione mancante, ti illudi di capire, di interpretare correttamente, e, ad un certo punto, la voglia di partecipazione si fa troppo forte: senti di avere anche tu da dire qualcosa sull'argomento, e getti anche tu la tua frase, come un sasso scagliato sulla superficie di un laghetto, e aspetti di vedere quanti rimbalzi farà, quante onde...

Molti ti ignorano, seguono il loro flusso di pensieri, scrivono le loro interpretazioni e ignorano le tue, qualcuno, colpito dal sasso, rilancia con una frase, e si instaura una pseudo conversazione dove ognuno parla, o meglio scrive, alla cieca a distanza anche di ore; una conversazione povera, poverissima, interessante come una partita a scacchi giocata per corrispondenza, come si usava una volta, quando la posta era qualcosa fatta di carta e francobolli, quando per ricevere la risposta con la mossa dell'avversario potevano servire settimane.

Dopo un po' di tempo ti accorgi che le pagine relative ai tuoi interessi sono popolate da persone che sì, hanno i tuoi interessi, ma li interpretano in un modo tutto loro: ci sono quelli che partecipano a qualsiasi discussione, a qualsiasi ora del giorno e della notte (anche la notte, nonostante tu comunichi solo nella tua lingua madre, l'idioma della terra dove il "sì" suona", e l'estensione della fetta di terra che ti riguarda non supera il fuso orario, anche di notte c'è chi, insonne o "impegnato" in un lavoro notturno, partecipa); ci sono quelli che impongono il loro pensiero (o almeno tu interpreti così le loro frasi, secche, quasi comandi...) e quelli che esprimono pareri; ripensi a tanti anni fa, all'epoca eroica del pre-rete e del modem che cinguettava, quando le "bullettin board system" erano di puro testo e si creava tutto uno pseudo linguaggio fatto di sigle e strane sequenze di caratteri, da un lato per rendere più veloce la scrittura e dall'altro per arricchirla di significati nascosti, cercando disperatamente di colmare quel maledetto novanta tre per cento mancante.

Netiquette, il galateo della rete, imponeva di esprimere il proprio parere sempre preceduto dalla sigla IMHO (in My Humble Opinion, a mio modesto parere) che, comunque, poteva assumere anche un significato ironico del tipo "guarda, te lo dico, non vorrei apparire arrogante ma le cose stanno così, lo so perché sono talmente esperto che mi stupisco io stesso di stare a perdere tempo con un ignorante come te...".

(::O::) chi potrebbe capire, se non un "iniziato", che quella strana sequenza di caratteri simboleggia un cerotto, uno di quelli che si mettono sulle sbucciature delle ginocchia dei bambini, e che il suo significato è "sono disponibile a darti un aiuto, se ne hai bisogno" ?

Nel flusso ininterrotto del social network non c'è tempo per queste finezze, non esiste una conoscenza della netiquette: orde di barbari che non parlano latino sono ai confini, li hanno attraversati, hanno invaso l'impero e fatto macerie delle sue bellezze, e gozzovigliano in una orgia indistinta di frasi e immagini.

Il flusso respira, rallenta in certi momenti e si fa travolgente in altri: presumibile che in certe ore l'orda sia in altre faccende affaccendata, che la sua attenzione sia richiesta in banali attività come guadagnarsi il pane quotidiano, nutrirsi, dormire, fare l'amore.

La sera, invece di leggere un libro (buono o cattivo che sia, lo saprai solo dopo averlo letto e digerito) ti ritrovi a seguire il flusso, a cercare di tenere le trame di discorsi lenti e frammentati; il sistema ti aiuta, come uno spacciatore aiuterebbe un drogato alle prime armi, e ti fornisce aggiornamenti costanti delle isole a cui ti sei aggrappato, dei discorsi dove hai gettato un amo e degli ami che seguono, dei discorsi che forse rappresentano una risposta alle tue provocazioni o forse no.

E il tempo passa, e ti accorgi che l'ora giusta per addormentarsi è già passata, e da un bel po' di tempo, e ti domandi come sia possibile che nel medesimo fuso orario ci sia ancora così tanta gente ad alimentare il flusso: possibile che siano in così pochi a dormire?

Passano i giorni, e lentamente ti accorgi che il flusso in realtà sembra la risacca in riva al mare: ogni tanto vengono riproposte le medesime immagini spiritose o "profonde", vengono riproposte le medesime notizie, ormai più storia che cronaca, e, come la risacca, vedi che tanta parte è pura e semplice immondizia, sottoprodotti di una civiltà che non può fare a meno di creare scarti.

All'inizio ti stupisci che ci sia qualcuno disposto a credere a simili immondizie cerebrali, e intervieni per segnalare che di immondizia si tratta; porti argomenti, dati di fatto, valutazioni di chi se ne intende, resoconti fin anche troppo dettagliati per illustrare che l'immondizia è immondizia.

Poi, lentamente, ti rendi conto che è vano: l'immondizia portata dalla risacca rimane lì, c'è sempre qualcuno disposto a raccoglierla, soppesarla, rilanciarla lontano in mezzo alle onde dove la risacca, piano piano, la riporterà a riva, pronta per essere presa da un novello pescatore, che "abboccherà" al posto del pesce, e la rilancerà ancora in un gioco apparentemente infinito.

Il flusso continua, inesorabile, indistinguibile, spesso vedi immagini e non fai caso a chi le ha inserite; scalfiscono appena la superficie del tuo interesse, ti strappano un sorriso o una rapida riflessione, subito dimenticata; niente rimane in modo permanente, niente aggiunge qualcosa al tuo sapere, alla tua esperienza; poche, forse una su mille, ritieni che siano degne di essere riproposte, e le salvi per un uso futuro che forse non verrà mai.

Ti accorgi che, sempre più, ti coglie un ansia di partecipazione: devi esserci, non puoi perdere il contatto, non puoi rischiare di perdere la battuta, devi dire la tua anche quando non hai molto da dire, e scrivi, e ti arrabbi se qualcuno non capisce le tue parole o le travisa, o se le sue risposte non collimano con quanto ti aspettavi; non te ne accorgi, ma la tua assuefazione sta aumentando, hai bisogno di una dose di pseudo-comunicazione sempre più forte, e senza quasi rendertene conto ti distacchi ogni giorno un po' di più dalla realtà, dalle persone in carne ed ossa che ti circondano, dai tuoi stessi pensieri; ogni tanto, in uno sprazzo di lucidità, ti ricordi che in treno passavi quella mezz'ora che ti separava dalla meta osservando le altre persone, il vestito un po' osé di quella ragazza, l'atteggiamento di quello studente che ripassa la lezione prima del compito, quell'altro che dorme russando, al rientro a casa dopo una giornata presumibilmente ben faticosa.

Oggi ti osservi, per qualche secondo, mentre a capo chino scorri le righe su uno schermo così piccolo che rappresenta, ormai, la tua finestra sul mondo; pochi secondi, poi sei di nuovo immerso in quel flusso che ti connette con una realtà talmente virtuale da aver ben poco di reale.

In quei pochi secondi vedi tanti altri che fanno come te, stanno a testa bassa ognuno sul proprio piccolo schermo, ognuno immerso nel proprio personalissimo flusso di pseudoinformazione, di pseudo-comunicazione, e ripensi a quanto aveva ragione un visionario come Orwell, che per decenni hai snobbato considerandolo noioso.

Quasi non senti quando ti chiamano, quando la persona che ti è più cara ti rivolge la parola, tanto è forte quella dipendenza che ti tiene incollato al piccolo schermo e ti fa rispondere "un attimo" con un tono tra l'impaziente e il risentito.

Finalmente accade qualcosa; un problema reale, una difficoltà, qualcosa che ti strappa dalla tua pseudo-realtà e ti costringe, volente o nolente, a stare in uno di quei sempre più rari posti dove il "digital divide" non è una scelta, non è una questione di sapere o non sapere, ma una banale questione di onde elettromagnetiche: il segnale non arriva, sei isolato dal mondo, sei costretto a stare nel mondo reale.

E' dura; astinenza; un qualcosa che gli operatori socio-sanitari conoscono bene, ma associata a ben altre sostanze, sostanze che hanno una loro orrenda concretezza, polveri come zucchero, che non hanno niente di dolce dentro di sé, oppure spade che non hanno niente della nobiltà d'animo e del coraggio degli antichi cavalieri, ma piuttosto rappresentano una facile via di fuga da una realtà che, complice l'illusione del mondo, è troppo dura da accettare.

Ti ritrovi a vagare per un campo cercando campo, tentando disperatamente di riallacciare un filo con quel mondo virtuale dal quale sei stato brutalmente strappato, dal quale quell'ultima curva e quella collinetta ti tengono forzatamente lontano.

Lentamente la realtà che ti circonda ti riconquista; il fare, l'esigenza di essere presente, di partecipare, anche solo l'odore del cibo diventa un gancio che ti trattiene nel presente.

Ti manca qualcosa per "passare il tempo", e ti ri-accorgi che leggere un libro è un ottimo metodo di evasione: poche righe e sei catapultato in una realtà diversa, in un tempo diverso, a seguire la vita di personaggi inventati che ne hanno una talmente reale da farti chiedere se si tratta di finzione o di cronaca.

Il ritmo della realtà ti riprende: colazione, pranzo, cena, ora di dormire, fare quello che c'è da fare, con voglia o controvoglia, solo perché è da fare; trovi il tempo di parlare con chi ti sta intorno, raccontare, ricordare, passare informazioni ed esperienze, con una facilità dovuta al fatto che quel maledetto novanta tre per cento si assottiglia tantissimo, fin quasi a ridursi a zero; con una facilità dovuta al fatto che le persone che ti stanno intorno ti conoscono, ti conoscono talmente bene che forse ti conoscono, per alcuni aspetti, meglio di quanto tu possa conoscerti da solo.

Il filo strappato ti sembra sempre più lontano, le conversazioni sempre più stupide ed inutili, frasi sconnesse scambiate con persone che non sai neanche come si chiamano realmente, nascoste dietro pseudonimi che rappresentano l'ultima reincarnazione delle maschere del teatro greco; personaggi in cerca d'autore, esistenze forse scialbe che mascherano, dietro immagini non proprie, e cercano di rappresentare una realtà più desiderata che reale.

Tempo perso; tempo che nessuno ti ridarà mai indietro, tempo sottratto da quel mucchio di granellini di sabbia che scorre inesorabile attraverso il forellino della tua vita, della tua vita reale, e della cui lunghezza nessuno sa dire nulla.

Poi pensi che dovrai, prima o poi, tornare in quel mondo dove le onde elettromagnetiche sempre più impazzano, e ti chiedi se sarai capace di resistere alle sirene degli spacciatori, se sarai capace di rimanere ancorato alla tua realtà, brutta o bella che sia, e a non rifugiarti in un mondo virtuale che può essere altrettanto bello o brutto.

Social Network – problemi aperti

Quello precedente era il racconto, a caldo, di una esperienza diretta e personale su Facebook; esperienza limitata e probabilmente con una visione da "digital immigrant" (o, meglio, da "social immigrant"); emergono, però, una serie di aspetti che è bene sottolineare e sui cui bisogna riflettere.

I social network non sono tutto, su internet

Per molti "digital native" la frequentazione dei social network assume un rilevo enorme, rispetto alla loro esperienza su internet e sul web. Il recinto dei social network rischia di

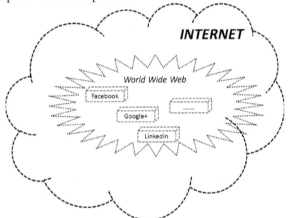

diventare totalizzante, e di ritenere che sia la parte predominante di quello che si fa, dice, scopre su internet.

Le notizie si cercano nei social, le pagine delle aziende su Facebook ormai integrano o addirittura sostituiscono quelle sul WEB, la frequentazione dei Social diventa un elemento di identità e di presenza: se non sei sui social, non sei nessuno.

I social network si moltiplicano (Facebook è stato il primo, e attualmente detiene una salda prima posizione per numero di iscritti) e si combattono offrendo sempre più servizi, apparentemente gratuiti.

Come abbiamo detto in genere, su internet niente può realmente essere gratuito; le infrastrutture costano, i software costano, le connessioni costano, il personale per gestire tutto il sistema costa; in qualche modo le aziende (e Facebook, in primis, è una azienda quotata in borsa, con il preciso obbiettivo di fare profitti) devono coprire questi costi e fare degli utili; cosa vendono ? semplice, noi.

Social Network – attendibilità

Un iscritto a Facebook non si può definire "utente" o "cliente", visto che non paga; neanche un fornitore, visto che non viene pagato; non è un dipendente, perché Facebook non gli paga un compenso, non è un azionista (a meno che, indipendentemente dal fatto di essere iscritto abbia comprato delle azioni in borsa); e allora ? cosa è ? in una azienda le possibili categorie sono già esaurite, e l'unica che rimane è: il prodotto.

NOI (o meglio, i nostri dati) siamo il prodotto che Facebook vende ai suoi veri clienti, ossia quelle aziende che hanno tutto l'interesse a capire i nostri desideri, i nostri gusti, le nostre opinioni; in pratica quello che un tempo (e ancora, in realtà) si cerca di fare con i sondaggi che, però, hanno un grave problema: costano, e molto, soprattutto se si vogliono dei risultati di qualità; è necessario un enorme lavoro per gestire un sondaggio di opinione, e ben difficilmente questo investimento può essere sostenuto da singole aziende, se pur di dimensioni enormi; è ovvio che una azienda multinazionale, ad esempio la Nike, ha fondi a volontà per questo scopo (investimenti in marketing) ma altrettanto ovviamente ha bisogno di dati a livello planetario, e quindi il costo per un reale lavoro di sondaggio lievita enormemente con problemi organizzativi e gestionali che lo fanno diventare di fatto impossibile (le aziende, tra l'altro, hanno bisogno di dati in tempi ristrettissimi, e un sondaggio di opinione a livello planetario può richiedere anni per il suo completamento).

Facebook offre l'accesso a questi dati con estrema facilità: tutti i like, i commenti (ed è possibile una analisi testuale per valutare il gradimento o meno di un contenuto), i profili degli utenti (suddivisibili per età, zona geografica, livello di studi, genere, posizione lavorativa ecc.ecc.) sono una enorme miniera di informazioni che facebook ha messo insieme con costi, tutto sommato, molto ragionevoli[37]; questi dati e queste informazioni sono il prodotto che le aziende si vedono offrire a costi decisamente interessanti, rispetto al loro valore.

Rimane un dubbio; se è vero che i social network sono frequentati solo da una certa fascia di popolazione (pensiamo al digital divide), e che spesso le opinioni sono falsate dallo stesso contenuto, e, ancora, che spesso le opinioni sono limitate ai contenuti che mi sono proposti dalla mia "rete sociale" (e comunque filtrati da Facebook) e radicalizzate (vedi più avanti) quanto sono attendibili, questi sondaggi ?

E' vero che si lavora sui "grandi numeri" (vedi capitolo sui Big-data) ma qualche dubbio sulla loro validità rimane; è pur possibile che le risposte fornite da Facebook alle aziende non siano indicative di reali tendenze, o, meglio, che siano ampiamente manipolabili per fornire le risposte che si vogliono, e non la realtà.

---

[37] Non sono disponibili dati relativi ai costi di Facebook per l'infrastruttura, ma non servono computer mostruosi per gestire il software di un social; ne servono molti…

Social Network – radicalizzazione

Nei social siamo noi a scegliere i nostri contatti (è ben duro chiamarli "amici"), i gruppi a cui iscriversi, le persone da "scartare" ecc.ecc.

Questo sembra molto democratico, e lo è, in parte; però questo esclude, per la stragrande maggioranza delle persone, il confronto con idee diverse dalle nostre, e con contenuti che non condividiamo; tendiamo a rimanere chiusi nel nostro circuito, a vedere solo quello che ci piace, a non valutare alternative e punti di vista diversi dal nostro.

Le persone, nascoste dietro uno schermo, tendono ad essere molto più "estremiste" di quanto non siano in realtà, a prendere e difendere posizioni estremiste che, se dovessero difendere in un confronto aperto e articolato loro stessi non difenderebbero.

E' un potenziale problema, perché la società democratica ha bisogno di confronto, di discussione, di valutazione dei vari punti di vista, di tesi e antitesi, di sintesi; non ha bisogno di gente che si arrocca su posizioni predeterminate e non accetta il confronto, o addirittura l'idea stessa che possano esistere opinioni e idee diverse.

Social network – privacy

La privacy, per le nuove generazioni, sembra un "non problema"; probabilmente perché l'esperienza personale e diretta di questo aspetto è limitata, e le possibili conseguenze ancora ignote.

I nostri dati non sono più nostri, al momento in cui li pubblichiamo su un social network; tramite vari livelli di accesso (dalla nostra cerchia di contatti) possono essere condivisi, diffusi, scaricati, trasmessi a terzi, del tutto al di fuori del nostro controllo.

La nostra immagine personale che appare da un social network potrebbe non essere del tutto aderente alla realtà; io, ad esempio, sono un appassionato di armi (il termine tecnico è "oplologo"), appassionato di Arti Marziali (anche per dirette esperienze), appassionato di Storia (in particolare dei due conflitti mondiali del '900); eppure mi definisco un pacifista, sono una persona molto tollerante, non sono affatto favorevole ad una diffusione incontrollata delle armi (stile "secondo emendamento" degli USA) e non sono un militarista.

Mobile connection

L'ultima (per ora) frontiera: la mobile connection sta diventando, rapidamente, un nuovo riferimento per moltissimi, in particolare tra i giovani (sempre più attenti alle novità tecnologiche) ma non solo.

Fino a pochi anni fa l'accesso alla rete e ai suoi servizi necessitava in ogni caso di una "postazione" di lavoro più o meno fissa, di un "accesso alla rete" rappresentato da un apparecchio (prima il "modem", poi oggetti tecnologicamente più sofisticati per l'accesso ADSL e simili) connesso alla rete telefonica, in casa o in ufficio.

Sono apparsi poi dei sistemi per connettere un portatile alla rete telefonica anche non fissa, sfruttando la sempre più diffusa rete cellulare, con delle "chiavette" per effettuare, in pratica, una telefonata per connettersi ad internet.

Più di recente i telefoni cellulari, che fino alla fine del '900 servivano solo per telefonare (e per scambiarsi brevi messaggi di testo, gli SMS) si sono rapidamente evoluti diventando, a tutti gli effetti, dei potenti computer con processori, memoria, memoria di massa equiparabili a macchine ben più grandi; soprattutto lo schermo "touch screen", nuovo strumento di interazione che sostituisce la tastiera e il mouse tradizionali, ha permesso di creare un nuovo strumento e di permettere una connessione alla rete praticamente da qualsiasi posto, in qualsiasi momento o condizione, indipendentemente dalla disponibilità della "rete fissa" e di una sorgente di energia elettrica.

Quello che prima era possibile solo a casa o in ufficio diventa facile e semplice anche in treno, in autobus, in auto, passeggiando per strada, al ristorante... leggere delle notizie, consultare una mappa, guardare un film, cercare informazioni sulla rete, consultare enciclopedie... tutto sempre disponibile[38].

Come ha cambiato questo il nostro modo di essere e di agire ? ad esempio non ha più molto senso portarsi dietro dei libri da leggere, così come comprare un giornale sarà sempre più "fuori moda"; sono rapidamente diventati obsoleti degli apparecchi come i "navigatori", ormai integrati (grazie a "google maps" o servizi simili) in qualsiasi smartphone; anche sistemi di messaggistica come gli SMS sono stati rapidamente soppiantati da sistemi più evoluti come whatsapp e simili,

In treno o in autobus è normale vedere le persone a capo chino concentrati sugli schermi dei loro smartphone che interagiscono molto meno con le altre persone fisicamente

---

[38] Ancora in realtà con qualche limitazione: la rete non è proprio sempre disponibile dovunque, sui treni spesso la connessione è scadente, la batteria dello smatphone si può esaurire in fretta ecc.ecc. ma si tratta di limitazioni che probabilmente in pochi anni scompariranno.

presenti nello stesso luogo, ma che magari stanno interagendo, a voce, in video o tramite messaggi scritti con qualcuno che fisicamente è anche a migliaia di chilometri di distanza.

Possiamo, in effetti, parlare di un maggiore isolamento delle persone rispetto all'ambiente circostante oppure dobbiamo cogliere la molto maggiore interconnessione con le persone che ci interessano, amici o parenti, anche fisicamente non presenti ?

Quanto può cambiare, nella natura delle relazioni avere sempre a disposizione strumenti che ci possono mettere in connessione (sincrona o asincrona, come telefonate o messaggi)? Quanto può cambiare nel concetto di "conoscenza" avere a disposizione strumenti che possono rapidamente soddisfare una qualsiasi nostra curiosità praticamente in tempo reale ?

Un sacerdote egizio tuonava contro la scrittura, migliaia di anni A.C., prevedendo un crollo delle capacità del cervello umano che non doveva più sforzarsi di allenare la memoria per ricordare tutto il sapere, tramandato in modo orale, demandando alla scrittura tale compito; in futuro forse l'esigenza di "studiare" potrebbe essere molto ridimensionata in favore della capacità di "trovare" di volta in volta i concetti e le informazioni che ci servono; perché ricordare una formula chimica o una equazione o una data di un evento storico se con pochi click la posso reperire in qualsiasi momento ? ovviamente questa può essere (o apparire) una provocazione, ma sicuramente ci sarà da ripensare in modo significativo tutto il modello di apprendimento, rendendolo coerente con questa nuova disponibilità di accesso; sicuramente dovremo ridefinire il concetto stesso di "analfabetismo" considerando invece una sorta di "anaccessismo", o incapacità di accedere al sapere rappresentato e reperibile sulla rete.

E' anche da considerare quanto rapidamente questo stia avvenendo: l'avvento della scrittura ha richiesto migliaia di anni prima di essere un fenomeno generalizzato, e fino ad un secolo fa la capacità di leggere e scrivere era tutt'altro che scontata, per la stragrande parte della popolazione (appunto "analfabeta" per la maggioranza); l'avvento della rete, e soprattutto la sua accessibilità è storia di pochi anni, e già è diventato un fenomeno di massa, mentre generazioni di persone di pochi decenni più anziane sono parzialmente tagliate fuori o sono molto meno abituate a questi strumenti e modalità.

Anche questo è tema di riflessione per quelle categorie di persone che si occupano dell'uomo, come i sociologi, gli psicologi, i filosofi, in una parola gli umanisti.

App e dintorni

Per quasi tutto quello che ti possa venire in mente, qualcuno probabilmente ha già predisposto una "app": l'equivalente (o quasi) di un "programma" di computer, destinato all'uso su un dispositivo mobile (ma anche, ormai, sui computer dotati delle ultime versioni di Windows, come la 10).

Giochi, notiziari, strumenti di misura, messaggistica, orari dei treni o degli autobus, mappe, lista della spesa, blocco note, telecomando del televisore, lettore di ebook, calcolatrice, sveglia, macchina fotografica, meteo, almanacco, convertitore di misure, luce portatile, livella, fonometro, lettore mp3, gestione testi, fogli di calcolo, presentazioni, dizionario plurilingue, enciclopedia.... e l'elenco, forzatamente parziale, potrebbe continuare per diverse pagine.

Il tutto in un unico apparecchio.

Limiti ? pochi, soprattutto uno: ogni app è praticamente isolata, e difficilmente quello che si fa con una si può "scambiare" con le altre, ma probabilmente è una situazione temporanea e in poco tempo impareranno anche a "colloquiare" tra di loro per utilizzi sempre più complessi e imprevedibili.

Ancora spesso si tratta di funzionalità relativamente limitate (una buona macchina fotografica ancora è decisamente necessaria se dobbiamo usarla per motivi professionali, così come il fonometro non ha certo le prestazioni di un apparecchio specifico), ma la tecnologia ci ha abituati a balzi da gigante in pochi anni e quindi è ben possibile che molte delle apparecchiature specializzate che oggi consideriamo indispensabili in vari settori siano rese obsolete e inutili, con buona pace dei relativi produttori; qualche esempio:

- Fonometri
- Rilevatori di temperatura
- Macchine fotografiche/cineprese
- Termometri
- Sismografi
- Accelerometri
- Lettori di Bar Code
- Lettori di impronte digitali
- Lettori di impronte oculari/retina
- Torcia elettrica
- Rilevatori GPS (☞ **Global Positioning System**)

Google

Di come funziona Google abbiamo già detto parlando delle "ricerche su internet"; ma Google (o, meglio Alphabet, come si chiama adesso la "casa madre") è un fenomeno mondiale che merita qualche riflessione in più.

Google, per funzionare, richiede una quantità impressionante di risorse: computer, supporti, connessioni alla rete, persone; sono migliaia le persone che lavorano per Google, e Google risulta essere una delle principali aziende del mondo: una grande multinazionale che fino a pochi anni fa non esisteva neanche.

Dato che nessuno di noi paga per "fare delle ricerche" su Google, e neanche per usare uno dei numerosi servizi che Google mette a disposizione (come Mail, Drive, Google App e simili) la domanda, facile, è: come fa Google a sostenere tutti i costi e a essere n impresa del valore di molti milioni di dollari ?

Semplicemente Google ha spostato, sul WEB, uno dei metodi che hanno permesso la nascita e l'esistenza delle televisioni private: la parola chiave è "pubblicità".

Google è una impresa che vende pubblicità alle imprese, che pagano per vari motivi; il più visibile sono i "Link sponsorizzati" che appaiono per primi nelle ricerche (o nella colonna a destra, sempre nella prima pagina); dato che la maggior parte delle persone, quando cerca con Google, difficilmente si avventura a scorrere oltre la prima-seconda pagina dei risultati, le imprese pagano per apparire nelle prime posizioni quando una ricerca (effettuata con specifiche parole) potrebbe essere riferita ad un prodotto o servizio da loro offerto; anche Google Maps prevede la possibilità per le imprese (ristoranti, hotel, officine, negozi) di essere "visibili" sulla mappa in modo da attirare l'attenzione di chi sta osservando un particolare territorio, magari perché ci si deve recare in viaggio.

La stessa Mail di Google prevede che appaiano (in modo molto poco invasivo, in effetti) delle pubblicità che, tra l'altro, sono "mirate"; questo è un aspetto molto importante, per chi vende pubblicità, e anche questo è già un modello in uso nella televisione o nella stampa.

Perfettamente inutile mettere la pubblicità di un profumo su "Topolino" o di un giocattolo su "Epoca"; i "target", ossia chi legge tali periodici, sono ben definiti; una impresa che vende giocattoli preferirà di gran lunga fare una inserzione su "Topolino" piuttosto che su "Epoca", dato che si rivolge in primis a dei ragazzi; così come la pubblicità di abbigliamento per teenager, zaini, giochi sarà veicolata dalle televisioni negli orari o sui canali con un pubblico giovanile, mentre la pubblicità di auto, profumi, liquori sarà su canali e in orari dove il pubblico è prevalentemente adulto.

Così Google prevede di "analizzare" (in automatico, ovviamente) i nostri dati (dati anagrafici come età, sesso, localizzazione geografica, posizione lavorativa, contenuto delle eMail, ricerche effettuate su Google) e indirizzarci pubblicità mirata (qualche volta un po' a sproposito) per poter vendere, ai suoi inserzionisti, il fatto di fare una campagna pubblicitaria che vada a interessare persone quanto più possibile corrispondenti al target desiderato.

I ricavi sono di gran lunga superiori ai costi (una volta messo in moto il meccanismo) e Google ha potuto, nel tempo, creare strumenti e applicazioni un tempo impensabili (come Google Earth) e renderle fruibili gratuitamente semplicemente usandole come veicolo per la pubblicità (esistono specifiche funzioni avanzate, offerte alle aziende con un costo relativamente basso, ma non sono l'obiettivo primario di Google; diciamo che son un guadagno collaterale interessante).

Così Google ha potuto creare un servizio come Google Docs: una suite di prodotti per l'automazione d'ufficio (i classici Editore di testi, Presentazioni, Fogli di calcolo) con funzionalità in effetti un po' più limitate di un software specifico ma più che sufficienti per la stragrande maggioranza delle esigenze, con in più la comodità di archiviare tutti i file prodotti in uno spazio "sul WEB" (il cosiddetto Cloud) disponibile, fino a certe dimensioni, gratuitamente, e con un costo di abbonamento mensile limitato per dimensioni molto maggiori (intorno a 10 euro al mese per avere 100 Gb di spazio).

Google, dal primitivo motore di ricerca che ha costituito la sua base di partenza, ha ampliato a dismisura i suoi ambiti di intervento; ricordiamo solo i principali:

- Google Chrome, un "browser" per la navigazione su internet
- Google Mail, sistema di posta elettronica
- Google Apps, applicazioni per l'automazione d'ufficio
- Google Drive, spazio in cloud per l'archiviazione di foto e documenti
- Google+, social network che ha tentato di scalfire la concorrenza di Facebook
- Google Earth e Google Maps, sistemi per la visualizzazione di mappe e aerofotografie
- Google Translate, sistema di traduzione automatico da una lingua ad un'altra

Ovviamente ci sono i vari servizi e strumenti per chi vuole fare pubblicità ai propri prodotti (ADWords) così come per chi vuole guadagnare qualcosa inserendo la pubblicità (venduta da Google) sul proprio sito (ADSense).

Uno degli aspetti interessanti (e che deve essere ben valutato) di Google e del suo modello di business è che si basa su importi molto piccoli (unitariamente) ma su numeri decisamente grandi di quantità; un po' quello che avviene con le App per il cellulare: costano decisamente poco (pochi euro nella maggioranza dei casi) ma vengono vendute (quelle veramente ben fatte e utili) in decine di migliaia di copie; in pratica si lavora sulla quantità abbassando drasticamente i costi, visto anche che il "costo unitario" per riprodurre (distribuire) una App è pari praticamente a zero...

Google, nel tempo, sta allargandosi anche a dispositivi "fisici", come i "google glass" (occhiali con incorporata una microtelecamera e un visore osservabile dall'occhio in un angolo in alto a destra) o la "Google Car", auto dotata di un sistema di guida automatica (senza pilota).

Tutto molto bello, ma con qualche insidia, da tener presente:

1. Il fatto che il criterio con cui i vari "link" vengono messi in ordine nelle ricerche non sia pubblico (anzi, è uno dei segreti industriali meglio custoditi) permette, a chi ne ha le chiavi, di far nascondere un link e di favorirne altri con criteri arbitrari e "pilotabili"

2. Il fatto che Google sia, in pratica, un monopolista dei motori di ricerca la mette in una posizione di potenziale abuso e di freno a innovazione e ricerca su nuove metodologie (es. il WEB semantico) che non godono certo delle risorse di cui dispone Google

3. Il fatto che ci stiamo sempre più abituando a questi servizi, senza reali alternative, con il rischio che un domani, se dovessero per qualsiasi motivo venire a mancare (o ad esserci richiesto un corrispettivo, per quanto minimo) avremmo delle obiettive difficoltà per farne a meno

Insomma, Google è nelle condizioni di diventare una impresa globale con tali e tante ramificazioni da diventare, di fatto, monopolista o quasi in qualsiasi ramo si voglia dedicare; recentemente si è ristrutturata creando una società "capofila" denominata Alphabet che ha, sotto di se, tutte le varie divisioni di Google, in modo da riorganizzare al meglio le attività e renderle una indipendente dall'altra, sempre però con la possibilità di spostare investimenti e risorse dove si ritenga possano essere più utili e proficue.

Privacy su internet e il diritto all'oblio

Partiamo da un presupposto di base: internet nasce "aperta" e senza troppi controlli, dato che era destinata, in origine, solo a degli accademici e ai militari, quindi gente che, si presuppone, non ha molta voglia di scherzare o di perdere tempo.

Proprio per questo il concetto di "Privacy" non era tenuto in eccessiva considerazione, anzi, la condivisione (e sapere chi aveva condiviso cosa) era uno dei presupposti di base; da lì in poi la situazione è, se possibile, solo peggiorata.

Internet, e soprattutto il WEB, ha raggiunto delle dimensioni impressionanti, e non esiste un sistema automatico per la sua "pulizia"; tutto quello che viene pubblicato sul WEB vi rimane a tempo indeterminato; anche se l'autore di un sito ne rimuove il contenuto esistono dei sistemi (es. WEB Archive) che ne conservano una copia, e quanto vi è stato scritto o "caricato" (come un documento o una foto) potrebbe essere stato "scaricato" da un numero imprecisato di persone, che ne possono conservare una copia e condividerla a loro volta.

I Social Network, Facebook in primis, hanno se possibile, aggiunto un aspetto non trascurabile alla questione: dato che il business di questi soggetti è basato proprio sui contenuti (più contenuti, più possibilità di "profilare" i soggetti e "venderli" agli acquirenti di dati e di pubblicità) si fa di tutto per non perderli; cancellare il proprio profilo e i propri dati da un Social Network è una impresa non banale, che richiede vari passaggi piuttosto complicati, proprio perché queste società hanno tutto l'interesse a non perderli.

Vale un principio di base: tutto quello che viene messo su internet (foto, filmati, documenti, commenti) è "per sempre"; fatti increciosi come il classico fidanzato lasciato che pubblica su internet foto o filmati compromettenti creano un danno enorme, perché quelle foto e quei filmati potrebbero essere "riesumati" e riapparire anche a distanza di molti anni; in questo caso i giudici che condannano l'imputato alla "rimozione del materiale" da internet, in pratica chiedono di vuotare il mare con un secchiello, per di più forato.

In pratica con il WEB è iniziato un processo (che ha subito una forte accelerazione coni Social Network) con cui il "diritto all'oblio" sta progressivamente sgretolandosi, fino, probabilmente, a scomparire del tutto.

Cosa si intende, con "diritto all'oblio" ? semplicemente il fatto di poter "dimenticare" (da un punto di vista sociale, non personale) tutte le cose potenzialmente "sbagliate" che si sono fatte negli anni; tutti siamo stati giovani, e tutti abbiamo fatto le cose che in gioventù è ragionevolmente normale fare: sbronze, feste all'alba, gare in motocicletta o in auto, insomma: tutto il campionario della "gioventù bruciata" raccontato in molti film; poi, col passare degli anni, quella medesima gioventù, ovviamente se è sopravvissuta, cambia;

cresce; mette su famiglia, si costruisce una carriera, fa dei figli; raggiunge magari posizioni rilevanti, nella società: direttore di banca, magistrato, professore... e, ovviamente, tutto quello che ha fatto in gioventù è ben nascosto nei ricordi e talvolta neanche in quelli.

Si tratta di un fatto naturale, che è avvenuto da quando esiste la civiltà; i giovani hanno sempre fatto cose che gli "adulti" hanno reputato sciocche e pericolose, dimenticandosi di aver fatto altrettanto solo pochi anni o decenni prima; i genitori cercano di impedire ai figli di fare le cose che molto probabilmente hanno fatto loro stessi, ma che, a distanza di anni, giudicano errate; è un fenomeno naturale, e in una certa misura necessario; il rapporto genitori-figli si basa anche su una "autorità" genitoriale che serve per mitigare, controllare e incanalare le energie giovanili, cercando di limitare gli eccessi, spesso senza grande successo.

Da quando esiste il WEB e i Social Network questo sta, piano piano, scomparendo; tutto quello che i giovani oggi combinano lo condividono sul WEB: foto di feste in atteggiamenti diciamo un po' trascurati, imprese pazze o pericolose, talvolta veri e propri reati; come faranno, questi medesimi giovani, una volta che saranno diventati adulti e a loro volta genitori a svolgere il loro ruolo? molto probabilmente dovranno inventarsi un nuovo modo oppure semplicemente rinunciare al ruolo genitoriale; come questo potrà cambiare la società? difficile a dirsi, usando le parole di una famosa canzone "lo scopriremo solo vivendo".

Un suggerimento di semplice buon senso, rivolto ai giovani, è "non pubblicare, condividere, inviare niente a nessuno se non pensi di poterlo fare anche con tua nonna"; se pensi che qualcosa incontrerebbe la disapprovazione di tua nonna, molto probabilmente non è una buona idea condividerlo con altri.

Anche il semplice utilizzo di un social network come Facebook richiederebbe un certo grado di attenzione, in particolare per due aspetti:

1. Quale uso può fare Facebook (che è una azienda, deve fare fatturato, e mi fornisce un bel servizio del tutto gratuitamente) del materiale che io pubblico sul social network? magari, leggendo attentamente le "condizioni d'uso" che ho sottoscritto, scopro che Facebook si prende tutti i diritti sul MIO materiale, incluso il fatto di distribuirlo, diffonderlo, venderlo, insomma, farci un po' quello che gli pare (o gli conviene)

2. CHI può vedere quello che io pubblico? e se una persona dei miei cosiddetti "amici" decide di condividerlo a sua volta, quanto diventa grande il gruppo che vede quel materiale? chi raggiunge? magari persone che NON è bene che vedano come la penso, o cosa faccio nel mio privato.

Fra l'altro ormai sta diventando consuetudine, per le aziende (in particolare negli Stati Uniti, ma presto questo costume, o mal costume, si diffonderà anche dalle nostre parti) chiedere l'amicizia ai candidati ad una assunzione, per poterne esaminare il profilo e vedere, al di là del Curriculum Vitae, con chi ha a che fare; quello che troveranno sul nostro profilo, rispecchia realmente la nostra personalità ? ci sono dei contenuti che potrebbero essere travisati o avere un significato ambiguo, che potenzialmente mi mette in cattiva luce ? sono aspetti su cui è bene pensare, molto prima di trovarsi in una situazione da cui è difficile tornare indietro.

Posta elettronica

Uno dei primi servizi nati su internet, e sicuramente uno dei più usati in assoluto; comodissima, veloce, gratuita (apparentemente) nessuno oggi che sia inserito nel mondo del lavoro ne può fare a meno: anche un imbianchino o un muratore utilizzerà la posta elettronica per inviare preventivi, per ricevere richieste o comunicazioni da clienti o potenziali tali.

La posta elettronica, universalmente nota come e-mail, è diventata il normale mezzo di comunicazione per una gran parte del mondo occidentale e non.

Ciascuno sceglie, spesso su suggerimento di un amico o collega, un "provider" o fornitore di servizio di email, e apre un proprio indirizzo in pochi click; spesso da giovane, giovanissimo, e si sceglie un identificativo non sempre "adeguato" al passare degli anni; in effetti è quasi un secondo battesimo, e spesso il nostro indirizzo email ci seguirà per tutta la vita, quindi sarebbe opportuno, per non trovarsi costretti a cambiarlo, evitare pseudonimi troppo fantasiosi, così come sigle troppo complicate da comunicare spesso al telefono; come fare a spiegare come si scrive "knight-of_jargon" ad un ignaro interlocutore ? come fare ad apparire una persona seria con una mail come farfallina-amorosa82 ? molto meglio ricorrere al semplice "cognome.nome" o simili, sperando che non sia già stato utilizzato da una altra persona (nostra omonima) sul medesimo provider.

Sull'indirizzo email ci sono poche ma importanti regole: intanto il segno @ che separa la parte "user" dalla parte "provider"; in inglese si legge *at* che, in italiano suonerebbe come *presso*; peccato che ormai è uso comune chiamarlo *chiocciolina* recitando una cosa del tipo "trapani punto marco chiocciolina gmail punto com".

L'indirizzo email poi è *nonsensitive* ossia non distingue tra maiuscole e minuscole: scrivere "Trapani.Marco" oppure "trapani.marco" è assolutamente la stessa cosa; infine si possono usare solo le 26 lettere dell'alfabeto inglese, il carattere punto, il trattino e il "trattino basso"; niente altro: né caratteri speciali né accentate o apostrofi.

Sulla email non c'è molto da dire, visto che l'utilizzo è semplicissimo e oramai di uso comune, sia da un qualsiasi PC sia da uno smartphone; qualche accorgimento però è d'obbligo; cominciamo con lo sfatare alcuni luoghi comuni che accompagnano la email:

La email è gratuita?

Apparentemente si; però ci sono alcune considerazioni da fare: prima di tutto noi comunque paghiamo un abbonamento per accedere ad internet, e l'uso della email è una componente di ciò.

Un qualsiasi provider poi ci metterà a disposizione dello spazio su disco (su google, ad esempio, ben 10 GB) e questo, anche se i costi stanno sempre più diminuendo, non sarà gratis, quindi in qualche modo lo paghiamo: permettendo al provider di "scandagliare" la nostra posta per trovarvi termini e parole chiave che gli permettano di indirizzare, alla nostra attenzione, una pubblicità mirata che venderà ai produttori interessati a noi come potenziali clienti (con qualche problema per la nostra privacy...).

Per una azienda, ovviamente, che utilizza un servizio di posta "interno" e non lo affida ad un provider esterno il problema non è banale; una banca nazionale con circa 50.000 dipendenti, pur ponendo rigorose regole per evitare lo spreco, necessita di ben 5 PETABYTE di disco OGNI ANNO per mantenere l'archivio della posta.

Da non trascurare il tempo che passiamo, ogni giorno, a scrivere, leggere e rispondere alla email: è stato calcolato che un manager spende da una a due ore ogni giorno per gestire la email, e il tempo è denaro.

La email è immediata?

Si, quasi sempre; è il "quasi" che fa la differenza: normalmente la email viene recapitata in pochi secondi, ma dobbiamo comunque considerare che si tratta, su internet, di un servizio a "bassa priorità", e quindi, in particolari casi o momenti possono essere necessari da diversi minuti fino a qualche giorno prima che sia recapitata; è vero che si tratta di casi rari e sporadici, ma non possiamo dare per assoluta certezza che arrivi subito.

Dobbiamo anche considerare altri aspetti: la email è un mezzo di comunicazione asincrono, e il destinatario potrebbe non essere presente, o impegnato in altre attività; se, come capita, è in un paese lontano, potrebbe banalmente essere a dormire, in base alla differenza di fuso orario, e leggere la nostra email stanotte, quando noi saremo a nostra volta a dormire...

La email è sicura?

Relativamente; a prescindere dal rischio di intrusione da parte di hacker professionisti piuttosto che di un nostro conoscente che riesca, in qualche modo, a carpire la nostra password dobbiamo sempre considerare un dettaglio non trascurabile: il nostro provider, e il provider del nostro interlocutore, possono leggerla... più o meno come spedire a qualcuno una cartolina: il nostro vicino di casa non sa cosa abbiamo scritto, ma il postino, gli impiegati della posta e diverse altre persone sulla linea di distribuzione, si.

Questo significa semplicemente che dovremmo fare molta attenzione a quello che scriviamo, specialmente in ambito professionale: un medico che invii diagnosi di malattie per email ad un paziente sta clamorosamente violandone la privacy, dato che terze persone (tra l'altro ignote) ne potranno venire a conoscenza.; informazioni di valore, in ambito economico o finanziario, sono decisamente da NON inviare per email, se non ricorrendo a particolari tecniche di crittografia per evitare intrusioni sul contenuto della email.

Altro dettaglio: la email è nata in un epoca in cui internet era pensata, e usata, prevalentemente da appartenenti al mondo accademico: gente seria, che non perde tempo a fare scherzi o peggio; i protocolli di sicurezza della email sono, purtroppo, piuttosto leggeri, e non è difficile, per una persona smaliziata, riuscire a "truccare" una email per spedirla facendo risultare, apparentemente, come mittente un'altra persona; quando ci arriva una email da bill.gates@microsoft.com possiamo essere abbastanza certi che si tratti di un falso, specialmente se ci comunica una grossa vincita o amenità del genere; allo stesso modo se ci arriva una email da una persona che conosciamo ma il cui contenuto ci risulta del tutto anomalo, sarà bene chiedere (con altri mezzi) una conferma, giusto per non prendere decisioni o fare cose in conseguenza di una email falsificata.

La email è un buon modo di comunicare?

Questo è uno dei più clamorosi errori; in effetti è pratico, veloce e comodo, ma si tratta di una comunicazione estremamente povera e causa di notevoli fraintendimenti.

Gli esperti di comunicazione ci dicono che le proporzioni delle componenti sono:

- 7% la parte verbale, ossia solo le parole che si sono scritte/dette
- 38 % la parte para-verbale; l'intonazione della voce, il volume, il ritmo, la "punteggiatura"
- 55 % la parte non-verbale; la postura del corpo, lo sguardo, i gesti, le pause

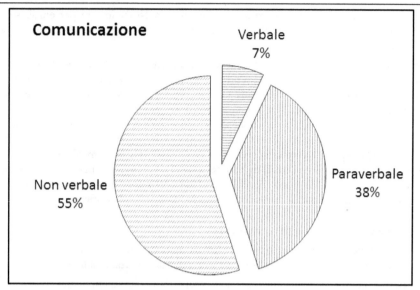

Nella email, ovviamente, possiamo avere solo la parte "verbale" (in questo caso scritta) ed è ben difficile avere la capacità di grandi scrittori per far trasparire realmente la parte "paraverbale", per non dire di quella "non verbale".

Già nei primi anni della email ci si è resi conti di questo rischio, e sia per rendere la comunicazione più veloce sia per introdurre nel testo quello che in effetti non ci si trova sono nate le emoticon, o "faccine".

La più semplice e nota più o meno a tutti si forma con :-) (spesso trasformato in ☺) per indicare che stiamo sorridendo, oppure :-(oppure ☹ per indicare che siamo tristi; di simili combinazioni di caratteri ne esistono a centinaia, e molte sono decisamente fantasiose; questo è solo un breve elenco, ma se ne trovano molte di più in internet, sufficienti a formare quasi un piccolo vocabolario di una lingua "altra".

:-)	Sorriso	:-(	Triste	;-)	Ammiccante	:-X	Censura
:)	Sorriso (abbreviato)	:-((	Molto triste	:-@	Urlando	:-||	Arrabbiato
%^>	Sorriso (di Picasso)	:-C	Molto dispiaciuto	:-O	Ooops!	%-)	Confuso
:-))	Grande sorriso	:-<	Disappunto	:-o	Meraviglia	<:-)	Domanda stupida
:-D	Risata	:'-(	Piangendo	:-W	Sparlando	:-P	Pernacchia
:->	Sorriso sarcastico	:~(	In lacrime	:^)	Piccola bugia	I-)	Addormentato

>:-)	Sorriso diabolico	=:-)	Con i capelli ritti	:---)	Grossa bugia	:-?	Pensando
O:-)	Sorriso angelico	[-o<	Pregando	:]	Parlami...	8-)	Guardati intorno
:-}	Sorriso voglioso						
:-*	Un bacetto	_/7	Tazza di caffè	3----	Forchetta		
:X	Un bacio	(_)3	Una birra	---==	Coltello		
:-<>	Un grade bacio	<)	Una fetta di pizza	<>---	Cucchiaio		
;-<>	Vorrei baciarti	(#)	Un Waffel				
<3	Cuore/amore	(|0|)	Un hamburgher				
[>O	Anello con diamante						

Spesso i neofiti (ma non solo loro) tendono a leggere una mail e cercano di recepirne il "tono"; ovviamente questo è ben difficile, e molto spesso il tono viene desunto non dall'effettivo contenuto, ma piuttosto dal nostro giudizio (o pregiudizio) relativamente al mittente; così una mail che ci arriva da un capo "antipatico" ci apparirà dura, arrogante, antipatica, creando spesso fraintendimenti pericolosi.

Se dobbiamo veramente comunicare qualcosa di importante, molto meglio una breve riunione dove verificare sia il livello di attenzione che il livello di comprensione, eventualmente facendo seguire una email riepilogativa di quanto detto.

Ultima considerazione in questo ambito: spesso si ha la tendenza a rispondere "di getto" ad una email, specialmente se il contenuto non ci è gradito; questo può ingenerare non pochi problemi di relazione, creando dissapori e scambi di email sempre più concitate (in gergo si chiamano *flame*, fiammate); niente di più sbagliato: di fronte ad una email controversa, poco chiara, sgradita dovremmo sempre prenderci tutto il tempo per riflettere, ed eventualmente chiedere chiarimenti; Google, tempo addietro, aveva addirittura introdotto un meccanismo di sicurezza per l'invio di email in orario "strano", specialmente la notte dei fine settimana: prima di poter fare l'invio si deve rispondere ad una facile domandina di aritmetica o simili, tipo "quanto fa 7 x 8 ?"; banale, ma se siamo sotto i fumi dell'alcool (e questo, nei paesi anglosassoni nel fine settimana non è infrequente) non siamo in grado di rispondere, e la email rimane in attesa per essere spedita, eventualmente, al mattino dopo, quando saremo più lucidi e avremo avuto il tempo di riflettere; forse, in ambito aziendale, si dovrebbe introdurre un sistema automatico che impedisca di rispondere ad una qualsiasi email prima che siano passati almeno 10 minuti da quando l'abbiamo letta...

Meglio una email in più che una in meno

Facciamo una semplice considerazione: se per leggere, comprendere, decidere il da farsi relativamente ad una mail richiede dai 3 ai 5 minuti (in media) se spediamo una email a un collega e ad altri 20 "per conoscenza" (perché così tutti sono informati...) in effetti noi stiamo bruciando una ora di lavoro... con il relativo costo; poi, in realtà, questo sarà spesso un alibi (io avevo scritto a tutti) ma, altrettanto spesso, molti non si ricorderanno neanche della nostra email, sepolta sotto decine o centinaia di altre.

Molto meglio comunicare solo a quelli che veramente devono essere informati, e in modo chiaro, sintetico e schematico; molte aziende soffrono di bulimia da email, e si fanno specifici corsi per insegnare un uso corretto di uno strumento utilissimo ma pericoloso se mal utilizzato.

Come scrivere una email corretta

Tutti sono convinti di saper scrivere una email, e pochi hanno ragione; gli errori più comuni sono quelli di essere troppo prolissi, o poco chiari; molto spesso tralasciamo informazioni importanti[39]; analizziamo tutte le componenti di una email, con qualche considerazione su ciascun elemento per capire, soprattutto, che anche se si tratta di una comunicazione "veloce" non per questo siamo autorizzati ad essere superficiali o peggio.

Destinatario

UNO; regola generale, da eludere solo in rari casi; ci deve essere UN destinatario, la persona che deve ricevere la nostra comunicazione e da cui ci aspettiamo una risposta, per email o tramite una azione (li chiediamo di fare qualcosa); se proprio è indispensabile usare una stessa email per chiedere più cose a più persone dovremo avere l'accortezza di essere, nel testo, molto chiari indicando, per ciascuno, cosa ci aspettiamo.

Tra l'altro se indichiamo un numero notevole di persone come destinatari, chiedendo per esempio un generico "aiuto", rischiamo di incorrere in un inconveniente studiato in psicologia: la *responsabilità diffusa*; se ad esempio spediamo a 20 colleghi una mail con scritto "mi serve aiuto per scrivere una relazione" quanti credete che si faranno avanti ? se invece la richiesta la indirizziamo ad uno solo, quello che riteniamo più indicato per la richiesta in questione, potremmo anche avere un rifiuto (e allora passeremo a chiederlo al secondo nella nostra lista) ma sarà più probabile arrivare alla fine e aver ottenuto un aiuto.

Dobbiamo anche stare attenti, visto che è facile sbagliare indirizzo (marco.trapani@gmail.com è un signore del tutto diverso da trapani.marco@gmail.com) e, se il destinatario errato non è così gentile da avvisarci, rischiamo di ritenere la nostra comunicazione arrivata quando invece è finita in un cestino.

CC

Tutte le altre persone che riteniamo debbano essere a conoscenza del contenuto della email dovremo/potremo indicarle nella casella CC, che sta appunto per *Copia per conoscenza*.

Da queste persone non ci aspettiamo una reazione di qualche genere (non dovrebbero fare nulla, salvo prendere atto); ricordiamoci sempre di inserire tutti quelli che veramente devono essere informati, ma solo loro (non inseriamo a vanvera "n" persone così, giusto per non sbagliare... saremmo presto catalogati come rompiscatole).

---

[39] Numerose sono le email di studenti che non indicano i loro dati più elementari (e necessari per il docente) come matricola e corso di studi...

CCN

La casella CCN (o CCR, che in ogni caso significa *copia conoscenza "nascosta" o "riservata"*) è quella meno compresa e peggio utilizzata; in pratica serve per inviare ad una persona una copia senza che il destinatario (e gli eventuali CC) ne siano a conoscenza.

In effetti significa far sapere a qualcuno (senza che il destinatario ne sia a conoscenza) il contenuto dei nostri scambi; forse non è molto etico ma qualche volta è utile o necessario (ad esempio se dobbiamo inviare un rimprovero ad un nostro collaboratore e vogliamo di questo informare il nostro capo, ma senza che diventi un "caso di stato", rimanendo ad un livello ancora informale).

Ovviamente il destinatario "nascosto" dovrebbe essere ben a conoscenza di questo fatto (e del funzionamento del CCN) e "reggere la parte", altrimenti rischiamo un effetto boomerang molto sgradevole.

Altro utilizzo normale della casella CCN è quando vogliamo/dobbiamo spedire una comunicazione (ad esempio una newsletter o un invito) ad un gruppo di persone eterogenee, che non si conoscono tra di loro; dato che alcuni ritengono il proprio indirizzo email un dato riservato (o non hanno piacere, comunque, di farlo conoscere a degli sconosciuti) possiamo indicare tutti i destinatari come CCN, e noi come destinatario principale; in questo modo ciascuno riceverà l'invito senza necessariamente vedere chi sono tutti gli altri destinatari.

Oggetto

E' un elemento importante: spesso il destinatario decide se leggere subito una email proprio dall'oggetto, o se leggerla più tardi o se, addirittura, cestinarla immediatamente.

Poche accortezze: l'oggetto deve essere breve, pertinente, utile e completo.

Poche parole, evitiamo di scrivere "comunicazione importante" o amenità simili, non stiamo a scrivere il nostro nome (tanto il mittente è sempre ben visibile) e al tempo stesso cerchiamo di essere completi; invece di scrivere "convocazione del cda" e basta scriviamo "convocazione del cda il 12/12/2015 alle 9:15 in sala A"; ovviamente l'ordine del giorno lo scriveremo nel testo della mail, non nell'oggetto.

Testo

Una email è, in ogni caso, una comunicazione elettronica, destinata ad essere letta su uno schermo; questa modalità risulta essere un po' più faticosa rispetto alla lettura su carta, e le persone si sono abituate ad una lettura "veloce", dove si tende a "saltare" testi troppo lunghi e prolissi.

Non stiamo scrivendo un racconto (per questo ci sono altri strumenti più idonei) ma una comunicazione che deve essere efficace ed efficiente; per questo scopo il testo deve essere:

- ragionevolmente breve; evitare di scrivere una email di quattro o cinque pagine

- frasi brevi e separate chiaramente; usare, insomma, il punto e a capo piuttosto che il punto e virgola

- evitare l'uso di caratteri speciali e lettere accentate: in alcuni casi il destinatario riceverà una email poco comprensibile perché le lettere accentate saranno sostituite con strani caratteri

- cercare di essere schematici, possibilmente usando elenchi puntati o numerati per separare le varie parti

- ricordarsi che scrivere in MAIUSCOLO equivale, nella prassi, ad urlare: farlo solo se siamo ben consapevoli di quello che vogliamo fare...

- non cercare di "trasmettere sensazioni"; con una email è piuttosto difficile, per non dire impossibile, a meno di chiamarsi Hemingway, Manzoni o Tolstoy;

- evitare il tentativo di essere spiritosi o sarcastici: molto molto molto probabilmente saremo fraintesi; potremo farlo solo se la email è "non ufficiale", se il destinatario è uno solo, è un nostro pari-grado, è una persona intelligente, è una persona spiritosa, ci conosce bene...

Ricordiamoci, infine, soprattutto se il testo è piuttosto lungo, di chiudere con una precisa indicazione di cosa ci aspettiamo dal destinatario: una risposta (entro il ?) o una azione specifica.

Firma e post-firma

Quasi tutti i sistemi di email ci permettono di inserire, automaticamente, la nostra "firma"; possiamo inserirvi i nostri titoli ufficiali, ma senza esagerare: per qualcuno sembra di leggere un curriculum, e non è molto professionale; meglio scrivere solo il nostro cognome e nome (ed eventuale titolo, se ci teniamo particolarmente) con una riga sotto con i più significativo dei nostri incarichi; del tutto inutile riportare nuovamente il nostro indirizzo email (tanto si vede in altro modo) ma piuttosto indichiamo il nostro indirizzo postale "non email", e i nostri recapiti telefonici.

Dopo la firma alcune aziende hanno l'abitudine di inserire un "pistolotto" in merito alla privacy, con una velata minaccia ad un eventuale destinatario errato che dovrebbe, nelle loro intenzioni, avvisare immediatamente il mittente dell'errore e cestinare altrettanto immediatamente la comunicazione ricevuta per errore senza leggerla... piuttosto stupido, no ?[40] ok, una formula del genere ci può anche stare, ma dovrebbe, per risultare intelligente, essere scritta in modo molto cortese (del resto stiamo rompendo le scatole a qualcuno che non ce lo ha chiesto), e molto breve (massimo due righe, altrimenti rischia di essere più lunga la formula per la privacy che non la email stessa.

---

[40] Tra l'altro la legge sulla privacy, ovviamente, non impone alcun comportamento specifico ad una persona che abbia ricevuto una email per errore...

Allegati

L'invio di allegati è una delle comodità previste dalla email, e sicuramente è molto sfruttata; si dovrebbe in ogni caso fare attenzione ad alcuni particolari:

- dimensioni: allegare file troppo grandi talvolta è impossibile, visto che il sistema del destinatario potrebbe avere dei limiti specifici (spesso anche solo 10MB) oltre il quale la email non viene recapitata

- tipo di file: dobbiamo essere certi che il destinatario abbia il programma adatto per poter utilizzare il file che gli inviamo; se il file è un PDF (Portable Document Format) possiamo essere piuttosto certi che sia leggibile, ma se inviamo un file excel di una versione troppo recente, siamo certi che il nostro interlocutore non abbia invece una versione più "vecchia" e non in grado di aprirlo ? questo potrebbe generare problemi e ritardi; sarà bene accertarsene, e, nel dubbio, inviare sempre documenti in formati più vecchi possibile; per excel o word la versione 97-2003 è ancora in uso in molti casi…

- correttezza: non sempre è facile scegliere il giusto file da una directory, specialmente se ne abbiamo a centinaia con nomi simili; vale il ragionamento di sopra: inviare un file errato può ingenerare problemi (magari inviamo dei dati errati o obsoleti, e non detto che il destinatario se ne renda conto) o, al minimo, ritardi perché ci verrà segnalato e richiesto di inviare il file corretto…

Extra

In questo capitolo ho raggruppato una serie di argomenti che vanno dallo specialistico al particolare, e che non rientrano nel "mainstream" del NonManuale come lo avevo concepito fin dall'inizio.

In effetti però si tratta di materiale e concetti che ho affrontato, più e più volte, in vari corsi e lezioni, e mi sembrava giusto metterlo a disposizione, anche per una questione di "completamento" dell'argomento in genere.

Alcuni sono più approfonditi, altri appena accennati, ma tutti, spero, susciteranno interesse ad approfondire i vari aspetti dell'Informatica Applicata, in particolare per gli usi che un "non informatico" oggi si trova a dover affrontare, capire e padroneggiare se vuole essere "al passo con i tempi".

Apprendere CON l'informatica

L'insegnamento è cambiato. È un fatto, ineludibile e in qualche modo anche inevitabile; il mondo contemporaneo gira ad una velocità che solo pochi decenni fa era appena appena percettibile; l'esigenza di apprendere, di imparare, ha cambiato in modo radicale la nostra suddivisione del tempo di vita.

Nel passato (quanto ? fino agli anni '50 del '900 ? più o meno, forse) la vita di una persona era scandita da tre fasi fondamentali: nella prima, "giovinezza", si passava il tempo prevalentemente a formarsi, a studiare o apprendere un mestiere, in una età che arrivava fino ai 14 -15 anni per chi poi si dedicava ad un lavoro manuale o fino ai 18 per chi aspirava ad un lavoro più "intellettuale" (dietro una scrivania...); la laurea era ancora prerogativa di elite, per studi che portavano a professioni di alto livello (avvocato, magistrato, medico, ingegnere) e per aspirare alla dirigenza sia nel settore privato che in quello pubblico.

Successivamente si aveva la fase della "vita lavorativa", della "maturità": si iniziava un percorso lavorativo dove mettere a frutto quanto appreso, arricchendolo essenzialmente con l'esperienza e la pratica quotidiana; una fase in cui realizzare un progetto di vita, creare una famiglia, crescere dei figli, costruirsi una casa e via dicendo.

Infine, alla soglia dei fatidici 60 anni, si iniziava i periodo del ritiro, della pensione: giardinetti, partite a carte con altri amici anziani, gite più o meno lontane, i nipoti, i problemi di salute connessi con l'età.

Ma il mondo è cambiato:

In gioventù si deve studiare molto di più (e vedremo perché), e, per somma beffa, quello che si studia spesso sarà obsoleto e quasi inutile (se non per le importanti "basi" di conoscenza) nel mondo del lavoro, visto che quando ci si arriva (magari 5 o 6 anni dopo) il mondo sarà cambiato.

Nella fase lavorativa si scopre che anche per un lavoro relativamente di "basso livello" oggigiorno sono necessarie competenze elevate, e, soprattutto, per tutte le attività possibili e immaginabili è necessario un apprendimento continuo e costante, complice il continuo cambiamento che crea sempre nuovi strumenti, nuove modalità di agire, nuovi mestieri e professioni, talvolta cancellando attività che apparivano consolidate; basti pensare a due materie che fino agli anni '80 erano due capisaldi degli studi di "ragioneria": la stenografia e la dattilografia, praticamente scomparse.

Anche durante la pensione (e quando ci si arriva ? complice un progressivo invecchiamento della popolazione sempre più tardi, ormai si parla di 65-67 anni e, se le cose non cambiano, preso si arriverà a 70 e oltre) serve imparare sempre cose nuove: la prenotazione di una visita medica si fa "on-line", il giornale si legge sul tablet, i contatti con parenti, amici e nipoti si gestiscono con la e-mail.

Da non trascurare le scoperte in ambito medico: il mantenere la mente sempre attiva e in costante lavoro (in particolare coltivare interessi, studiare, apprendere una lingua straniera) allontanano le malattie neurodegenerative connesse all'avanzare dell'età.

Insomma, si studia per tutta la vita; gli anglosassoni, che amano le definizioni stile "slogan" e gli acronimi, ne hanno coniato uno ormai entrato nel lessico comune delle scienze della formazione nonché nei programmi dell'Unione Europea: "Long Life Learning", apprendimento per tutta la vita.

Qui però scatta il problema: come fare ? in particolare, come fare per i costi, e per il numero di docenti che sarebbero necessari per affrontare questa massa di persone, bisognose di apprendere ? chi paga ? è ipotizzabile che una persona destini una parte non trascurabile del proprio reddito per scopi di apprendimento ? beninteso, non particolari persone, o qualcuno appassionato di uno specifico argomento, ma proprio tutti ?

E' praticamente impossibile, se si pensa alle gravi carenze delle strutture scolastiche (e ai costi che comunque l'istruzione scolastica generalizzata comporta) immaginare di "rimettere in aula" tutta la popolazione, se pur per periodi molto più limitati.

Proviamo con un conto "grossolano"; in Italia ci sono circa 500.000 ragazzi per ogni anno scolastico, il che significa, grossolanamente, 9 milioni di ragazzi in età di studio; la popolazione, nel suo complesso, è di circa 60 milioni di persone; in pratica, quelli "fuori" dal circuito scolastico sono 5 volte quelli dentro; anche se dovessero, ciascuno fare un solo mese di apprendimento all'anno, dovremmo come minimo raddoppiare le strutture: impossibile.

Oggigiorno, (ma ormai la cosa non è una novità, si faceva fin dall'800, con varie metodiche e tecnologie prima rudimentali e poi sempre più sofisticate) è "normale" pensare a soluzioni di apprendimento a distanza, in una varietà di metodi e strumenti sempre più sofisticati e specifici per le più varie esigenze.

L'apprendimento in e-learning ha pregi e difetti, come tutte le cose, ma, a ben vedere, i pregi in questo caso lo rendono uno strumento indispensabile e con cui è bene fare i conti.

Partiamo dai difetti, che tutti evidenziano facilmente: in primis la mancanza di "relazione umana" tra docente e discente, spesso aspetto fondamentale del passaggio di conoscenze; la comunicazione non è solo verbale, ma in larga parte passa attraverso canali che non sono le sole parole, ma tutto il resto, para-verbale e non verbale.

Se così non fosse sarebbe del tutto inutile strutturare la scuola con le classi, gli insegnanti, l'orario e via dicendo; potremmo, in pura teoria, consegnare dei libri e fare degli esami di verifica; punto.

Ma, come ben sanno gli studenti, non è così facile; il docente può "spiegare", illustrare, esemplificare i passaggi più difficili o complicati, permettere un apprendimento molto meno faticoso e difficile di quanto sarebbe "non in presenza"; ben lo sanno gli studenti universitari che, nel caso in cui non possano frequentare un corso sono costretti ad un faticoso lavoro di studio ben superiore dei "frequentanti" (che non sono necessariamente "favoriti" dal docente, ma piuttosto hanno un apprendimento "mediato" dal docente che risulta, complessivamente, molto più facile.

Ovviamente seguire un corso "al computer" non prevede la presenza contemporanea, fisica, del docente; nei casi migliori si "assiste" ad una lezione registrata, dove non è possibile l'interazione immediata ma, al massimo, si possono inviare per mail (o simili) delle domande che, con tempi più o meno lunghi, riceveranno, forse, una risposta non necessariamente esauriente.

I corsi in e-learning hanno avuto una notevole evoluzione, e sono state messe a punto specifiche tecnologie e metodiche didattiche per renderli da un lato più facili e accattivanti, e dall'altro migliorare il livello di apprendimento.

Creare un corso in e-learning è molto più complesso e costoso di quanto si possa pensare; non è sufficiente "registrare" le lezioni di un docente in una aula di lezione, ma è necessario predisporre tutto un ecosistema intorno, a partire da una precisa scaletta, uno studio del discorso per la scelta di termini, esempi, tempi, pause, ecc.ecc. (in pratica una presentazione fatta al "massimo grado" e con lo specifico scopo di "passare contenuti").

E' poi necessario che il sistema preveda la possibilità di monitorare i vari discenti, il loro percorso, ne verifichi l'apprendimento attraverso test, fornisca una possibilità di interazione con il docente o con un tutor e, importante, tra gli stessi discenti.

Questa modalità è ben nota agli studenti universitari, dove molti corsi stanno sempre più adottando metodologie cosiddette "blended" (miste); lezioni del docente tradizionali, in aula, si alternano o si accompagnano a lavoro, lezioni, distribuzione del materiale, test, chat, forum ecc.ecc. svolte in ambienti standard come Moodle o Docebo.

Intorno a questo modo di apprendere si sono sviluppate anche esperienze (che sono, comunque, già ben consolidate) dove istituzioni prestigiose (ad esempio il Massachusetts Institute of Technology, il mitico MIT) hanno creato una serie di corsi "on-line" ad accesso gratuito, che chiunque può liberamente frequentare, senza spendere niente[41]; non c'è solo il MIT, ma molte altre istituzioni ne hanno seguito l'esempio, creando i cosiddetti MOOC: Massive On-Line Open Course; in pratica corsi a cui accedono, da tutto il mondo, anche migliaia di studenti per edizione, rendendo l'educazione una possibilità concreta per molte persone che non potrebbero certo sostenere i costi di iscrizione e residenzialità presso Università magari all'altro capo del mondo.

Ma Internet non finisce qui; strumenti nati per altri scopi, come YOUTUBE, che esordisce per la semplice "condivisione" di video amatoriali, o spezzoni di programmi

---

[41] Il MIT non fa beneficienza fine a se stessa; ovviamente questo "servizio" è gratuito se lo studente non necessita di una "certificazione delle competenze"; per sostenere l'esame ed avere un attestato ci sono dei costi.

televisivi o film[42] è diventato, rapidamente, un fenomeno di massa; oggi si calcola che ogni minuto venga aggiunto, all'enorme repository di Youtbe, una quantità di video della durata di molti giorni; tra tutto questo materiale, spesso di infimo ordine e scarsa qualità[43] spiccano però dei TUTORIAL sui più diversi argomenti e questioni; si tratta molto spesso di filmati amatoriali della durata di pochi minuti, non sempre impeccabili dal punto di vista tecnico (audio, video, luci, ecc.ecc.) ma più che sufficienti per l'apprendimento di aspetti particolari e specifici.

Tanto per fare qualche esempio: nel manuale abbiamo citato Libre Office, LibreCAD, ProjectLibre; per tutti questi programmi su Youtube sono disponibili dei tutoriali (molti anche in italiano) o addirittura delle "serie" di tutorial che ne illustrano con esempi l'utilizzo; molto pratico e funzionale, in aggiunta al tradizionale manuale, sempre più spesso disponibile come e-book.

Ma un caso esemplificativo ancora più particolare: pochi mesi fa mia moglie ha acquistato, per uso familiare, una macchina da cucire[44]; se non si è MAI usata una macchina da cucire vi posso garantire che non è proprio del tutto intuitiva; infilare correttamente i vari fili e rocchetti richiede dei passaggi che, nello scarno manuale disponibile con la macchina non erano affatto chiari; in pochi minuti abbiamo trovato, su youtube, un filmato, realizzato da una signora italiana, che illustrava il procedimento in modo chiaro e comprensibile; seguendo l'esempio c'è riuscita, con somma soddisfazione e grande risparmio di tempo, rispetto a dover andare a cercare qualcuno in grado di insegnarlo.

Grandi investimenti vengono fatti da diversi soggetti, nel tema dell'e-learning; la Regione Toscana, ad esempio, da più di dieci anni ha realizzato una piattaforma per l'erogazione di corsi denominata Progetto Trio.

☞ www.progettotrio.it

In Trio ci si può registrare (creando un proprio profilo e password, come in qualsiasi sistema di email) e poi ci si può iscrivere ad un qualsiasi corso tra una scelta considerevole che ha raggiunto quasi le due migliaia di titoli, oltre a poter "scaricare" materiale didattico di varia natura e tipologia; i corsi prevedono una successione di lezioni, scandite da test in itinere e da un test finale al superamento del quale è possibile richiedere, del tutto gratuitamente, un attestato di frequenza.

Sono centinaia di migliaia i soggetti che hanno completato dei corsi su Trio, con una diffusione che aumenta ogni giorno; l'investimento è certamente considerevole e mai finito, visto che le tecnologie e le metodologie evolvono ogni giorno, che i contenuti dei corsi devono essere costantemente aggiornati ed arricchiti (ovviamente un corso su Windows XP ormai è inutile, e si deve predisporre un corso per Windows 8 o meglio per

---

[42] Tra l'altro con qualche problema di copyright...

[43] E per fortuna le regole di youtube, rispettate in modo ferreo, tengono lontana la pornografia...

[44] Motivazione : fare l'orlo ai pantaloni, piccole riparazioni, insomma uso del tutto sporadico e amatoriale.

Windows 10), che i gusti stessi delle persone cambiano in funzione delle novità presentate da internet (dapprima le registrazioni delle lezioni con il docente erano piuttosto rare e scarse, poi si è cominciato a metterle, prima o poi ci si renderà conto che forse è meglio far "recitare" la lezione ad un bravo attore, che magari non sa quello che dice ma lo dice in modo molto chiaro e accattivante, piuttosto che ad un luminare che detiene la "scienza" ma ha una presenza scenica e una dizione soporifere...).

L'uso dell'e-learning è imprescindibile nel mondo del lavoro, sia nelle piccole che nelle grandi organizzazioni; vediamo i due estremi:

1. **piccola impresa** che deve far frequentare un corso di aggiornamento su delle normative (ad es. sulla sicurezza, un classico) a una o due persone; impensabile organizzare il corso "in azienda" e far venire un docente per solo due persone, ancora piuttosto costoso far spostare le due persone per mandarle a frequentare il corso, magari di poche ore, da un fornitore esterno (quando c'è ? in che periodo ? magari impatta sulla normale attività dell'azienda, che proprio in quei giorni ha una scadenza importante, e, poi, quanto costa la trasferta del personale ?); la soluzione dell'e-learning permette di ottenere un effetto "accettabile" con un costo molto limitato, e, molto importante, con la possibilità di pianificare il corso nei momenti preferibili per l'azienda (tempi morti, momenti di calo del lavoro, pause tra una commessa e l'altra ecc.ecc.)

2. **grande impresa** che deve far frequentare un corso di 4 ore a 50.000 dipendenti; primo problema: di quanti docenti esperti della materia, altrettanto bravi, dispongo ? ipotizziamo 10 ?

Ipotizziamo che possiamo fare delle aule da 20 persone a volta, e che un docente possa svolgere due corsi nel medesimo giorno (uno al mattino e uno al pomeriggio, se poi collassa per lo sforzo affari suoi...) ? ok, avremo bisogno di 125 giorni lavorativi di programmazione del corso, con dieci aule disponibili; 1250 giornate di docenza..., 1250 giornate di aula.... Spostamento fisico di 50.000 persone per raggiungere l'aula proprio nei giorni previsti, una gestione accurata per sopperire ad assenze (per ferie, per malattia, per impegni aziendali improcrastinabili ecc.ecc.); un costo enorme...

Usiamo un bravo docente, dei bravi specialisti e realizziamo un corso sul medesimo contenuto; anche se per preparare un corso di 4 ore serviranno una quindicina di giorni (il rapporto, più o meno, è di tre-quattro giorni di lavoro per realizzare un ora di corso e-learning) il costo sarà enormemente minore, inoltre le persone potranno seguire il corso dalla loro scrivania (senza alcun costo di spostamento) e, presumibilmente, nei tempi morti con un impatto minore sulla normale attività; il monitoraggio, automatico, mi permetterà di controllare che tutti abbiano completato il corso e superato i relativi test.

Il costo della piattaforma tecnologica per erogare un corso di tal tipo ? irrisorio, se confrontato ai costi di cui sopra; inoltre la piattaforma non mi servirà, presumibilmente, per un solo corso ma per molti corsi diversi.

Insomma, tra l'impossibilità di fare dei corsi di alta qualità[45] a causa dei costi e la minore qualità dell'apprendimento ottenuta con un corso in e-learning, ovviamente meglio la seconda opzione; da non trascurare che per le nuove generazioni (i digital native…) questa modalità di apprendimento appare sempre più "normale", non ci sono resistenze o difficoltà connesse al mezzo, e quindi anche la qualità dell'apprendimento è destinata a salire; anche il miglioramento costante delle tecnologie e dell'esperienza gioca in tal senso.

---

[45] In presenza, con un basso rapporto numerico docente-discenti, con un bravo docente

Immagini digitali

Per il computer un immagine non è un immagine; nel senso che un computer non "riconosce" realmente una immagine e gli attribuisce un senso, come invece il cervello umano fa in maniera eccellente (tra l'altro è una delle prime funzioni che il cervello umano ha sviluppato, una delle più importanti per la sopravvivenza...).

Cominciamo a dire che le immagini, sul computer, sono sempre e comunque sequenze di 0 e 1 (ancora ? si, sempre...), con due logiche di base:

1. Immagini raster
2. Immagini vettoriali

Le prime sono, in effetti, degli insiemi di punti uno di seguito all'altro, ognuno con un proprio colore; nel file sono contenute, di base, poche informazioni (ad es. nr punti in larghezza x nr punti in altezza) e poi le informazioni necessarie per "disegnare" sullo schermo (o sulla stampante, cambia poco) la figura come semplice successione di punti colorati; insomma, il computer non fa altro che riprodurre immagini come i pittori della corrente del "Puntinismo" facevano già nell'ottocento.

Per ogni immagine si decide, a priori, il numero di colori da usare, e di conseguenza si determinano quanti bit sono necessari per un solo punto; se decidiamo di fare una immagine con solo punti bianchi e neri (senza grigi) può bastare un solo bit per ciascun punto; se decidiamo di usare 16 colori di base serviranno 4 bit, se saliamo a una "palette" di 256 colori occorreranno 8 bit (così come per usare una scalatura di 256 tonalità di grigio); come abbiamo visto nel capitolo dedicato al "colore nel computer" il metodo più usato è la gestione di 256 tonalità di ciascuno dei tre colori base (Red, Green, Blue), quindi serviranno 24 bit per ciascun "punto" dell'immagine.

I punti, per inciso, si chiamano "Pixel", ma questo può ingenerare un po' di confusione, visto che il senso di pixel può variare in base al contesto.

In particolare, se ci chiedessimo "ma quanto è grande, un pixel?", dovremmo fornire diverse risposte:

1. Se ci riferiamo alla sua "dimensione" di memorizzazione su disco, da un minimo di 1 bit fino a 32 bit (se l'immagine è memorizzata in CMLK), più normalmente 24 bit per immagini in RGB a 16 milioni di colori
2. Se ci riferiamo alla dimensione di un "pixel" sullo schermo, dipende dalla "risoluzione" del monitor; si stanno realizzando monitor ad altissima risoluzione che hanno, di conseguenza, "pixel" molto piccoli; ovviamente più piccoli sono e

meno riusciremo a percepirli, di conseguenza l'immagine apparirà sempre più una "foto fedele"

3. Se ci riferiamo alla realtà, ossia a quanta "immagine reale" viene memorizzata in un pixel ovviamente dobbiamo mettere in conto una serie di aspetti connessi al sistema ottico usato per riprendere quella immagine; un pixel potrebbe corrispondere a meno di un poro sulla pelle (se l'immagine è ripresa a ridotta distanza e con una focale specifica per "ingrandimenti") ma potrebbe anche corrispondere ad una casa, se fosse una foto panoramica di una vallata alpina ripresa con una focale "grandangolo".

4. Se ci riferiamo alla stampa, più o meno dovremo fare un ragionamento analogo a quello dei monitor.

Una questione rilevante è data dal formato e dall'ingombro delle immagini digitali, che per risoluzioni elevate (molti pixel per unità di misura, spesso usato il pollice) può arrivare a parecchi MB[46].

Per ovviare a questo inconveniente (visto che ancora lo spazio di memorizzazione ha un costo...) sono state messe a punto delle tecniche di "compressione" delle immagini per ridurne l'occupazione; è un po' complesso entrare in profondità di tali tecniche, ma diciamo che in linea di massima si suddividono in due grandi categorie:

1. Compressioni Loss[47]

2. Compressioni Lossless

La prima categoria comprende una serie di tecniche che permettono una "buona" riproduzione delle immagini, a certe condizioni, mentre le compressioni lossless permettono una riproduzione fedele dell'immagine in ogni condizione.

Facciamo due banali esempi per capire meglio; iniziamo dalla ipotetica compressione "loss" elementare, e osserviamo le due immagini seguenti; entrambe rappresentano la lettera R, ma quella di sinistra ha una risoluzione di 14 pixel di lato; ciò comporta (ragionando sempre su 3 byte per pixel per la memorizzazione) di dover utilizzare ben 588 byte per la sua registrazione; per ridurre l'occupazione decidiamo di dimezzare la risoluzione, e sostituire ad un quadratino di 2x2 pixel un solo pixel, ottenendo "per approssimazione", la figura di destra; questa è ancora riconoscibile come una "R", anche se più grossolana; questo passaggio però riduce l'occupazione a soli 147 byte, in pratica con un risparmio del 75% di spazio occupato... è quello che si fa normalmente con delle fotografie: se non abbiamo l'esigenza di ingrandirle troppo (ad esempio per realizzare un

---

[46] Un esempio semplice: una immagine di 4000x4000 pixel, con colori a livello RGB (3 byte per pixel, occuperebbe 48 MB di spazio su disco per essere memorizzata.

[47] Loss e Lossless si possono tradurre "con perdita" e "senza perdita", riferendosi all'insieme delle informazioni contenute in una immagine

poster di grandi dimensioni) possiamo utilizzare una tecnica simile a quella descritta, e risparmiare molto spazio.

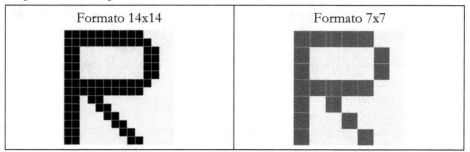

Formato 14x14	Formato 7x7

Tecniche simili possono essere adottate anche per ridurre il numero di colori; la codifica RBG richiede 3 byte per pixel, e permette di memorizzare ben 16 milioni di sfumature di colore; ma se la mia immagine, non troppo sosfisticata ne richiede molti meno ? diciamo meno di 60000 ? potrei adottare una codifica a soli 2 byte, magari rinunciando a qualche sfumatura; otterrò una immagine meno "fedele", ma molto probabilmente per un utilizzo normale (es. foto ricordo) l'effetto sarà praticamente identico.

E' da considerare che queste tecniche causano una "perdita" rispetto all'originale (le immagini "compresse" saranno di qualità peggiore dell'originale, un po' come una fotocopia rispetto ad un manoscritto…) e in alcuni casi questo è da evitare. Si può allora ricorrere ad tecniche ancora più sofisticate, che non prevedono di perdere informazioni e ricorrono a complessi meccanismi di calcolo che "possono" ridurre l'occupazione, ma in casi particolari potrebbero anche causare un aumento delle dimensioni, e quindi sono da valutare caso per caso.

Un aspetto simile è riconducibile al "formato" delle immagini nella memorizzazione; le foto sono quasi sempre memorizzate nel formato JPG (o JPEG), che comprende già delle tecniche di compressione (regolabili, per minimizzare la perdita o ottimizzare l'occupazione) ed è di fatto uno standard quasi universale; esistono però diversi formati come GIF o BMP con caratteristiche e utilizzi diversi.

Il colore nel computer

Scrivere di colori in un testo necessariamente in bianco e nero (per motivi di costo) può sembrare un po' azzardato, ma, grazie proprio alla tecnologia, non ci sono problemi; usando un qualsiasi programma di editing di immagini (anche, banalmente, PowerPoint) è possibile disegnare una figura geometrica (ad esempio un rettangolo) e poi divertirsi a variarne i colori, una volta capiti i concetti di base.

Andiamo con ordine: intanto cosa è il colore ? si tratta di una "percezione sensoriale" da parte del nostro organo visivo, che interpreta una particolare gamma di raggi (radiazioni luminose, spettro visibile); in effetti noi percepiamo i colori che gli oggetti "non assorbono" e riflettono; per assurdo quando diciamo che l'erba è verde dovremmo, invece, dire che l'erba è "non verde", ossia riflette proprio quella particolare gamma di onde che definiamo "verde".

Quanti sono i colori ? trattandosi di una variabile continua, non digitale, dovremmo dire che i colori sono praticamente infiniti, ma, in effetti, il nostro occhio non è in grado di "discriminare" ad un livello elevato (come, ad esempio non sapremmo valutare la differenza tra 0,000001 e 0,000002 millimetri: non abbiamo un microscopio incorporato); nel caso dei computer il problema del colore non si è presentato che diversi decenni dopo la loro invenzione.

I primi computer utilizzavano solo stampanti in grado di imprimere caratteri (direttamente, con un sistema a percussione simile ad una "stampa mobile", poi "costruiti" tramite un insieme di punti impressi da file di aghi), e quando apparirono i primi monitor (siamo intorno agli anni '60) erano "monocromatici", con sfondo nero e caratteri bianchi o verdi.

Solo un po' di anni dopo la tecnologia (in particolare dei monitor) si è evoluta fino a permettere la visualizzazione dei colori, e si è definito l'esatto modo per crearli.

In pratica si è sfruttato il principio base per cui qualsiasi colore può essere "ridotto" alla mescolanza di tre colori base: il rosso, il verde e il blu.

I primi monitor consentivano solo la visualizzazione di pochi colori (inizialmente 8, poi 16, poi 256) e quindi una "scala cromatica" piuttosto grossolana, sufficiente ad esempio per visualizzare correttamente un "cartone animato" ma certamente non una fotografia.

Le immagini, in quegli anni, venivano spesso rappresentate in "bianco e nero", o meglio in una "scala di grigi" con, guarda caso, 256 sfumature.

Credo appaia ovvio il collegamento tra questi valori e il modo di memorizzare i dati su un computer: 256 combinazioni sono memorizzabili in un solo byte, gruppo da 8 cifre binarie, che quindi prevede valori da 0 a 255.

Solo successivamente (fine anni '80) si è arrivati alla definizione del colore come la utilizziamo ancora oggi, semplicemente aumentando il numero di byte utilizzati: da 1 si è passati a 2 e infine a 3 byte (quindi da 256 colori a 65.535 colori per finire, oggi, a 16.777.215 di possibili colori).

Il criterio per determinare il colore, arrivati ai tre byte, è quando di più semplice si possa immaginare: in pratica ciascun byte è associato ad uno dei tre colori base, quindi avremo l possibilità di impostare un valore da 0 a 255 per il rosso, un valore da 0 a 255 per il verde e un valore da 0 a 255 per il blu; le varie combinazioni forniranno la gamma di oltre 16 milioni di colori, più che sufficiente per una rappresentazione fotografica di ottima qualità[48].

Da notare che se si impostano i valori a 0,0,0[49] avremo il nero mentre i valori 255,255,255 ci forniranno il bianco; qualsiasi combinazione con i tre valori identici (es. 131,131,131 oppure 45,45,45) sarà una diversa tonalità del grigio, a partire dal nero (valori più bassi) per arrivare al bianco (valori più alti).

I colori base RGB sono stati definiti già nel 1931 (e quindi ben prima dell'esigenza di visualizzarli nei display dei computer) e standardizzati come:

- Rosso: lunghezza d'onda 700,47 nm

- Verde: lunghezza d'onda 546,09 nm

- Blu: lunghezza d'onda 455,79 nm

Definire i colori, in realtà, non è così semplice: oltre all'uso nei monitor del computer (quindi per la visualizzazione di immagini) la medesima esigenza è, ovviamente, presente anche nelle colorazioni dei materiali (ad esempio per i tessuti, o le tinte per le pareti, o ancora per le vernici per le carrozzerie delle auto) e nel tempo sono state adottate varie tecniche, spesso diverse da produttore a produttore (per cui il "verde" di un fornitore non sarà quasi mai uguale al "verde" di un altro, e spesso anche un medesimo fornitore avrà difficoltà a garantire l'esatta tonalità di colore, ad esempio per delle mattonelle, a distanza di anni).

Due dei criteri più adottati sono il "Pantone"© e il RAL: il primo in realtà è il nome di una azienda americana che ha, come attività primaria, proprio quello di "definire" delle scale cromatiche a cui fare riferimento nelle produzioni industriali, e, nonostante sia un

---

[48] Per l'occhio umano è ben difficile "discriminare" tra tutti questi colori, in effetti una barra di rettangoli affiancati composta da rettangoli diversi per un solo valore uno dall'altro (es. con rosso 131, 132, 133, 134 e via dicendo) apparirà come una striscia di colore "digradante" senza soluzione di continuità; in ogni caso la gamma possibile dei colori è ancora più ampia, e quelli rappresentabili in RGB sono solo una parte di quelli esistenti.

[49] Da qui in avanti parlando di colori in questa modalità si esprimeranno tre cifre, separate da virgole, dove la prima rappresenta il "grado" di rosso, la seconda il "grado" di verde e la terza il "grado" di blu

"marchio" è ormai considerato alla stregua di un riferimento "standard", tanto è vero che anche le normative legali italiane spesso vi fanno riferimento (ad esempio per definire il colore della modulistica fiscale, piuttosto che della bandiera italiana); il RAL è una eredità, nientemeno, che della Repubblica di Weimar, essendo stata istituita nel 1925 per la definizione di colori nell'industria, in particolare per vernici e rivestimenti, ed è ancora oggi molto usata.

Ovviamente ci sono dei problemi per la "conversione" da una definizione all'altra, visto che, come abbiamo detto all'inizio, le gamme cromatiche in effetti possono essere considerate infinite.

Anche la definizione della Bandiera Italiana rappresenta un interessante esempio di evoluzione storica: quando fu deciso, nella Costituzione del 1948, quale dovesse essere la bandiera simbolo della Repubblica, all'art. 12, recita: "La bandiera della Repubblica è il tricolore italiano: verde, bianco e rosso, a tre bande verticali di eguali dimensioni."; chiarissimo, si, ma la domanda del pignolo di turno diventa: quale tonalità di Verde ? quale di Rosso ? e, a voler essere proprio pignoli fino in fondo, quale tonalità di Bianco ?

Dovremo aspettare il 2002 (ben 54 anni dopo) perché una circolare della Presidenza del Consiglio dei Ministri definisse in modo più puntuale i colori della bandiera, utilizzando, guarda caso, proprio i codici "Pantone"; la prima scelta non apparve, dopo pochi anni, appropriata[50] ed è stata sostituita tramite un apposito Decreto del Presidente del Consiglio dei Ministri nel 2006 che ha fissato i colori attualmente "ufficiali", sempre tramite codici "Pantone"; se dobbiamo riprodurre i colori ufficiali della bandiera dovremo, in RGB, utilizzare una "approssimazione" accettabile secondo questa tabella:

Pantone	Nome	RGB	HEX	CMYK	HSV	RAL	Nome RAL
17-6153 TCX	Verde Felce	000,146,070	#009246	100,0,100,0	149°100%057%	6024	Traffic Green
11-0601 TCX	Bianco Acceso	241,242,241	#F1F2F1	0,0,0,5	120°000%095%	9003	Signal White
18-1662 TCX	Rosso Scarlatto	206,043,055	#CE2B37	0,0,100,0	356°079%081%	3020	Traffic Red

Cosa sono le altre colonne della tabella oltre l'RGB ? semplicemente altri standard... vediamoli uno per uno.

---

[50] Il "verde prato brillante", "bianco latte" e "rosso pomodoro" in effetti non erano, come nome di colori, molto "seriosi"; confrontandoli (vedi su wikipedia alla pagina ☞ **Bandiera d'Italia** si nota che i colori attuali sono più "vividi" mentre quelli precedenti erano un po' smorti.

HEX

Il codice HEX in effetti è semplicemente la trascrizione in ESADECIMALE del valore RBG; come abbiamo visto nel capitolo "sistemi di numerazione" un valore decimale compreso tra 0 e 255 viene memorizzato con 8 cifre binarie (bit); le medesime cifre binarie possono essere rappresentate in Esadecimale con valori da 00 a FF, quindi tre byte (24 bit) possono essere rappresentati con solo 6 caratteri in esadecimale.

CMYK

Il codice CMYK viene utilizzato prevalentemente quando si devono definire con la massima precisione dei colori per la stampa (sintesi sottrattiva), ed in effetti corrisponde al valore (espresso in percentuale da 0 a 100) di inchiostro di quattro tonalità:

- Cyano (turchese, complementare del rosso)
- Magenta (complementare del verde)
- Yellow (giallo, complementare del porpora)
- Key black (nero)

Da tenere presente che non tutti i colori in RGB hanno una esatta corrispondenza in CMYK e viceversa; per molti si tratta di "approssimazioni accettabili"

HSV

E' un metodo di definizione colori particolare, basato sulla modalità di percezione umana dei colori stessi; si basa su tre valori: Hue (Tonalità), Saturation (Saturazione), Value (Valore Luminosità).

Come si vede, il problema del colore è molto complesso, in natura; nei computer, come capita anche per altri tipi di passaggio da "analogico" a "digitale"[51] avremo una "ragionevole approssimazione" più che sufficiente per la stragrande maggioranza delle esigenze.

---

[51] Vedi ad esempio la differenza tra una registrazione "analogica" di una musica e una registrazione "digitale"; qualsiasi purista sosterrà che l'analogico è molto superiore come qualità, ma probabilmente solo un Direttore d'Orchestra sarà in grado, grazie ad un orecchio particolarmente allenato, di percepire la differenza.

Malware

Sembra strano, ma molte persone, quando si parla di "malware", non conoscono proprio il termine; appena si accenna ai "virus informatici" si illuminano, e credono di capire di cosa si parla.

In effetti il tema del malware è molto più ampio e articolato del solo argomento virus, che rappresenta una parte, se pur rilevante, del problema.

Inquadriamo l'argomento: per "malware" si intende un qualsiasi software che svolga un compito non conosciuto dall'utente proprietario del sistema informatico, e non approvato dal medesimo.

Chiariamo meglio: se ci si limita a "non conosciuto" probabilmente il 90% del software, in particolare quello di sistema, svolge compiti che l'utente non comprende, ma non possiamo, ovviamente, far rientrare anche Windows in questa categoria (anche se spesso fa cose che l'utente non comprende); dobbiamo riferirci ad un software (o parte di esso) che svolge dei compiti voluti da chi lo ha creato, e che, in qualche modo, vanno a creare un danno all'utente o a usare il sistema dell'utente (ignaro) per creare danni ad altri (con il rischio che l'utente, se pur inconsapevole, sia chiamato in causa).

I virus informatici, in definitiva, non sono altro che software; spesso molto sofisticato, scritto ad un livello di competenza elevato che richiede di conoscere molto bene il funzionamento dei vari sistemi e, soprattutto, i loro difetti, in modo da sfruttarli per scopi fraudolenti.

Il primo virus informatico fu creato, per sfida, da parte di Rich Skrenta, un giovanissimo programmatore che voleva dimostrare la vulnerabilità dei primi sistemi Apple II, e come fosse possibile "infettare" un programma e aggiungervi una parte di codice senza che l'utente se ne rendesse conto, così come avevano teorizzato altri prima di lui (già dagli anni 60).

I primi programmi "virus" avevano, come elemento fondamentale, la caratteristica di essere in grado di "replicarsi", infettando altri file del medesimo tipo, e, quindi, grazie alle reti o al trasferimento di file (prima tramite floppy disk, poi chiavette usb) di infettare progressivamente un numero esponenzialmente crescente di computer.

Il problema del malware si è evoluto nel tempo passando per varie fasi: dai primi virus più o meno innocui (creavano banali giochi sullo schermo, come far cadere le lettere scritte verso il basso dello schermo) si è arrivati, molto rapidamente, a virus che cancellavano dati e/o programmi; da virus che richiedevano un intervento attivo dell'utente (es. usare un floppy di un amico) si è passati a virus "worm" in grado di autoreplicarsi tramite i browser internet (che, soprattutto all'inizio, prestavano poca attenzione alla sicurezza o avevano tali e tanti problemi da lasciare numerose "porte aperte" agli autori di malware).

Oggigiorno il catalogo dei possibili tipi di malware si arricchisce ogni giorno di più, e i vari specialisti ne hanno catalogati a migliaia, e il numero è sempre in incremento.

Proprio per contrastare questa minaccia sono nati degli specifici software, gli antivirus, creando di fatto un vero e proprio mercato con diversi attori; tra i più conosciuti la Symantec, Kaspersky, AVG, Avira, Nod32 e molti altri.

Alcuni sostengono addirittura che siano le stesse case di antivirus a creare nuovi virus, in modo da costringere gli utenti a dotarsi del loro software; è una credenza diffusa, ma del tutto erronea, per un semplicissimo motivo: non ne hanno bisogno; ci sono sufficienti criminali informatici in giro per il mondo da fornire loro lavoro senza doversi impegnare a inventarselo, correndo poi il rischio di essere scoperti e di andare incontro ad un clamoroso fallimento (o peggio).

Quali sono i rischi che si corrono[52], e come ?

1. vedere il contenuto del proprio sistema (file e programmi) compromesso o cancellato in modo irreparabile
2. vedersi sottrarre dati anche importanti, come l'elenco completo dei nostri contatti
3. programmi che registrano tutto quello che scriviamo sulla tastiera mentre navighiamo su internet e lo inviano al criminale (compreso quindi password, ricerche e quant'altro)
4. ritrovarsi con tutti i file del sistema "criptati" tramite una password e sentirsi richiedere un riscatto che molto spesso risulterà impossibile da pagare (perché nel frattempo il criminale è sparito) e quindi di fatto con il sistema "azzerato"
5. vedere il proprio sistema di posta elettronica che invia, a casaccio, le nostre mail inviate o ricevute ad altre persone (nostri contatti) senza alcun criterio, con il rischio di divulgare informazioni riservate o compromettenti
6. navigare su internet su siti del tutto irreprensibili (testate giornalistiche, siti di allevatori cinofili…) e ritrovarsi il browser infettato che cerca continuamente di aprire finestre indesiderate e reindirizzarci su siti di dubbia reputazione (es. in argomento pornografico)

E l'elenco si allunga ogni giorno…

Uno degli aspetti più inquietanti, da un punto di vista sociale, è la tecnica denominata DDoS, ossia Distibuted Denial of Service, evolutasi nel tempo ben al di là di chi l'ha inventata per prima.

Questo tipo di malware si basa su alcuni principi di base:

---

[52] Nota bene: tutti gli esempi sono "di vita vissuta", accaduti a me personalmente o a miei clienti nel corso degli anni.

a) si possono creare software che, tramite vari sistemi, si diffondono in modo esponenziale arrivando ad infettare centinaia di migliaia, se non milioni, di computer in tutto il mondo

b) questi software possono, ad un comando prestabilito (o ad una "ora X") contemporaneamente, tutti insieme, richiedere l'accesso ad un sistema collegato ad internet (non necessariamente ad un sito)

c) qualsiasi computer connesso ad internet cerca di rispondere alle richieste che gli arrivano e, dato che un computer ESEGUE SEMPRE E SOLO UNA COSA ALLA VOLTA, ovviamente gestisce le richieste mettendole in una coda (esattamente come in un negozio, con un solo commesso, dove si usa un distributore di numeri per gestire la fila dei clienti

d) un computer, per quanto potente, ha comunque una "capacità finita", e se la coda va oltre delle dimensioni ragionevoli, per quanto grandi, il sistema stesso va in blocco e non è in grado di svolgere altri compiti o rispondere agli utenti "normali"

In pratica si può creare un malware che NON CREA ALCUN PROBLEMA al sistema "infettato", ma lo utilizza come arma di attacco verso un bersaglio predeterminato; secondo alcuni questo sarà il modo in cui verrà sparato il primo colpo della prossima guerra mondiale...

Oggi, mentre scrivo, in Estonia esiste da tempo un battaglione della NATO (molto ma molto vicino al confine con la Russia) i cui soldati non hanno in dotazione un fucile, ma un computer: si occupano proprio di questo tipo di minaccia, visto che gli eserciti del presente (e sempre più del futuro) sono dipendenti dalla tecnologia e utilizzano l'informatica, e internet, per coordinare le loro attività al punto tale che un blocco totale della tecnologia li renderebbe del tutto inefficaci a rispondere ad un qualsiasi attacco tradizionale.

Il problema è destinato ad aumentare, nel prossimo futuro: l'idea corrente di connettere ad internet sempre più dispositivi (la cosiddetta "internet delle cose") senza che venga seriamente studiata e preparata una robusta difesa da intrusioni può creare gravissimi problemi; a titolo di esempio si sono già verificate delle intrusioni su telecamere connesse ad internet (che il proprietario aveva istallato per controllare la propria abitazione) utilizzate da malviventi proprio per studiare come e quando è meglio intervenire per un furto; analogamente delle SMART TV che possono essere usate come telecamere da parte di estranei per registrare cosa accade in casa; si pensi ad un sistema di allarme che possa essere disattivato, o ad una chiave elettronica che può essere superata, o, infine (tema di attualità) una auto con connessione internet e a cui un malvivente possa connettersi per disattivare servofreno, servosterzo, motore o altro...

Cosa può fare, l'utente medio, non esperto, in questo ambito ? diciamo, meglio, cosa DEVE fare, visto che in Italia esiste una legge che impone agli utenti di sistemi informatici[53] di dotarsi di un sistema di antiintrusione, senza il quale si è pienamente responsabili per qualsiasi danno si possa, anche inconsapevolmente, provocare a terzi ?

In primis è bene prendere coscienza del problema, e non ignorarlo pensando, stupidamente, "tanto a me non capita"; si è bersagli anche se non si utilizza il proprio sistema per scopi importanti, anche se non si gestiscono dati sensibili o riservati.

Cercare di essere aggiornati sulle possibili minacce, dedicando almeno una frazione del nostro tempo per seguire uno dei tanti blog che trattano l'argomento e applicarne i vari consigli, tra i quali, sicuramente, il primo e più importante è "accendere il cervello" ogni volta che si accende il computer e si inizia ad usarlo.

Alcuni consigli, non esaustivi ma comunque di indirizzo per capire da dove cominciare:

- Istallare sul pc un programma Antivirus; difficile dire qual sia il migliore, visto che sono in perenne competizione e la gara è sempre aperta; si può anche utilizzare quello che molto probabilmente abbiamo trovato già istallato sul pc al momento dell'acquisto, ma è sempre bene informarsi sulle sue caratteristiche e qualità
  - o Antivirus: controllare che sia attivato il sistema di aggiornamento automatico, impostato alla massima frequenza possibile; spesso solo le versioni a pagamento (di solito poche decine di euro all'anno) prevedono l'aggiornamento immediato, mentre le versioni free forniscono solo un aggiornamento al giorno (che sembra sufficiente, ma 24 ore in informatica sono un tempo molto lungo…)
  - o Fare periodicamente una scansione completa del sistema, per riverificare tutti i file e programmi che potrebbero contenere malware entrato prima che il programma antivirus lo riconoscesse
  - o Verificare che il programma istallato preveda anche la funzione di "pulizia", di solito tramite un periodo di osservazione dove i file sospetti vengono messi "in quarantena"; alcune versioni "free" prevedono solo la segnalazione e offrono la rimozione solo nelle versioni "a pagamento".
- Attivare, su Windows, le varie protezioni possibili già previste dal sistema, come Firewall e controlli automatici degli aggiornamenti
- Nel browser utilizzato, qualsiasi sia, verificare le impostazioni di sicurezza e tenere un livello di protezione appena sotto il massimo (impostato al massimo probabilmente rende la navigazione piuttosto macchinosa, con continue

---

[53] Legge sulla privacy

richieste di approvazione che, rapidamente, abbassano il nostro livello di attenzione e diventano inutili)

- Disattivare, in Windows, la funzione "autoplay" che fa partire automaticamente un eventuale programma di "autostart" presente su un dispositivo esterno (es. chiavetta USB); molto meglio :
  - o Eseguire una scansione della chiavetta con il programma antivirus
  - o Aprire il dispositivo e lanciare da soli il programma che si vuole eseguire
- MAI, MAI, MAI aprire un allegato alla posta che ci arriva da un mittente sconosciuto, e, anche in caso di mittente apparentemente noto, verificare prima che effettivamente ci abbia spedito qualcosa e perché (basta una telefonata…); il mittente della e-mail può essere facilmente falsificato, e quindi quell'allegato potrebbe non essere affatto stato spedito da chi crediamo

Giunti a questo punto qualcuno potrebbe pensare che stia esagerando… bene; provate a collegarvi ad interne alla pagina:

http://map.norsecorp.com/

la Norse è una delle principali società che fornisce servizi di cybersecurity, e nella pagina indicata fornisce una rilevazione IN TEMPO REALE del monitoraggio degli attacchi tra un nodo della rete e un altro, in giro per il mondo; osservandola per pochi minuti ci si rende conto che, di fatto, è in corso una cyberguerra dove i principali contendenti (USA e CINA) si scambiano colpi continuamente, con un po' di attività anche da parte di tutti gli altri[54]; insomma, visto che in giro fischiano i proiettili, è bene dotarsi di elmetto e giubbetto antiproiettile, no ?

E' molto difficile però indicare quale sia la marca o il modello migliore di elmetto e giubbetto, anche perché nel tempo ci sono continui miglioramenti che potrebbero cambiare la situazione; posso solo dare indicazioni su quale sia la mia "dotazione di base" e qualche considerazione su di essa:

Avira

Come antivirus ho scelto Avira, nella versione PRO (a pagamento, costa più o meno una ventina di euro l'anno); avira è una società tedesca, e il suo prodotto ha due caratteristiche da tener presenti: in primis è molto "leggero" e poco invasivo, in pratica non ci si accorge quasi di averlo istallato e non rompe le scatole mentre si lavora con rallentamenti o simili, e interviene solo quando necessario; inoltre gli aggiornamenti sono MOLTO frequenti

---

[54] NB: non è detto che gli attacchi siano di natura governativa, e quindi non è il caso di allarmarsi e di temere una escalation verso una guerra tradizionale tra eserciti; molto spesso si tratta di attacchi di natura criminale verso cui anche i governi degli stati stanno combattendo.

(specialmente nella versione PRO) e questo è indice di buona affidabilità; in genere è anche tra i primissimi in classifica tra gli antivirus da parte di diverse analisi indipendenti

Malwarebytes

Come complemento ad Avira utilizzo anche Malwarebytes (stavolta nella versione "free") con cui provvedo ad effettuare, periodicamente (più o meno una volta ogni settimana/quindicina) un controllo e conseguente pulizia per eliminare quei malware che non sono proprio virus, ma piuttosto possibili rischi per la privacy, come sistemi di monitoraggio della navigazione e simili, utilizzati normalmente per migliorare l'efficacia della pubblicità via internet; di solito non fanno danni, ma, come per la pubblicità indesiderata in cassetta delle lettere, ogni tanto un po' di pulizia non fa male.

CCleaner

E' l'impresa di pulizie a cui affido, anche qui periodicamente, più o meno un volta al mese, l'ingrato lavoro di andare a ripulire tutte quelle parti del sistema (il cosiddetto "registro", in particolare) dove, a lungo andare, si accumulano una serie di dati e informazioni che possono rallentare il funzionamento del sistema; anche di CCleaner uso una versione Free.

Questo set di strumenti non è necessariamente il migliore, ma per un uso domestico direi che può andare più che bene.

Topografia

Questo capitolo è nato specificatamente per gli studenti di Archeologia che devono, necessariamente, confrontarsi con un aspetto del loro lavoro particolarmente ostico (ovviamente per chi proviene da studi classici) dato che si basa su aspetti della matematica e soprattutto sulla loro applicazione pratica che trovano un limitato spazio nei programmi scolastici.

In effetti è un capitolo dove si vedono, fianco a fianco, le evoluzioni della tecnologia applicata grazie all'informatica e un possibile uso del foglio di calcolo abbastanza sofisticato.

Il problema, pratico, è di rilevare con precisione il terreno prima e durante degli scavi archeologici dove è indispensabile documentare ogni singolo passo e ogni singolo ritrovamento al fine di permettere una analisi che tenga conto della collocazione topografica di ogni manufatto; la facilità con cui oggi si possono fare fotografi digitali di ottimo livello grazie ad un semplice smartphone ha semplificato questa parte (pur rimanendo la necessità di fare fotografie che tengano conto della esposizione, del disporre di misure di confronto (es. un righello collocato accanto al reperto) e del non fare troppe fotografie inutili (necessità di una selezione ragionevole per evitare un sovraccarico informativo).

A fianco degli archeologi spesso si vedono coinvolte delle figure professionali specifiche (geometri, architetti) che si fanno carico di questo lavoro, ma l'archeologo deve comprenderne i principi e, alla bisogna, essere in grado di operare in autonomia.

Il rilievo topografico è, al tempo stesso, una scienza esatta basata sulla matematica (trigonometria in primis) e un "arte" dove la componente umana è sempre presente, introducendo da un lato la capacità di scelta e selezione delle migliori tecniche possibili, dall'altra una aleatorietà chiamata "errore umano".

Nel corso del tempo, accanto a strumenti matematici sempre più sofisticati (dai calcoli manuali si è passati alle calcolatrici, fino a programmi specifici per lo scopo o, più semplicemente, all'uso del "foglio di calcolo") si è provveduto a perfezionare, sempre più, i vari strumenti usati nelle attività di rilievo.

Fin dall'antichità ci si era resi conto che con semplicissimi strumenti si potevano realizzare le figure geometriche di base, come il cerchio (basta un picchetto piantato in terra e una corda) o l'angolo rettangolo (bastano dei pezzi di legno in proporzione 3-4-5, o una corda con dei nodi che formano delle "parti" nella medesima proporzione).

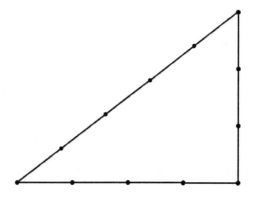

Con l'uso della trigonometria si potevano, ad esempio, calcolare con precisione l'altezza delle mura di una città, per predisporre delle scale abbastanza lunghe per "dare l'assalto", calcolare le distanze per regolare al meglio gli strumenti balistici (catapulte prima, cannoni poi).

In epoca relativamente moderna si è arrivati alla precisione costruttiva necessaria per la produzione di strumenti sempre più precisi: dalla "livella" al teodolite (nella sua versione più "imprecisa" tacheometro, anche se questa distinzione tende ad essere considerata superata), fino all'avvento dell'elettronica che ha permesso la creazione della "stazione totale", in pratica un teodolite molto più preciso e dove la "componente umana" viene, di fatto, resa quasi insignificante[55].

Ancora più recentemente la diffusione di sistemi basati sul GPS[56] (Global Positioning System) sufficientemente precisi allo scopo ha reso ancora più semplice l'attività di rilievo; parallelamente software sempre più sofisticati hanno reso automatico il "passaggio" dei dati di rilievo in un sistema CAD.

Perché, allora, studiare tecniche e metodi di base, di fatto "obsoleti" ?

I motivi sono più di uno:

---

[55] Beninteso, per il lavoro di semplice rilievo dei punti; non esiste un sistema automatico che preveda la SCELTA dei punti da rilevare, che rimane un esercizio di decisione del tutto umano.

[56] Per inciso, e da tenere presente: molte delle "tecnologie" umane sono derivate da esigenze di carattere militare; anche il GPS fu realizzato, dall'esercito USA, per facilitare lo spostamento dei mezzi corazzati in zone ignote (es. deserti) e il movimento di navi e aerei; solo più di dieci anni dopo la sua realizzazione fu reso disponibile, con precisione sufficiente, anche a scopi civili; nei primi anni i dati trasmessi dai satelliti che compongono il sistema GPS erano, nella parte decimale, criptati e quindi il posizionamento, se non si disponeva di apparecchiature militari, era oltremodo grossolano (errore dell'ordine di chilometri), mentre oggi si arriva alla precisione dei centimetri.

1. Qualsiasi sistema, anche il più sofisticato (GPS compreso) in effetti si basa, e le utilizza a pieno, sulle formule della trigonometria che, se non conosciute, almeno come principi, ci rendono difficile capirne il funzionamento, diventando, di fatto, totalmente dipendenti da una tecnologia senza poterne capire da un lato i limiti e dall'altro possibili errori grossolani.

2. Comprendere come si faceva nel passato è ancora più importante per un archeologo, che deve aver ben presenti metodi e strumenti disponibili al momento della realizzazione di manufatti, sia per aiutarlo a collocarli nel tempo sia per capire lo sforzo e le difficoltà necessarie per la loro realizzazione (si pensi alle Piramidi o a Machu Picchu, su cui si sta ancora oggi discutendo su quali possano essere state le tecniche adottate per la movimentazione, lavorazione e collocazione di enormi massi di pietra).

3. Non sempre la tecnologia è disponibile: da un lato per il suo elevato (per ora) costo, dall'altro perché talvolta si deve operare in condizioni logistiche complesse, dove magari anche solo avere a disposizione l'energia elettrica può essere una complicazione.

4. In ogni caso anche lo strumento tecnologico più sofisticato necessita di una fase di apprendimento all'uso (anche schiacciare i tasti del GPS... che va fatto nel corretto ordine e con i giusti tempi) e, se si sanno veramente usare strumenti più "rozzi" sicuramente saremo facilitati nell'apprendimento di quelli più sofisticati.

Accorgimenti di base

Prima regola: pazienza e precisione.

Per fare un rilievo si deve essere almeno in due persone, meglio se in tre; più di tre persone sono inutili, o, addirittura, creano confusione.

In ogni caso la distribuzione del lavoro è:

1. Una persona al "punto base" (che nel caso del rilievo con rotella è uno dei due punti A-B, come vedremo, nel caso del rilievo con strumento è, ovviamente, allo strumento)

2. Una persona al "punto da rilevare"

3. Una persona che scrive, sulla carta, i valori di rilievo

Il primo, nel caso dell'uso dello strumento, sarà opportunamente la persona con la vista migliore (nel caso del tacheometro...);

Il secondo, nel gergo tecnico, viene definito "canneggiatore" e, in effetti, è la persona più "importante" in un rilievo (normalmente lo fa proprio il più esperto) per diversi motivi:

• È quello che via via sceglie i punti da rilevare e si sposta da un punto all'altro

- Tenere la "stadia" perfettamente ferma e perfettamente verticale (per rendere più facile e preciso il lavoro di rilievo) non è affatto facile; alcune stadie hanno una livella incorporata per aiutare il canneggiatore in questo aspetto

Il terzo ha la pesante responsabilità di trascrivere con la massima precisione e chiarezza tutti i valori rilevati; quando si torna "in ufficio" non si ha la possibilità di ricontrollare i numeri scritti, e un numero poco leggibile o scarabocchiato inficerà il lavoro.

Tecnica base di rilevo con rotella

L'uso di una semplice rotella metrica a nastro (metallico o plastificato) permette già di effettuare rilievi anche di notevole complessità; tutto quello che dobbiamo fare è misurare i vari lati di "triangoli" che creeremo opportunamente unendo via via tre punti da rilevare sul terreno; grazie alla trigonometria potremo, in tal modo, "risolvere" i vari triangoli calcolando tutti gli angoli interni al triangolo e le varie misure necessarie per stabilire le "coordinate" di ciascun punto.

Nel nostro esempio utilizzeremo il metodo più semplice e veloce (anche se meno preciso, vedremo poi perché): dobbiamo "stabilire" arbitrariamente una base A-B esterna all'area di rilievo, di misura nota (nel nostro caso 30 mt) e rilevare le misure dei vari punti "x" sempre come distanza x-A e x-B; in questo modo avremo praticamente da risolvere un numero di triangoli pari al numero dei punti "x" rilevati, ma tutti con un lato A-B in comune, il che ci faciliterà molto nell'uso del foglio di calcolo.

L'uso della rotella metrica comporta qualche difficoltà pratica, da tenere ben presente:

1. Il nastro deve essere ben teso tra i due punti (se forma quella curva che viene definita "catenaria" ovviamente la misura sarà imprecisa perché misureremo in realtà una parte di circonferenza e non la retta tangente ai due punti

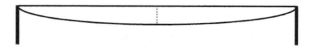

2. In particolare su distanze "lunghe" (oltre i 10 mt) è necessario, per contrastare l'effetto "catenaria", tirare con forza il nastro; se la rotella è di materiale plastico (es nylon rinforzato) comunque potremo avere un effetto di "stiratura", con un allungamento che può falsare, in una certa misura, la nostra rilevazione; con una rotella di materiale metallico (nastro in acciaio) dovremo fare più attenzione all'uso (per non sporcarla, piegarla e per non tagliarsi) ma avremo un effetto di allungamento molto minore per non dire praticamente nullo

Ma il problema principale che si presenta è, banalmente, il fatto che un rilievo eseguito solo con la rotella metrica non ci permetterà di valutare i dislivelli tra i vari punti: in pratica si potrà fare solo ed esclusivamente su superfici realmente piane, e non sarà possibile misurare la profondità (o l'altezza) di vari punti tra di loro.

In realtà esiste un metodo per ovviare a questo inconveniente, e, come spesso capita, la soluzione è molto più semplice di quanto si possa immaginare.

Come si può (poteva) realizzare un piano perfettamente orizzontale, in un epoca in cui le livelle e/o gli strumenti ottici non esistevano ? semplicemente perché l'uomo ha osservato molto presto che l'acqua si dispone, per sua natura, in posizione orizzontale, e il principio dei "vasi comunicanti" è ben noto da molto, molto tempo.

Anche al giorno d'oggi se si deve, in un cantiere, stabilire un piano orizzontale a distanza di molti metri la soluzione più semplice ed efficace non è quella di usare un sofisticatissimo strumento di rilievo ma, molto più prosaicamente, un comune tubo di plastica per annaffiare, meglio se trasparente o semi trasparente[57]; si srotola per terra lungo il nostro percorso, si riempie opportunamente di acqua, si sollevano da una parte e dall'altra le due estremità (unica accortezza: si controlla che lungo il tubo non siano rimaste bolle d'aria) e avremo, grazie all'acqua, una precisa indicazione del "livello" orizzontale tra le due estremità; facile, a questo punto, usare un semplice metro rigido (es. da muratore o falegname) per misurare i rispettivi dislivelli dal punto base e dal punto rilevato, calcolando, per differenza, il dislivello.

Seguendo la convenzione per la denominazione dei punti di un triangolo avremo quindi:

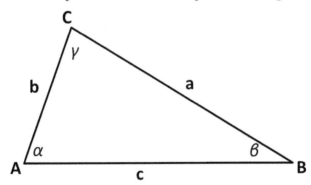

Notare: i vertici sono indicati con lettere maiuscole (ABC), i lati opposti ai vertici con la medesima lettera, minuscola (abc) e gli angoli di ogni vertice ABC con le prime lettere dell'alfabeto greco (αβγ).

---

[57] Vecchia battuta tra muratori: se non si vede bene il livello dell'acqua, aggiungere ad ogni estremità un po' di vino; in effetti se si versa lentamente il vino, più leggero dell'acqua, si posizionerà sopra e, scurendo il liquido, renderà più chiara la lettura.

Avendo noi fissato il lato AB come base fissa di 30 metri, in pratica tutti i triangoli potremo risolverli con la medesima formula, dove introdurre le due variabili "a" e "b" e risolvere tutti i dati relativi agli angoli.

In effetti poi l'unico angolo che ci interessa è "α", perché lo useremo per "risolvere" il triangolo rettangolo formato dall'altezza del triangolo sulla base "c", ossia calcolare l'altezza "Y" e il segmento di base "X" che non sono altro che i due cateti del triangolo rettangolo con ipotenusa "b".

Siamo arrivati a determinare, in questo modo, più lungo da spiegare che da attuare, le coordinate cartesiane X e Y del punto C, rispetto all'origine A che consideriamo il nostro "punto 0,0"[58].

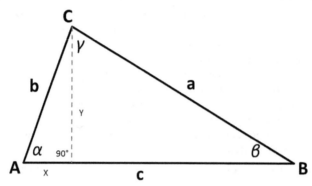

Libretto di rilievo con triangolazione

Per trascrivere i punti rilevati sarà sufficiente un foglio di carta strutturato come segue:

Nr punto	Distanza da punto A	Distanza da punto B

---

[58] Nel nostro esempio, in effetti, il punto A avrà coordinata X = 5 mt rispetto al punto S (Strumento) che avrà le vere coordinate 0,0; vedi più avanti lo schema completo del rilievo "misto" rotella-strumento.

Osservazione pratica: scrivere in modo chiaro e ben leggibile, senza correzioni o pasticci che rendano difficoltosa la trascrizione una volta tornati in ufficio.

La misura degli angoli

Una apparente complicazione è data dal fatto che, per gli angoli, esistono diverse unità di misura; quella più comunemente usata, e insegnata ai ragazzi fin dalle scuole elementari, è la suddivisione di una circonferenza in 360 parti (definita "sessagesimale") e quindi la definizione di un angolo "retto" (un quarto esatto di circonferenza) come un angolo da 90° (90 gradi).

Questa è una convenzione che ci deriva dall'antichità, e per un semplice motivo; 360 è un numero suddivisibile facilmente in molte parti diverse: è infatti un numero divisibile in parti uguali (senza resti) per

$$2 - 3 - 4 - 5 - 6 - 8 - 9 - 10 - 12 - 15 - 18 - 20 - 24 - 30 - 36 - 40 - 45 - 60 - 72 - 90 - 120 - 180$$

Ma questa, come tutte le misurazioni, è solo una convenzione, non una "legge di natura"...

Gli strumenti da rilievo, come vedremo il tacheometro, utilizzano spesso un sistema diverso: la circonferenza viene suddivisa in 400 parti, creando quindi un angolo retto di 100 "gradi centesimali"; questo per un motivo molto semplice: utilizzare un numero maggiore di suddivisioni, laddove non ci interessa il principio della "suddivisione", ci da una lettura un po' più precisa, dato che un "grado centesimale" (lo esprimeremo come ^{C}, quindi $90° = 100^c$) è un po' più piccolo di un "grado sessagesimale", e questo ci fornisce una approssimazione minore (e, di converso, una precisione maggiore).

Ovviamente passare da un sistema all'altro è una semplice operazione di calcolo, per cui 45° diventa $45/90*100$" $= 50^c$ (in pratica divido per la base di partenza, e moltiplico per la base di arrivo); cosi come 25^C diventano $25/100*90 = 22.5°$

Un po' più ostico ragionare in termini di "radianti" (anche perché c'entra di mezzo il π, numero irrazionale di per se...).

Però il principio è il medesimo: prendiamo una circonferenza, e la suddividiamo in π parti; quindi un angolo "giro" (l'intera circonferenza) sarà pari a π radianti (lo esprimeremo come ^{R}); anche in questo caso la conversione da un sistema all'altro seguirà il medesimo principio, solo con risultati espressi con diversi decimali (di norma da 4 a 6, di più diventa solo un esercizio di precisione intrinseca poco significativo).

Ad esempio 360° diventa "$360/360*\pi$", ossia 3.141593^R, mentre 90° saranno "$90/360*\pi$" ossia 0.785398^R, 30° saranno 0.61799^R ecc.ecc.

Complicato ? no, solo che non ci siamo molto abituati, e sembra irrazionale; quando poi faremo i calcoli trigonometrici ci accorgeremo che questo ci semplifica molto il lavoro...

Il rilevo con lo strumento

Ancora una volta: calma e gesso.

Le operazioni preliminari di preparazione sono assolutamente determinanti, dato che un errore introdotto in questa fase potrebbe invalidare tutto il lavoro; proprio per questo è necessario dedicare molta attenzione e un sufficiente lasso di tempo per predisporre la base di rilievo.

Prima cosa: la scelta del punto di collocazione dello strumento, che chiameremo "S" e che rappresenterà, nel nostro disegno su CAD, il punto con coordinate 0,0 (origine).

Esistono poche regole empiriche, e poi molto lo fa l'esperienza; proviamo a indicare qualche principio di base:

- Punto di per se pianeggiante, e con terreno sufficientemente soffice (terra, non roccia) in modo da poter "piantare" bene il treppiede dello strumento perché non si muova assolutamente durante tutto il rilievo

- Esterno all'area di rilievo, preferibilmente in un angolo di un ideale quadrilatero rispetto a quello che dobbiamo rilevare (questo ci permetterà di lavorare sempre con angoli positivi, e con coordinate X,Y dei punti di valore positivo; non è, ovviamente, impossibile lavorare con valori negativi ma è una complicazione in più; se si può, si evita).

- Punto che si prevede di non dover "movimentare" (ad esempio perché si arriverà presto a scavare proprio lì); "spostare" la base significa rideterminare un po' di valori, e anche questo non è impossibile, ma si tratta di un lavoro in più; se si può, si evita)

- Punto da cui si vede bene tutta la superficie da rilevare; prestare attenzione ad eventuali ostacoli come alberi o muri, che ci costringerebbero a operazioni di "disboscamento" (nel primo caso) o a misure "indirette", complicazione ulteriore (se si può, si evita)

Nel nostro caso abbiamo collocato lo strumento in un punto S allineato con i due punti A e B della base del rilievo "trigonometrico" in modo da semplificare, successivamente, l'unificazione dei dati dei due rilievi e poterli mettere a confronto.

In pratica i punti sono collocati in questo modo:

In questo modo l'origine del nostro rilievo sarà S, con coordinate 0,0; A, ovviamente, avrà coordinate 5,0 e B 30,0.

Per praticità, e anche perché molti programmi operano in questo modo, abituiamoci ad usare il PUNTO come separatore dei decimali mentre la VIRGOLA la useremo, nel caso delle coordinate, come separatore tra i due valori X e Y.

La prima operazione da fare sarà, semplicemente, piazzare il treppiede.

Se avremo piazzato il picchetto "S" a terra (piantando a fondo un picchetto corto) dovremo fare attenzione che il centro del treppiede (più o meno) cada verticalmente sopra il punto stesso; nella base centrale del treppiede c'è un opportuno foro ben grande da cui guardare in basso, e dove c'è anche il "vitone" a cui dovremo fissare lo strumento.

Una regola pratica fondamentale: infilare molto bene nel terreno le punte (è opportuno aiutarsi con i piedi e con il supporto apposito vicino a ogni punta) e serrare con forza le viti di regolazione dell'altezza: il treppiede (e lo strumento sopra) non dovrà assolutamente muoversi durante tutto il lavoro di rilievo.

Un banale dettaglio sull'altezza: è bene regolarlo in modo da avere lo strumento alla giusta altezza degli occhi per facilitare il lavoro di lettura; stare piegati, a lungo andare, stanca inutilmente.

Fare in modo, regolando opportunamente i tre piedi, che il piano di appoggio dello strumento sia "più o meno" già orizzontale, per semplificare il successivo lavoro di "messa in bolla".

Lo strumento che usiamo nel lavoro di rilievo sarà un semplice "tacheometro da cantiere", marca Galileo; nel suo campo, negli anni '70, un eccellente strumento, oggi ovviamente superato dalla tecnologia ma ancora perfetto per l'uso didattico, visto che ha tutte le caratteristiche necessarie per illustrare il funzionamento di un qualsiasi altro tipo di strumento.

Questo strumento ha una robusta base circolare da fissare al treppiede tramite un vitone (tipo macchina fotografica ad un cavalletto); prima di serrare fisseremo, al vitone sul treppiede, un filo a piombo e muoveremo la base in modo da essere esattamente sulla verticale del picchetto; a questo punto potremo stringere con forza il vitone sul treppiede in modo da "fermare" saldamente lo strumento.

Il successivo passaggio consiste nel disporre lo strumento in posizione perfettamente orizzontale, operazione che viene chiamata "messa in bolla", visto che, per poterlo fare, si dovranno utilizzare le livelle a bolla presenti sullo strumento, che sono ben tre (anche se a noi, in questo lavoro, ne serviranno solo due).

[175]

La prima livella, posizionata sulla base circolare dello strumento e ben visibile nella foto è quella tonda, detta anche "livella di approssimazione" perché serve per un primo, grossolano, posizionamento dello strumento.

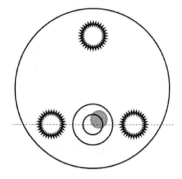

Per procedere si deve, prima di tutto, posizionare la livella in asse con due delle viti di regolazione (sono le tre viti nere in basso, messe a 120°), come nella figura a fianco.

A questo punto, agendo SOLO sulle due viti in asse con la bolla le ruoteremo opportunamente fino a portare la bolla approssimativamente al centro, e poi useremo la terza vite per perfezionare la centratura.

Un accorgimento: già la livella di approssimazione ma, soprattutto, la livella di precisione che vedremo poi, sono PIGRE; la bolla si sposta

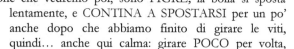

lentamente, e CONTINA A SPOSTARSI per un po' anche dopo che abbiamo finito di girare le viti, quindi... anche qui calma: girare POCO per volta, aspettare che la bolla si fermi e poi procedere per ulteriori spostamenti; se si ha fretta la bolla continuerà a passare da una parte all'altra facendoci diventare matti ad inseguirla.

Una volta che la "livella di approssimazione" sarà centrata in modo convincente,

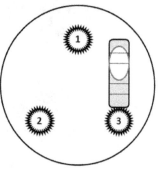

potremo procedere con la "livella di precisione", che è quella in alto, coperta da uno specchietto nero, e visibile sia da sopra che lateralmente (per facilitarci il lavoro, se abbiamo correttamente piazzato lo strumento "ad altezza occhi" la guarderemo di lato...)

Anche in questo caso all'inizio ruoteremo lo strumento in modo da collocare la livella in asse con due viti di regolazione, come nella figura a lato, e agiremo SOLO sulle viti indicate in figura come "2" e "3", in asse con la livella; a maggior ragione in questo caso, dove la livella è MOLTO precisa, agire con delicatezza (piccolissimi movimenti delle viti, aspettare che la bolla si fermi, agire ancora fino a centrarla perfettamente).

Quando il posizionamento della bolla sarà PERFETTAMENTE CENTRALE potremo procedere a ruotare lo strumento di 90° in modo da collocare la livella in asse con la terza vite (indicata nella figura con "1"), e **AGIRE SOLO SU QUELLA** per regolare, nuovamente, la livella fino a collocare la bolla perfettamente al centro.

Verifica finale: ruotare indietro di 90° per riportare nella posizione iniziale, e ricontrollare se la bolla rimane al centro; in caso contrario, calma e gesso, ripetere le operazioni di centratura.

A questo punto lo strumento è "in bolla", ossia correttamente posizionato con la base perfettamente orizzontale rispetto alla terra[59].

Componenti dello strumento

Uno strumento da rilievo (tacheometro o teodolite) è sostanzialmente composto da un cannocchiale fissato ad un supporto che gli permette dei movimenti sui due assi, orizzontale e verticale.

Giusto per usare sempre la terminologia corretta, diciamo che il supporto a forcella a cui è

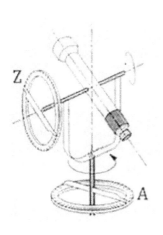

fisato il cannocchiale si chiama "alidada", e i due cerchi (che non vediamo direttamente ma solo attraverso il piccolo oculare laterale) sono i goniometri (misuratori di angoli) Azimutale (quello che misura gli angoli in sul piano orizzontale) e Zenitale (che misura gli angoli sul piano verticale).

I goniometri sono "dentro" la struttura metallica dello strumento, in modo da proteggerli da urti e danneggiamenti vari; per osservarli (fare le letture) è necessario guardare dentro il piccolo oculare che si trova sul lato sinistro dello strumento (lo si può ruotare sul piano verticale per portarlo ad altezza "comoda" per l'occhio dell'operatore); dato che i goniometri sono "al chiuso" per poterli vedere è necessaria una fonte di luce; il tacheometro non usa pile o altro (almeno non internamente) ma si deve "aprire" il piccolo sportellino coperto da uno specchietto in basso, sotto all'oculare, e regolando opportunamente lo specchietto si può fare in modo che un raggio solare vada a colpire il foro, illuminando al meglio i goniometri visibili

---

[59] Qui il discorso sarebbe molto più complicato, visto che lo strumento è "orizzontale" rispetto al "geoide", ma cosa sia il "geoide" lo lascio scoprire a chi ha voglia di approfondire, magari cercando il termine su internet; per i nostri scopi (rilievo da campo di una superficie relativamente limitata) il concetto di "orizzontale rispetto al terreno" è una corretta definizione, anche se approssimativa.

dall'oculare; in mancanza di sole, ovviamente, si può rimediare con una normale lampadina a pile o uno smartphone con l'APP "Torcia", illuminando "dentro" il foro…

Il goniometro "Zenitale" è bloccato in fabbrica in modo da essere strettamente solidale con il cannocchiale, e tarato in modo che se si dispone il cannocchiale in orizzontale segni il valore 300^C; il goniometro "Azimutale", invece, può essere "bloccato" o "sbloccato" agendo sulla levetta nera sulla base dello strumento, davanti al cannocchiale in basso.

Con la levetta in basso il goniometro sarà "bloccato" solidale allo strumento, e quindi "seguirà" lo strumento nei suoi spostamenti segnando sempre lo stesso valore; con la levetta in alto invece il goniometro sarà "sbloccato" dallo strumento, e rimarrà in effetti fermo (solidale alla base) in modo da permetterci la lettura degli angoli.

Sul lato destro dello strumento troviamo due viti zigrinate che servono per effettuare gli spostamenti; ogni vite ha, all'esterno, una sorta di forcella (anche essa zigrinata) che è una controvite di "serraggio" in modo da poter indurire lo spostamento, mentre la vite intera (interna) serve per gli spostamenti di precisione.

Questo concetto è un po' generale, in tutto lo strumento: abbiamo sempre un modo per fare spostamenti più "grossolani" e poi più "fini" (come per la "messa in bolla"), sia per le letture.

Noi useremo il nostro tacheometro solo per le letture di angolo AZIMUTALE e per le distanze, trascurando il fatto che possa anche misurare gli angoli ZENITALI (sulla verticale), che non ci servono in questo esempio dato che la nostra superficie da rilevare ha dislivelli minimi (entro i 2 mt).

Per lavorare in questo modo dobbiamo:

1. mettere il cannocchiale in posizione approssimativamente orizzontale
2. serrare la controvite superiore (sul lato destro)
3. guardare nell'oculare di lettura dei goniometri, e muovere, con la vite superiore, i cannocchiale finché non facciamo una lettura sull'asse Z pari esattamente a 300^C
4. serrare con maggiore forza la controvite
5. ricontrollare la lettura per verificare che nella operazione di serraggio il goniometro non si sia mosso

Per semplificare il nostro lavoro di rilievo procederemo a impostare l'asse azimutale dello strumento sul valore 100^C e a allinearlo con la nostra base di rilievo; in questo modo le letture degli angoli dei punti da rilevare saranno sempre compresi tra 0^C e 100^C (non che sia impossibile lavorare con valori diversi, ma quando si può ci si semplifica il lavoro...).

Per far questo dobbiamo, nell'ordine:

1. spostare la levetta sul davanti dello strumento verso l'alto in modo da "sbloccare" il goniometro azimutale.
2. guardando nel visore laterale muovere lo strumento fino ad allinearlo esattamente al valore 100 (sull'asse A)
3. spostare a questo punto la levetta verso il basso (in modo da "bloccare" il goniometro e poterlo trascinare insieme allo spostamento orizzontale dello strumento (ricontrollare la lettura per verificare che non si sia spostato).
4. Far sistemare il canneggiatore con la stadia esattamente sopra il punto B
5. Traguardare la stadia (poi vediamo meglio come si fa)
6. Spostare la levetta davanti allo strumento verso l'alto (in modo da "sbloccare" il goniometro)

Ultima operazione da fare, con attenzione, è misurare l'altezza da terra dello strumento; per far questo sarà sufficiente un comune metro a nastro, appoggiato a terra e srotolato fino al punto centrale dell'oculare del cannocchiale; questa misura ci permetterà di calcolare, poi, la quota relativa di tutti gli altri punti.

Da questo momento possiamo realmente iniziare il lavoro di rilievo, dato che lo strumento è "piazzato"; attenzione in particolare a:

1. Ricontrollare almeno due volte le letture di partenza, ossia che sull'asse Zenitale si legga sempre 300^C, e sull'asse Azimutale (traguardando il punto B) si legga il valore 100^C.
2. Ricontrollare la livella di precisione, sui due assi, che sia sempre ben centrata
3. Serrare bene la controvite superiore, in modo da essere certi che il cannocchiale non si muova sull'asse verticale

4. NON URTARE mai né il cavalletto né lo strumento

Per "traguardare" (termine tecnico per "Mirare") si può usare, in prima approssimazione, il mirino posto sopra lo strumento (si vede meglio se si alza lo sportellino che copre una terza livella, nel nostro caso non usata).

Come si vede nella figura il mirino è, nella parte anteriore, un cono con sopra una piccola pallina, mentre nella parte posteriore (più vicina al nostro occhio) è formato da una specie di forcella.

L'allineamento deve essere fatto, osservando da dietro lo strumento, considerando la pallina al centro della forcella, e allineando "più o meno" con la stadia.

A questo punto potremo spostare lo sguardo dentro il cannocchiale per centrare esattamente la lettura ("traguardare" la stadia") aiutandoci con la vite laterale in basso per gli spostamenti lenti di precisione.

La stadia

La stadia appare l'aspetto più semplice della attrezzatura da rilievo, e invece il suo uso, semplice solo in apparenza, è quello più difficile, soprattutto se la stadia stessa non è dotata di alcuna strumentazione di supporto.

Diciamo subito che esistono stadie "sofisticate" (e non mi riferisco a quelle per stazione totale o simili) ma semplicemente a stadie dotate di treppiede (o meglio di "zampe di supporto") nonché di una livella incorporata, in modo sia da poterle "piazzare" sul punto e non doverle sostenere manualmente[60], si per controllarne continuamente la perfetta verticalità.

Una stadia, normalmente, è costituita da più sezioni che possono rientrare una dentro l'altra, tipo canna da pesca telescopica, con una importante differenza: le varie sezioni hanno un "bottone" di fissaggio (a molla) in modo da permetterne l'estensione in misura perfettamente fissa, in modo da avere sempre una misura regolare.

Va da se che non si deve tenere la stadia completamente estesa (può essere anche di 5 mt) sia perché è molto scomoda negli spostamenti da un punto all'altro ma soprattutto perché sarà più

---

[60] Il che potrebbe essere molto utile, ad esempio, se ci si ritrova a fare un rilievo da soli.

difficile tenerla ferma e verticale; meglio estendere la stadia del minimo necessario perché sia "leggibile" dallo strumento.

Sulla faccia anteriore sono segnate delle misure, in varia maniera, sia con numeri che con "tacche", in modo da facilitarne la lettura a distanza tramite il cannocchiale; molto importante la sottile linea rossa verticale, posta al centro della faccia, che è la linea da "traguardare" per misurare l'angolo.

Prima considerazione: anche la stadia ha un certo ingombro alla base, diciamo di 6-7 cm x 2-3, e quindi dovremo fare attenzione affinché il centro della faccia anteriore (quella con i numeri) sia rivolto verso lo strumento, e la linea rossa, alla base, coincida con il punto che vogliamo rilevare sul terreno.

Appoggiata la stadia dovremo prestare attenzione che sia in posizione verticale (e in questo ci aiuta l'osservatore dallo strumento, che ci indicherà se spostarla a destra o a sinistra, finché non sarà ragionevolmente verticale), dopodiché pazienza e gioco delle belle statuine: assolutamente fermi finché l'operatore allo strumento non avrà eseguito e trascritto le varie letture.

Esistono vari tipi di stadia, con numeri segnati in varie maniere, più o meno sofisticati, normalmente con sfondo bianco brillante o giallo e numeri e tacche in nero e/o rosso per agevolare la visibilità tramite il cannocchiale.

La stadia indicata con "1" è apparentemente di più facile lettura: i numeri indicano i decimetri, ogni tacca ovviamente un centimetro e le forme simili a delle E o 3 servono per evidenziare i centimetri da 5 a 10.

La stadia indicata con "2" in effetti permette però una più precisa lettura, anche se di deve fare un po' più di attenzione; i numeri rossi indicano i metri, i numeri grandi neri indicano i decimetri (e sono collocati IN ALTO rispetto al decimetro che indicano, poi ogni mezzo centimetro c'è una tacca alternata nera o bianca/gialla; infine a destra, effettivamente poco visibile a occhio nudo c'è una scala che indica i millimetri…

Dopo che abbiamo traguardato la stadia con il mirino osserveremo, da dentro il cannocchiale, e vedremo (inizialmente con un po' di difficoltà) una "griglia" di fili neri (molto molto sottili) che serve per effettuare le letture.

Verticale

Filo Superiore

Filo centrale

Filo Inferiore

Si distinguono:

- Verticale
- Filo Superiore
- Filo Centrale
- Filo Inferiore

Dobbiamo regolare, usando la vite

grande a destra dello strumento in basso, il cannocchiale finché la linea verticale non sarà perfettamente sovrapposta alla linea rossa verticale sulla stadia. Dopodiché potremo procedere alle "letture" dei tre fili, annotando accuratamente i tre valori.

La lettura dovrà essere quanto più possibile precisa, cercando di "stimare" anche i valori inferiori al centimetro; nell'esempio che vediamo nella figura successiva potrebbero essere, grossolanamente, 150 al filo superiore, 142 al filo centrale e 134 al filo inferiore.

Ma se si osserva bene il filo inferiore è "un po' sopra" la tacca del 134, così come il filo centrale è "un pelo sopra" la tacca del 142; potremo quindi stimare (valutare) che le misure corrette siano:

- Filo superiore: 150,0
- Filo centrale: 142,2
- Filo inferiore   134,4

Da notare subito che il filo centrale è messo in posizione esattamente centrale rispetto agli altri due, quindi un primo controllo, immediato, è che la formula (Filo Superiore + Filo Inferiore)/2-Filo Centrale dia sempre 0 (nel nostro esempio: 150+134,4 = 284,4; 284,4/2 = 142,2; 142,2-142,2=0), altrimenti abbiamo letto male qualche cifra.

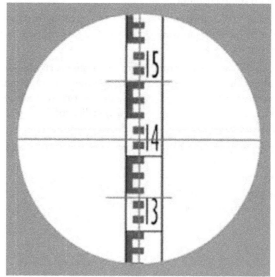

La lettura del filo centrale (142,2) rappresenta la "quota relativa" del punto; in pratica se, quando abbiamo piazzato lo strumento, abbiamo misurato una altezza da terra, ad esempio, di 170 cm, ovviamente il punto che stiamo rilevando sarà a quota 170-142,2 ossia -27,8 cm rispetto al "punto strumento".

La lettura degli altri due fili (o meglio l'intervallo di distanza calcolato come Filo superiore – Filo inferiore) moltiplicato per un valore fisso (differente da strumento a strumento, e reperibile sul manuale dello strumento stesso; in genere, per i tacheometri da cantiere, il valore fisso è 100) da la distanza tra il punto strumento e il punto rilevato…

In pratica nell'esempio sopra il punto rilevato è a 150-134,4 = 15,6 METRI.

Da notare, subito, che si tratta di una misura abbastanza grossolana (in effetti è difficile stimare sotto i 10 cm) e quindi operare con pazienza e stimare accuratamente i valori delle letture serve proprio a ottenere il massimo possibile di precisione dallo strumento.

Goniometri

Osservando dal piccolo oculare sul lato sinistro dello strumento (anche esso regolabile in altezza per metterlo più "comodo" per la lettura, e con una ghiera per regolare la "messa a fuoco") potremo vedere chiaramente[61] i due goniometri, A (per Azimutale) e Z (Per Zenitale).

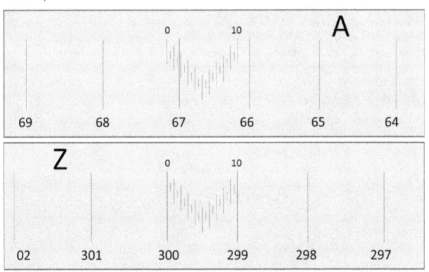

Se abbiamo correttamente tarato lo strumento all'inizio l'asse **"Z"** sarà posizionato come in figura, e NON dovrà mai muoversi durante tutto il rilievo.

L'asse **"A"** invece sarà quello che, agendo opportunamente sulla vite di regolazione (è quella a destra IN BASSO) scorrerà e fornirà, via via, le letture.

---

[61] Se non si vede nulla, APRIRE LO SPORTELLINO laterale per far entrare luce, regolando eventualmente lo specchietto per "catturare" un raggio di sole o utilizzare una comune pila (o cellulare con app "Torcia") per illuminare bene l'interno…

Quindi, riepiloghiamo ancora una volta, nell'ordine:

1. "Sblocchiamo" la ghiera della vite in basso a destra, in modo da poter agevolmente ruotare lo strumento
2. "Traguardiamo" con il mirino la stadia, ruotando manualmente lo strumento
3. "Stringiamo" leggermente la ghiera della vite in basso a destra
4. "Traguardiamo" il filo centrale della stadia osservando con il cannocchiale, muovendo lo strumento agendo sulla vite in basso a destra (non sulla ghiera esterna, sulla vite…)
5. Effettuiamo a lettura dei fili e dell'angolo, SENZA TOCCARE LO STRUMENTO né con le mani né con la testa o altre parti del corpo….

La lettura, anche in questo caso, prevede il valore "grossolano" facilmente individuabile, e il valore "preciso" determinato con una scala ulteriore di suddivisione, nel nostro esempio identificata da quella serie di linee verticali disposte come una V, con sopra i valori 0 e 10.

La lettura del valore dell'angolo è SEMPRE il numero in basso (della scala A, ovviamente) la cui linea CADE ALL'INTERNO DELLA V (nel nostro esempio quindi 67); i decimali dell'angolo sono STIMABILI tramite la V, sapendo che il vertice in basso rappresenta il 50, che ogni tacca maggiore quindi identifica intervalli di 10 e ogni tacca intermedia intervalli di 05.

Nel nostro esempio, quindi, potremo STIMARE un valore di 67,18^C

Anche in questo caso, non trascurare le frazioni minori limitandosi a valori come .10, .15, .20, .25 e così via, ma cercare di "apprezzare" anche intervalli intermedi in base alla vicinanza della linea della cifra in basso con le varie tacche.

NB: se per caso (capita) la linea della cifra cade esattamente sulla linea dello 0 il valore da leggere è appunto quello (e non la linea che cade sotto al 10) e solo intero (come nell'esempio in figura dell'asse Z, che vale 300,00^C).

Schizzo del rilievo

Prima di procedere con il rilievo (magari mentre un operatore sta faticosamente "piazzando" lo strumento e regolando tutti i valori, livelle e goniometri) sarà necessario, su un foglio di carta, fare un approssimativo disegno ("schizzo") delle opere da rilevare, senza l'esigenza di essere troppo precisi; su questo schizzo dovremo segnare i vari punti che andiamo a rilevare, numerandoli progressivamente; sarebbe anche buona norma, visto che oggi con un qualsiasi cellulare anche di infima qualità è possibile, scattare una foto alla base della stadia in ogni punto che si va a rilevare, in modo da poter ricostruire più facilmente la situazione anche una volta tornati in ufficio[62].

---

[62] Da notare anche qui la terminologia: Ufficio, Studio…

Libretto di rilievo tacheometrico

Nome altisonante, essenzialmente un foglio su cui annotare, ORDINATAMENTE; tutte le letture; avrà un formato approssimativamente come questo:

Nr Punto	Letture alla stadia			Angolo
	Superiore	Intermedio	Inferiore	

Osservazione pratica: è bene SUBITO fare il controllo delle letture alla stadia [(SUP-INF)/2 deve dare un valore uguale a INT] dato che se ci si accorge di un errore quando siamo tornati al tavolino sarà un po' complicato capire come correggere.

Google Earth

Google Earth è uno di quegli esempi di tecnologia applicata che, almeno per chi è vissuto PRIMA della sua esistenza, lasciano sbalorditi.

In pratica Google, di cui abbiamo già parlato, ha proceduto, con pazienza, a raccogliere tutte le foto aeree disponibili[63] (e dove non disponibili ha mandato degli aeroplani per farle) e ha ricostruito, in scala, l'intera mappa del pianeta terra[64].

Usando un comune PC, con una buona connessione ad internet, è possibile "navigare" su tutta la superficie della terra[65]   portandosi a piacere a diversi livelli di altitudine; ovviamente più in basso ci si porta e più dettagliata sarà l'immagine ottenuta; per rendere il tutto ancora più divertente[66] nella applicazione Google Earth è ricompreso un "Simulatore di volo" con il quale è possibile comportarsi come alla guida di un aereo, e "sorvolare" qualsiasi parte del pianeta.

---

[63] Foto satellitari, aerofotogrammetrie e simili

[64] Alcune zone, in particolare città, sono molto dettagliate (si distinguono bene anche forme piccole come auto e simili, altre zone sono ancora con un livello di dettaglio inferiore, ma il lavoro è "in progress", e sta progressivamente migliorando su tutto il pianeta; (provare, ad esempio, a osservare Katmandù e Firenze: Katmandù ci sembra avvolta nella nebbia, mentre in Piazza della Signoria potremmo contare le persone presenti…)

[65] E, per chi non lo sapesse, anche della Luna e di Marte…

[66] Procedimento definito come "gamification"

Nel esempio useremo una area vicino a Rignano Sull'Arno (Provincia di Firenze), dove esiste un sito archeologico denominato "Castelluccio di Rignano"; in questo sito esistono dei ruderi di un castello medievale sui cui la cattedra di Archeologia Medievale sta portando avanti, da anni, degli studi di approfondimento

Su Google Earth cercheremo dapprima la zona geografica in base al nome del paese più vicino e poi, spostandosi e aiutandosi con riferimenti facili come fattorie, case, strade e altro individueremo l'esatta posizione del sito archeologico; a questo punto è sufficiente:

1. Cliccare contemporaneamente con Ctrl+Alt+C (Copia Immagine)
2. Aprire un programma di gestione immagini (es PAINT oppure direttamente Power Point)
3. Cliccare contemporaneamente Ctrl+V (Incolla)

E si otterrà una "fotografia" dell'area inquadrata con Google Earth, da ritagliare opportunamente in base alle nostre esigenze.

Nell'esempio a fianco, ottenuto con PowerPoint e ruotando l'immagine approssimativamente di 180° rispetto al nord, vediamo l'area interessata e disposta in modo da chiarire la disposizione della nostra "base di rilievo".

Google Earth sta diventando (lo è già, in effetti) uno strumento eccezionale di analisi del territorio; sono state scoperte strutture molto interessanti, in ambito archeologico, semplicemente osservando con pazienza delle immagini di Google Earth di zone del pianeta desertiche o in vallate e punti poco accessibili; ovviamente occorre molto allenamento e una buona dose di esperienza nella "Lettura" di queste immagini dall'alto, perché è ben possibile "vedere" delle forme regolari che ci fanno pensare ad un insediamento anche se si tratta semplicemente di sentieri tracciati dal passaggio di animali...

Da notare che Google Earth ci fornisce (in basso a destra) anche le coordinate del punto indicato dal cursore; per esempio, l'ingresso di Palazzo Fenzi, sede del Dipartimento SAGAS dell'Università degli Studi di Firenze, è a coordinate

43° 46' 39.63" N   11° 15' 23.97" E

Tra l'altro, fatto caso che l'Italia, o meglio la Pianura Padana, è "tagliata" orizzontalmente dal parallelo 45°, ossia esattamente a metà strada tra il Polo e l'Equatore ? lungo l'Autostrada A7 tra Milano e Genova, approssimativamente vicino al paese di Casei c'è anche un cartellone stile pubblicità che lo indica...

Tornando al nostro sito, tramite Google Earth (funzione "righello") è anche possibile misurare, con buona approssimazione, le dimensioni del sito che risultano essere di circa 50 x 40 mt; la torretta della casa vicina al sito è approssimativamente di 6 x 6 mt, e il pozzo al centro del sito ha un diametro di 1,70 mt, con l'anello esterno di diametro circa 6,40 mt.

Foglio di calcolo applicato al rilievo

Come abbiamo visto il foglio di calcolo è un formidabile strumento di lavoro estremamente flessibile e adattabile alle più svariate esigenze, perfetto nel nostro caso per effettuare, con pochi click, tutti i calcoli necessari.

Ricordiamo i principali punti che ci saranno utili:

1. se si imposta una formula in una cella poi si può facilmente "trascinarla" verso il basso in modo da ripetere la medesima formula per tutte le righe, variando automaticamente i riferimenti alle celle (numero di riga)
2. esistono numerose "funzioni" del foglio di calcolo che permettono di fare calcoli anche complessi senza necessariamente avere a disposizione tavole o calcolatrici (es. SEN, COS, RADIANTI, PI.GRECO() ecc.ecc.)

Nel nostro esempio prevediamo di rilevare, con entrambi i metodi, i medesimi 14 punti; i risultati delle letture (trascrizione dei due libretti) sono state inserite nei rispettivi fogli di calcolo

Rilievo tacheometrico

Il rilievo tacheometrico prevede le letture dei fili e dell'angolo; inserite in EXCEL appaiono, nelle colonne da A ad E come segue:

Punto	Letture			
	Filo SUP	Filo INT	Filo INF	Angolo
1	161	150	139	55,54
2	261	248,5	236	46,62
3	231	216,75	202,5	45,95
4	264	260	256	335,01
5	224	204	184	63,45
6	354	334	314	12,4
7	173	155,25	137,5	39,68
8	140	123	106	52,64
9	141	122	103	63,25

10	107	91,5	76	60,55
11	124	109,5	95	57,18
12	136,8	117,8	98,8	73,85
13	168	148,2	128,4	63,86
14	142,2	123,7	105,2	63,14

Questi dati verranno inseriti nelle colonne da A a E dove

A = Numero del punto

B = Lettura filo superiore

C = Lettura filo intermedio

D = Lettura filo inferiore

E = Lettura angolo

In basso, sotto la colonna C (esattamente alla cella C18) potremo inserire una formula che sfrutta la funzione "MIN" (stabilire il valore minimo) con il formato

=MIN(C3:C16)

Dove C3:C16 identifica l'intervallo di celle che contengono le letture del filo intermedio.

Il risultato sarà 91,5 che, come possiamo facilmente vedere, corrisponde al punto 10, che quindi sarà il punto più ALTO del nostro rilievo e che potremo considerare come quota 0. (il valore è alla cella C12).

Nella cella F3 potremo quindi scrivere una formula come

=C3-C12

e cliccare due volte nell'angolo della cella medesima, in modo da "ripeterla" per tutta la colonna (finché ci sono valori nella colonna "C"); aver impostato il $ davanti alla lettera e al numero della cella fa si che EXCEL adatti la formula stessa nella parte "non impostata", mentre non modificherà mai il riferimento "fissato" alla cella C12; quindi nella colonna D avremo formule che vanno da C3-C12 fino a C16-C12, e otterremo, in definitiva, tutti i dislivelli dei vari punti RISPETTO AL PUNTO 10

Nella cella GG3 potremo impostare la formula

=(B3+D3)/2-C3

In modo da controllare rapidamente se le letture dei "fili" sono accurate; anche in questo caso è semplice replicare la formula in tutta la colonna, fino a =(B16+D16)/2-C16; i risultati dovranno sempre essere 0...

Nella colonna H potremo calcolare la distanza del punto, semplicemente con

=(B3-D3)

Che ci fornirà la distanza in METRI (differenze delle letture in cm * 100, costante dello strumento)

Il calcolo delle coordinate X e Y dei punti potremo calcolarle nelle colonne successive, e faremo vari passaggi per chiarire i calcoli.

Colonna I

Dobbiamo determinare l'angolo α (adiacente al punto A); dato che abbiamo regolato lo strumento per porre il valore 100^C sull'asse AB, la lettura che noi abbiamo fatto in realtà è il complemento a 100 dell'angolo α, quindi calcoliamo

=100-E3

Colonna J

In questa colonna prepareremo il valore dell'angolo trasformato in sessagesimale, con la formula:

=I3/100*90

Colonna K

A questo punto in questa colonna possiamo calcolare il valore dell'angolo in RADIANTI, usando una funzione intrinseca di EXCEL

=RADIANTI(J3)

Dopo questi calcoli disponiamo nella colonna H delle distanze e nella colonna K gli angoli in radianti; diventa semplice il calcolo delle coordinate X e Y nelle celle successive (colonne L e M) con le formule:

=H3*SEN(K3) (nella colonna L)
=H3*COS(K3) (nella colonna M)

Per comodità poi avremo bisogno di trasformare i valori ottenuti in modo da facilitare il lavoro di "copia/incolla" su CAD.

Per loro natura questi programmi normalmente utilizzano il PUNTO come separatore dei decimali, mentre usano la VIRGOLA per separare le due coordinate X e Y.

Per fare questo useremo una formula che unisce più funzioni di EXCEL; esattamente la funzione SOSTITUISCI (che ci permette di sostituire la virgola con il punto) e la funzione CONCATENA che ci permette di "unire" più stringhe (contenuto di celle) insieme.

La colonna N conterrà quindi la formula

=CONCATENA(SOSTITUISCI(L3;",";".");",";SOSTIT UISCI(M3;",";"."))

E il risultato ottenuto, nella riga 3, sarà come

14.659824766587,17.4622317535006

Il foglio di calcolo finale sarà quindi:

P	Letture						Calcoli					
	Filo SUP	Filo INT	Filo INF	Angolo	Q	Err	Dist	Alfa C	Alfa °	Alfa R	X	Y
1	161	150	138,2	55,54	58,5	-0,4	22,8	44,46	40,014	0,69837	14,66	17,46
2	261	248,5	236	46,62	157	0	25,0	53,38	48,042	0,83849	18,59	16,71
3	231	216,75	202,5	45,95	125,25	0	28,5	54,05	48,645	0,84901	21,39	18,83
4	264	260	256	335,01	168,5	0	8,0	-235,01	-211,509	-3,69152	4,18	-6,82
5	224	204	184	63,45	112,5	0	40,0	36,55	32,895	0,57412	21,72	33,59
6	354	334	314	12,40	242,5	0	40,0	87,60	78,840	1,37601	39,24	7,74
7	173	155,25	137,5	39,68	63,75	0	35,5	60,32	54,288	0,94750	28,82	20,72
8	140	123	106	52,64	31,5	0	34,0	47,36	42,624	0,74392	23,02	25,02
9	141	122	103	63,25	30,5	0	38,0	36,75	33,075	0,57726	20,74	31,84
10	107	91,5	76	60,55	0	0	31,0	39,45	35,505	0,61967	18,00	25,24
11	124	109,5	95	57,18	18	0	29,0	42,82	38,538	0,67261	18,07	22,68
12	136,8	117,8	98,8	73,85	26,3	0	38,0	26,15	23,535	0,41076	15,17	34,84
13	168	148,2	128,4	63,86	56,7	0	39,6	36,14	32,526	0,56768	21,29	33,39
14	142,2	123,7	105,2	63,14	32,2	0	37,0	36,86	33,174	0,57899	20,25	30,97

Rilievo a triangolazione

Il rilevo a triangolazione prevede solo le misure di distanza dai punti A e B, e inseriti i dati in EXCEL appare, nelle colonne da A a C come segue:

Punto	Misure	
	da A (b)	da B (a)
1	19,36	22,69
2	22,12	26,13
3	26,05	26,92

4	13,30	42,59
5	35,12	21,40
6	41,80	49,00
7	32,67	32,10
8	30,47	25,05
9	33,01	20,74
10	27,36	20,48
11	21,75	25,17
12	33,51	15,80
13	35,00	21,20
14	33,10	20,74

Colonna D

Inseriremo a questo punto una colonna D per il valore fisso 30 (pari alla nostra base, distanza predeterminata tra A e B, nel triangolo identificata come "c")

Colonna E

La colonna E servirà per il calcolo dell'angolo α (espresso in radianti) usando una delle formule trigonometriche relative al calcolo di un angolo di un triangolo "qualsiasi" di cui siano noti i tre lati.

$$=ARCCOS((B3^2+D3^2-C3^2)/(2*B3*D3))$$

Notare l'uso della funzione ARCOCOSENO, e l'elevazione al quadrato espresso come ^2, nonché l'attento uso delle parentesi per scrivere la formula su una sola riga

Cella F1

La cella F1 la useremo per inserire il valore costante 5,00 che rappresenta la distanza tra il punto S e il punto A, in pratica il valore da aggiungere alla coordinata X calcolata rispetto ad A per ottenere il valore finale rispetto a S.

Colonna F

Nella colonna F potremo calcolare quindi la coordinata X (orizzontale) rispetto ad S con la formula:

$$=B3*COS(E3)+\$F\$1$$

Notare la parte finale, dove alla formula "=B3*COS(E3)" viene aggiunto il valore della cella F1 impostato con il simbolo di $ davanti alla lettera e al numero, in modo da non farlo modificare da EXCEL quando copieremo la formula stessa nelle righe successive.

Colonna G

La colonna G sarà usata per il calcolo della coordinata Y (verticale) con la formula

=B3*SEN(E3)

Colonna H

Come spiegato anche nel precedente metodo, le coordinate ci servono con il punto come separatore dei decimali, e la virgola come separatore dei due valori; questo lo otteniamo con la formula

=CONCATENA(SOSTITUISCI(F3;",";"."));",";SOSTITUISCI(G3;",";"."))

Il risultato finale sarà, quindi:

Punto	Misure				5,00	
	da A (b)	da B (a)	c	alfa (rad)	X	Y
1	19,36	22,69	30,00	0,8576096	17,67	14,64
2	22,12	26,13	30,00	1,0094376	16,78	18,73
3	26,05	26,92	30,00	0,9928183	19,23	21,82
4	42,59	13,30	30,00	0,1200166	47,28	5,10
5	21,40	35,12	30,00	1,4736454	7,08	21,30
6	41,80	49,00	30,00	1,4724561	9,10	41,60
7	32,67	32,10	30,00	1,0724529	20,62	28,70
8	30,47	25,05	30,00	0,8541155	25,02	22,97
9	20,74	33,01	30,00	1,3763169	9,01	20,35
10	20,48	27,36	30,00	1,0876499	14,51	18,14
11	21,75	25,17	30,00	0,9683104	17,33	17,92
12	33,51	15,80	30,00	0,4907797	34,55	15,79
13	35,00	21,20	30,00	0,6470167	32,93	21,10
14	33,10	20,74	30,00	0,6628381	31,09	20,37

Stazione totale

Il termine tecnico STAZIONE TOTALE è stato coniato quando sono usciti, sul mercato, degli strumenti che facilitano molto il lavoro; il funzionamento tecnico è il medesimo e si basa sui medesimi principi e calcoli; però la stazione totale ha, normalmente, una serie di facilitazioni che possono comprendere:

1. capacità di auto-livellamento (in pratica si "mette in bolla" da sola)
2. lettura tramite un raggio laser e non "ad occhio" (ovviamente si utilizza una stadia apposita, di altezza fissa e con un prisma riflettente alla sua sommità)
3. Display per la lettura dei valori, che possono essere "elementari" (quindi distanza e angolo) oppure direttamente le coordinate X e Y rispetto al punto strumento
4. Capacità di memorizzazione dei punti in una memoria interna, con connettore per scaricare i dati del rilievo direttamente su un PC usando una comune porta USB

Non tutte le stazioni totali hanno tutte le funzioni, alcune sono più semplici (e ovviamente costano molto meno) e prevedono alcuni lavori da fare manualmente (ad esempio la "messa in bolla", oppure la trascrizione dei dati)

Da non trascurare:

1. L'elevato costo
2. L'estrema delicatezza; uno strumento "ottico" come il tacheometro sopporta un certo grado di maltrattamento; la stazione totale potrebbe danneggiarsi facilmente sia per l'umidità (pioggia) sia con un urto, con conseguenze necessità di riparazione e taratura molto costosa
3. La necessità di batterie (se si scaricano e non abbiamo ricambi, siamo a piedi...)

Come in tutto, pregi e difetti.

Stazione GPS

L'ultimo grido della tecnologia è la disponibilità di "stazioni totali" basate sul sistema GPS (Global Positioning System).

Il GPS è un sistema di derivazione MILITARE STATUNITENSE, e come tale è sotto il controllo dei militari USA che potrebbero, in qualsiasi momento e per motivazioni loro, renderne l'uso praticamente impossibile da parte dei civili (e, ovviamente, dei militari di altri stati).

Proprio per questo varie potenze mondiali (in primis RUSSIA e CINA) hanno sviluppato sistemi analoghi sotto il controllo dei rispettivi governi; anche l'INDIA sta facendo altrettanto, limitandosi all'area regionale dell'Oceano Indiano, e l'Unione Europea ha programmato la messa a punto del proprio sistema globale (denominato GALILEO) che entrerà in funzione verso il 2020.

Il GPS (vedere anche su Wikipedia per i dettagli) si basa su una rete di satelliti (oltre 30) che trasmettono in continuazione una serie di dati che vengono ricevuti da appositi "terminali"; nel caso di rilievo topografico sono costituiti, praticamente, da una asta telescopica che svolge le funzioni di antenna, con una piccola parabola messa alla sommità, e il vero e proprio terminale (in pratica un piccolo display e una tastiera) collocato ad altezza comoda per l'operatore (circa 1,60 mt da terra).

Il funzionamento è molto complesso (comporta anche effetti della teoria della relatività per "correggere" la differenza di durata del tempo tra la superficie della terra e i satelliti che viaggiano a velocità molto alte), ma alla fine il risultato è di fornirci le coordinate cartesiane rispetto al sistema internazionale (quello basato sul meridiano di Greenwich) con una precisione che arriva ai millimetri.

Anche sui moderni Smartphone di solito sono disponibili delle APP con funzionalità GPS, ma il loro funzionamento (per motivi tecnici) non è preciso, e le coordinate sono fornite con una approssimazione di qualche metro (nei casi migliori 7-8 metri), molto utile per un posizionamento approssimativo (ad esempio per annotare le coordinate di un resto (muro o strada) individuato in una boscaglia, ma non per un lavoro di rilievo.

Anche in questo caso, comunque, valgono le medesime considerazioni fatte per la stazione totale: elevato costo e delicatezza dello strumento.

Da notare, comunque, che l'uso della Stazione GPS prevede UN SOLO OPERATORE, che si sposta con l'asta telescopica sui vari punti e deve solo premere pochi tasti per ottenere la memorizzazione delle coordinate del punto su cui ci si è piazzati.

Considerazioni finali

1. CALMA E GESSO; meglio metterci un po' più di tempo che non invalidare tutto il lavoro di rilievo
2. FARE MOLTA ATTENZIONE alla scelta della base di lavoro
3. PRENDERSI TUTTO IL TEMPO NECESSARIO per il "piazzamento" dello strumento; meglio rifare da capo due o più volte il lavoro di "messa in bolla" e di taratura inziale
4. MOLTA ATTENZIONE al piazzamento della stadia e alla sua "fermezza" durante il rilievo
5. MOLTA PRECISIONE nella trascrizione dei dati: meglio rileggere due volte e ripetere a voce alta i valori letti e trascritti
6. ATTENZIONE alla lettura sia del goniometro che dei fili della stadia
7. VERIFICARE OGNI VOLTA che il goniometro ZENITALE sia sempre fisso sul valore 300 impostato all'inizio
8. ATTENZIONE alla "tensione" della rotella nelle misure di distanza

Molto utile sarebbe, se possibile, avere dietro un PC o TABLET con il foglio di calcolo per poter immediatamente inserire i dati e "vedere" i risultati, in modo da valutare immediatamente se le misure effettuate sono congrue, confrontandole via via che si procede a rilevare i vari punti.

Insomma, un lavoro di PAZIENZA e PRECISIONE... niente di nuovo, per un archeologo.

CAD e stampa 3D

Computer Aided Design: disegno assistito dal computer. Una tecnologia che potremmo definire quasi "datata", visto che esiste da diversi decenni; solo con l'avvento di PC con una potenza notevole si è avuta una diffusione sempre maggiore di programmi come AUTOCAD negli studi professionali (in primis Ingegneri, Architetti, Geometri) che necessitano di sistemi di gestione di disegni geometrici che rendano il lavoro più efficiente.

Nella meccanica in particolare il disegno CAD 3D (tridimensionale) è diventato fondamentale quando sono apparse le prime macchine a "controllo numerico", in pratica delle apparecchiature come torni e simili comandati da computer che possono, praticamente senza intervento umano, tradurre un disegno in un pezzo finito.

La modellazione 3D è sempre più alla portata di tutti, visto che la potenza dei PC ormai è più che sufficiente allo scopo, e anche i programmi (tra cui diversi in Open Source) sono diffusi e comunque poco costosi; ma perché è importante non solo per ingegneri e progettisti ? semplicemente perché si stanno diffondendo nuove stampanti 3D in grado di produrre oggetti fisici veri e propri, e non solo disegni.

La stampa 3D è nata da pochi anni, e ovviamente agli inizi era una tecnologia un po' rozza: fondamentalmente un sistema in grado di "sciogliere" un filo di polimero e poi di "spruzzarlo" in strati sovrapposti secondo un preciso disegno; ovviamente la precisione era relativa, e gli oggetti finiti apparivano come una "millefoglie" con gli strati visibili ad occhio nudo, ma....

Come tutte le tecnologie, una volta aperta la via, si è fatto molto ma molto in fretta a migliorarla e a creare stampanti 3D che usano polimeri di più colori, che riescono a "stampare" oggetti di precisione molto elevata come dimensioni notevoli (è stata prodotta una "stampante 3D" in grado di "stampare" una casa...), e le possibili applicazioni sono innumerevoli: una delle più interessanti, in ambito medico, è la "stampa" in 3D di strutture polimeriche a supporto della ricrescita di assoni, il che ha permesso di vedere topi con la spina dorsale spezzata tornare a camminare dopo pochi mesi.... enormi le implicazioni per migliaia di persone para o tetraplegiche a seguito di incidenti.

In abbinamento a questi sistemi possiamo anche prevedere uno "scanner" laser 3D, in pratica una apparecchiatura in grado di "rilevare" i contorni di un oggetto tridimensionale e trasmetterne i dati al computer che può riprodurre il disegno (in 3D) e, con una stampante collegata, riprodurlo.

Abbiamo, quindi:

      INPUT: Scanner 3D

CALCOLO: Programma CAD 3D

OUTPUT: Stampante 3D

Alcune applicazioni di un simile sistema ? a titolo di esempio:

Nel mondo della moda: è possibile usare uno scanner 3D per rilevare le misure corporee di una persona reale, e produrre, con macchine collegate, un abito "su misura" in modo del tutto automatico; senza arrivare a questo livello si può, comunque, far vedere ad una persona i vari modelli di abito proponibili per vedere "come stanno" sull'effettivo fisico della persona stessa.

Nel mondo dell'archeologia: rilevare tramite scanner i vari frammenti di un oggetto (es. un vaso) e utilizzare un software per tentare la ricomposizione dell'oggetto; al termine è possibile produrre, in 3D, eventuali pezzi mancanti per completare la ricostruzione e ottenere un vaso intero (con parti vere e ricostruite ben riconoscibili).

Nel mondo della medicina: rilevare tramite scanner la posizione e dimensione di nei e imperfezioni della pelle, per poterle controllare automaticamente a distanza e rilevare eventuali insorgenze di alternazioni che possono portare al melanoma.

Nel mondo della meccanica: la facilità e semplicità di produzione di "prototipi" renderà molto più facile il lavoro dei progettisti.

Nel mondo dell'informatica c'è grande fermento, intorno alla stampa 3D, dato che le possibili applicazioni sono ancora tutte da esplorare e quindi c'è ampio spazio per la fantasia e l'invenzione di nuove applicazioni e nuove frontiere.

Visto che le stampanti 3D hanno dei costi già non eccessivi (sotto i 1000 €) e che saranno destinati a scendere molto rapidamente, non è strano pensare ad un futuro molto vicino dove in ogni casa ci sarà una stampante 3D e ognuno potrà, alla bisogna, produrre da solo una serie di oggetti di uso comune (es. un mestolo o un supporto) senza doverli andare a cercare in un negozio.

Digital Divide

Questo capitolo, in effetti, poteva essere utile come introduzione, dato che dovrebbe far capire l'importanza dell'informatica nel mondo moderno, e dei problemi connessi alla sua mancata diffusione e utilizzo.

Già da diversi anni si considera la conoscenza dell'informatica pari, almeno, alla capacità di "leggere e scrivere" ad inizio '900; a quel tempo l'analfabetismo era un grave problema per la società, per molti motivi: in primis un analfabeta non aveva la possibilità, studiando, di apprendere competenze necessarie nella nuova società che si andava sempre più rapidamente industrializzando.

Nei secoli precedenti la cultura era un fenomeno estremamente ristretto: solo una élite minima la praticava, mentre le masse erano, in vari modi, tenute nell'ignoranza anche per poterle meglio controllare.

Con l'arrivo della rivoluzione industriale nei paesi "occidentali" (in Italia con un certo storico ritardo) le masse di agricoltori, prevalentemente illetterati, venivano attratte da nuove possibilità di lavoro nell'industria, dove però cresceva sempre più l'esigenza di persone con un livello "accettabile" di cultura (in primis il classico "saper leggere, scrivere e far di conto"), tra l'altro sempre più crescente con l'evolversi della tecnologia stessa.

La scuola moderna, di massa, pubblica, nasce anche e forse soprattutto per questo; l'idea di aumentare la cultura anche per creare "cittadini" più consapevoli per un migliore funzionamento della democrazia sarà un aspetto che arriverà molto dopo, possiamo dire, tranquillamente, nel secondo dopoguerra (dagli anni '50 in poi).

Ma l'asticella della cultura e della conoscenza si è alzato sempre più: se negli anni '50 e '60 del '900 raggiungere la "terza media" era considerato un traguardo accettabile, il Diploma già un livello elevato e la Laurea una questione ancora riservata alle élite, fin dagli anni '70 è stato chiaro che il sistema economico chiedeva sempre di più.

Oggigiorno il Diploma è considerato un obiettivo "normale" e la Laurea un livello "desiderabile" e comunque "di massa", ed in effetti nelle società più avanzate il livello di ragazzi che arrivano alla Laurea raggiunge livelli oltre il 30%, e la stessa Unione Europea ha stabilito degli obiettivi, ambizioni ma realistici, per "sfornare" un numero di laureati sufficiente per le esigenze delle aziende moderne, sempre più tecnologiche e... informatizzate.

[198]

Da non trascurare poi la prossima "rivoluzione" nel mondo del lavoro, dove le attività manuali (operaie in primis) saranno sempre più ridotte, sostituendo le persone con delle macchine industriali che, a ben dire, sono chiamate "robot"[67].

L'informatica ormai ci circonda, e la usiamo, spesso, senza neanche rendercene ben conto: quando usiamo una tesserina di cartone per pagare l'autobus avvicinandola ad lettore collocato sul mezzo, in pratica stiamo usando un CHIP elettronico (il cui costo è diventato irrisorio) e un piccolo computer (dentro il lettore) che provvede alla validazione del viaggio e a scalare, dalla tesserina stessa, la corsa effettuata.

Ma i cellulari, il televisore, il tablet, il PC, internet, i videogiochi fanno parte della realtà quotidiana dei ragazzi di oggi, nonché, in gran parte, di moltissimi adulti che li usano (o "devono" usare) per il loro lavoro quotidiano.

Fin dal 2000 si è pensato di poter "dividere" le nuove generazioni considerando i nati dopo il 1990 come "nativi digitali", ossia persone che, fin dalla più tenera età[68], hanno avuto modo di confrontarsi e di usare l'elettronica e l'informatica, più o meno consapevolmente.

Questa suddivisione, artificiosa, nasconde però un problema, o meglio sottintende una sorta di "apprendimento spontaneo" per cui i giovani di oggi saprebbero usare l'informatica senza il bisogno di una formazione "formale".

In effetti è una sorta di abdicazione e di "ingenua speranza" secondo cui si può supporre che, grazie ad una sorta di "illuminazione" una persona sia in grado di comprendere veramente cosa sta dietro agli apparecchi che usa, spesso in modo ingenuo e spontaneo, senza una reale comprensione e capacità di adattamento conseguente.

La realtà è un po' diversa: i giovani di oggi sanno si usare le nuove apparecchiature (in primis il cellulare, oggi smartphone) in modo più o meno approfondito, ma, spesso, non ne comprendono gli effetti e le conseguenze sulla vita di tutti i giorni e sul futuro.

I cosiddetti "Digital Native" hanno, spesso, una conoscenza superficiale dell'argomento, e utilizzano l'informatica e le nuove tecnologie in modo ingenuo e superficiale, senza sentire alcuna necessità di approfondimento; questo comporta vari problemi:

1. Non usano al meglio i vari software e servizi di cui dispongono, spesso si limitano ad un uso superficiale e solo delle funzioni più appariscenti, perdendo gran parte delle potenzialità in termini di "produttività" che sarebbero disponibili

---

[67] Non si tratta dei robot antropomorfi a cui ci ha abituato la fantascienza, ma semplicemente di macchinari sempre più sofisticati e controllati da computer per l'automazione delle fasi di costruzione di macchine; Ormai in una fabbrica si trovano più macchine che persone, e soprattutto macchine che costruiscono altre macchine.

[68] Prima si considerava normale un approccio all'informatica intorno ai 16-18 anni, ma si è rapidamente scesi, grazie anche alla riduzione dei costi, fino a considerare normale, oggi, che un bambino di 4-5 anni si confronti con apparecchiature elettroniche e informatiche.

2. Non hanno una capacità di adattamento che gli permetta di passare da un software ad un altro con un apprendimento minimo, dato che non hanno chiari i "fondamentali" che stanno dietro a tutti i software

3. Non comprendono i riflessi del loro agire sia nei rapporti con gli altri sia con se stessi a distanza di tempo[69]

Ma anche i "Digital Immigrant" (tra cui si ricomprendono tutte le persone nate prima degli anni '90, nonché comunque quelli che "approcciano" l'informatica in età adulta, per i più vari motivi) hanno i loro problemi:

1. Tendono a imparare in modo superficiale solo quello che gli serve al momento, senza un approfondimento e una comprensione dei fondamentali

2. Hanno bisogno di molto tempo e di un buon manuale a cui riferirsi per affrontare un nuovo apparecchio e/o un nuovo software

3. Tendono ad avere una sorta di "timor panico" nei confronti del software, con una sorta di timore di "fare danni" che spesso li blocca nel fare tentativi di apprendimento (cosa che invece i digital native fanno praticamente di continuo, anche a sproposito: proviamo...)

Ma in ogni caso, sia per i Digital Native sia per i Digital Immigrant, oggi incombe un grave rischio, che va sotto il nome di Digital Divide.

Il mondo, oggi, si divide tra chi ha accesso alle risorse che l'informatica (in tutte le sue accezioni) propone e chi non ha questo accesso, per vari motivi.

Chi, oggi, è sottoposto al Digital Divide in pratica si trova nelle medesime condizioni di un analfabeta di inizio '900: non avrà accesso a molte possibilità, lavorative e sociali, riservate a chi invece ha un certo grado di cultura, e ne subirà le conseguenze: minore reddito, possibilità di incappare in truffe e raggiri, manipolazione politica e sociale, minori possibilità di svago e crescita personale e altro ancora.

Il fenomeno denominato Digital Divide in realtà ricomprende tre aspetti tra di loro diversi e complementari, per ciascuno dei quali sono necessarie risposte specifiche a diversi livelli.

1. Digital Divide Economico
2. Digital Divide Tecnologico
3. Digital Divide Sociale
4. Digital Divide Culturale

---

[69] Basti pensare ai potenzialmente perversi effetti dell'uso smodato dei Social Network

Digital Divide Economico

Il problema economico sussiste, nonostante il costo delle apparecchiature sia sempre in calo; ancora oggi, però, per una certa fascia di popolazione (si pensi a disoccupati, cassintegrati e simili) anche solo poche centinaia di euro per l'acquisto di una apparecchiatura (es un PC) sono una spesa considerevole e, talvolta, inaccessibile.

Spesso, soprattutto per ignoranza, non ci si rende conto che ci sono possibili accessi ad apparecchiature di seconda mano, quasi sempre in ottime condizioni (un PC non si "consuma" con l'uso…) che possono essere dotati di software Open Source gratuito, e essere una validissima alternativa senza doversi svenare; purtroppo, complice un sistema economico consumista, iniziative di "riciclaggio", ad esempio di PC dismessi da aziende, ripuliti e dotati di Linux e Libre Office, offerti ad un costo poco più che simbolico, non hanno avuto grande successo.

Da non trascurare, poi, il costo dell'abbonamento al servizio Internet, che può andare da una decina di euro al mese fino a 30-40, in funzione delle zone e dei possibili fornitori del servizio; per alcune famiglie anche questa può essere una spesa continuativa difficile da sostenere.

Si dovrebbe, oltre ad incentivare la possibilità di acquistare PC di seconda mano, ad esempio con una detassazione (Iva agevolata?), fornire un servizio "base" di accesso ad internet a costo "politico", per non dire gratuito[70].

Digital Divide Tecnologico

Questo aspetto riguarda prevalentemente la disponibilità della connessione alla rete Internet, dato che almeno in Italia sono ben rare le case che non dispongono dell'energia elettrica (se manca, come in molti paesi del "terzo mondo", ovviamente le apparecchiature tecnologiche non si possono usare se non con grandi difficoltà).

In Italia la rete internet, gestita per decenni dal monopolista di stato, sta avendo negli ultimi anni un grado di sviluppo, grazie alle liberalizzazioni, che fa ben sperare; ancora oggi (2015) però ci sono larghe zone del paese che hanno una connessione di scarsa qualità (velocità limitata e disturbata, il che rallenta ancora di più) e a costi elevati.

La diffusione del WiFi, spesso attivato in biblioteche pubbliche o in locali pubblici (scuole, comuni, circoli, ma oggi anche Bar, Pub, locali, ritrovi in genere) può aiutare in tal senso, ma non risolve il problema alla base: è importante ed utile per fornire una "continuità" in movimento (le persone oggi si spostano molto più di ieri) ma la "postazione base" a casa rimane una priorità da risolvere.

---

[70] Paesi molto più evoluti da questo punto di vista, come la Finlandia, già da anni hanno previsto la connessione ad internet ad una velocità "base" (per loro, dalle nostre parti ancora spesso è un utopia) di 4MB/sec

Digital Divide Politico

Una semplice domanda: se esiste una legge che indica alla pubblica amministrazione di adottare solo standard aperti e free, perché la stragrande maggioranza degli enti pubblici (Comuni, ASL, Ministeri, Scuole, Università) usano software proprietario (l'onnipresente Windows con Office) con i relativi costi di acquisto e licenza, miliardi di euro che ogni anno prendono la strada degli USA ?

L'uso di Linux e Libre Office potrebbe far risparmiare milioni ogni anno ad una qualsiasi amministrazione, con costi di supporto e gestione nettamente inferiori (e magari con ricadute sul territorio, come utilizzare i servizi di professionisti e piccole software house locali), nonché avere un effetto di trascinamento considerevole: se a scuola (e all'università) si apprendesse il software Open, se la pubblica amministrazione pretendesse, come "interfaccia", l'uso di documenti solo in formato Open, si creerebbero le condizioni per un suo sviluppo molto maggiore di oggi, con enormi benefici non solo economici.

Purtroppo l'uso di un software prevede una fase iniziale di "formazione" che può essere piuttosto impegnativa; anche il passaggio da un software ad un altro (es. da Microsoft Office a Libre Office) presuppone un grosso lavoro di formazione, istallazione del nuovo programma, riconversione di tutti i documenti del passato (che a volte sono diverse migliaia, e in base alla loro complessità possono richiedere molto tempo), disinstallazione del programma vecchio.

Da non trascurare che ognuno di noi è immerso in un ecosistema di relazioni che presuppone lo scambio continuo di documenti e file di vario tipo; se in questo ecosistema (ed esempio nel mondo del Business) lo standard "de facto" è rappresentato da Microsoft Office sarà molto improbabile che qualcuno decida di passare "ad altro"; il costo connesso all'uso di MS Office rappresenta, in pratica, una sorta di "tassa di iscrizione" al club del business, a tutto vantaggio del monopolista di turno.

Digital Divide Culturale

Una componente non trascurabile del Digital Divide è data dalla "non conoscenza"; non conoscenza degli strumenti, delle loro modalità di utilizzo, del loro linguaggio, delle loro potenzialità e limiti.

Questi aspetti non sono una prerogativa dei cosiddetti "Digital Immigrant": anche i "Digital Native", contrariamente a quanto ci si possa, ingenuamente, immaginare hanno un grande bisogno di formazione e di apprendimento, proprio per evitare di essere "prede" e non "cacciatori" nel mondo del digitale.

Naturalmente come abbiamo detto le esigenze sono diverse, e sicuramente i metodi e i percorsi di apprendimento saranno diversi tra le due categorie.

I Digital Native hanno, in primis, il bisogno di approfondimento: il mondo sta diventando sempre più superficiale, l'attenzione sempre più rapida; si produce conoscenza e formazione attraverso "pillole" formative della durata di pochi minuti, e si pensa che questo sia sufficiente.

Il rischio è di rimanere sempre in superficie, e di non comprendere appieno le potenzialità e i rischi di una qualsiasi cosa; si sta andando verso una frammentazione della conoscenza, una realtà di "tuttologi" che non hanno una precisa collocazione come "sapere" specializzato.

Il mondo delle aziende richiede sempre più specialisti, in vari ambiti, e ne trova sempre meno; la specializzazione costa, in termini di tempo e di impegno, e non tutti sono disponibili a investire così tanto rischiando, tra l'altro, di trovarsi in mano una specializzazione che, dopo pochi anni, non serve più.

L'accelerazione impressa dallo sviluppo tecnologico porterà, nel giro di pochi decenni, a eliminare una serie di figure professionali apparentemente inamovibili: un esempio per tutti: da anni si lavora per la realizzazione di un sistema di "guida autonoma", ossia una vettura in grado di recarsi dal posto X al posto Y senza bisogno di un autista; ormai siamo molto vicini, e nel giro di poco probabilmente sarà un "optional" normale per vetture di alta gamma e per trasporti su lunghe distanze (si pensi ai grandi TIR che percorrono migliaia di chilometri sulle autostrade); secondo alcuni tra non troppo tempo guidare sarà "proibito" o, tutt'al più, relegato a zone specifiche dove chi vorrà potrà divertirsi a farlo, in sicurezza e non facendo rischiare la vita a nessuno[71]: utopistico ? poco più di cento anni fa lo avrebbero detto anche di chi andava a cavallo o guidava una carrozza…

Per tutti, e per i Digital Native in particolare per motivi strettamente anagrafici, c'è bisogno di "imparare ad imparare", dato che molto probabilmente saranno chiamati a svolgere un lavoro che, ad oggi, non esiste ancora.

E' necessario imparare un metodo riflessivo, una capacità di astrazione che permetta di apprendere da qualsiasi fonte, di poter riflettere sull'apprendimento stesso e di saper portare esperienze diverse in nuovi ambiti, dove sarà necessario apprendere anche in fretta.

Ecco perché le "pillole" possono anche andare bene, ma non da sole: prima sarà necessario aver imparato realmente ad usarle, a trarne il massimo vantaggio e comprensione di nuove competenze, essere in grado di "digerirle" e di farle realmente proprie, evitando che rimangano solo in superficie.

Sarà necessario ovviamente un attento lavoro di selezione, che esso stesso richiede una notevole capacità: saper scegliere tra mille e mille opportunità dove investire il proprio tempo, dato che un giorno, per tutti, rimane di 24 ore e un anno di 365 giorni[72].

---

[71] I morti per incidenti stradali si contano a decine di migliaia ogni anno, in un solo stato…

[72] Ok, 366 ogni 4 anni… escluso i secoli non divisibili per 400. Vedi regole del calendario Gregoriano: molti non sanno che il 2100 non sarà bisestile; avremo il 2096 bisestile e poi sarà di nuovo bisestile il 2104

[203]

Conclusioni

Come concludere un lavoro che per sua natura è necessariamente incompleto ? con un auspicio e una mozione: spero che hi è arrivato fino a questo punto abbia colto questi aspetti:

1. L'informatica non è più solo una questione di "addetti ai lavori", così come la salute non è solo appannaggio dei medici; ognuno di noi, volente o nolente è immerso in un mondo informatico, e essere almeno capaci di destreggiarvisi è una componente essenziale del vivere oggi.

2. L'informatica, almeno del punto di vista dell'utente, non è affatto una questione così complessa (per rimanere all'esempio precedente, tutti possiamo fare molto per la nostra salute, senza aver necessariamente preso una laurea in medicina) come vogliono farcela apparire: tutto sommato è sufficiente un po' di curiosità, un minimo di idee chiare e di apertura, ed è una materia che si può ben affrontare.

3. L'informatica può riservare molte soddisfazioni, sia personali che professionali; padroneggiare "bene" questi strumenti ci apre un mondo di opportunità in tutti i rami: nessuno, a ben vedere, può farne a meno se non rinunciando a grossi margini di efficienza ed efficacia; essere un piccolo "guru" negli aspetti informatici del proprio settore di riferimento (qualsiasi esso sia, professionalmente parlando) ci fornisce una "marcia in più"

Quindi, spero di esservi stati utili, e di avere da voi un feedback (positivo per alimentare la mia autostima, negativo per permettermi di migliorare il mio lavoro e me stesso).

Mail to: trapani.marco@gmail.com

Bibliografia

Una bibliografia in ambito ICT corre due rischi: innanzitutto di essere per forza di cose incompleta, visto il numero enorme di opere in tale ambito, e poi di essere rapidamente obsoleta, sia per il rapido incedere delle novità, quasi giornaliere, sia per il sempre maggior numero di opere che vanno ad arricchire gli scaffali delle librerie.

Devo, quindi, rinunciare ad una bibliografia in senso stretto, e procedere in due aspetti: qualche consiglio generale e una serie di indicazioni (queste si, bibliografiche) su opere che potremmo definire "collaterali" e di maggiore interesse per chi informatico non è ma vuole capire le interrelazioni tra l'informatica e il resto del mondo.

Prima cosa: imparare a cercare sul WEB le innumerevoli risorse oggi disponibili, spesso in formato PDF, messe a disposizione dei più svariati autori o istituzioni, siano esse a carattere didattico, divulgativo o tecnico in senso stretto; google in questo è un pozzo senza fine, e inserire, dopo le parole di ricerca l'indicazione **file:pdf** permette di restringere le risposte al solo formato più facilmente fruibile.

Poi, una valutazione dei titoli e delle case editrici; anche queste sono numerose, e quindi l'elenco è necessariamente parziale:

- Apogeo: con una spiccata specializzazione nel mondo ICT ha una serie di titoli con un rapporto qualità/prezzo imbattibile

- McGraw-Hill: manuali tecnici di ottima fattura e molto completi, da considerare se su uno specifico ambito si vuole/deve andare in profondità

- Microsoft: ovviamente sui prodotti di casa i manuali sono quanto di meglio si possa trovare, anche se un po' costosi

Da controllare, in ogni caso, se l'autore è italiano o meno; nel secondo caso spesso le traduzioni non sono ottimali, quindi prima di acquistare un testo è utile e opportuno verificarne le recensioni e controllarlo di persona, sfogliandolo fisicamente nella libreria o biblioteca più comoda.

A proposito di biblioteche: è bene ricordare (o scoprire, per chi non lo sa ancora) che le biblioteche pubbliche sono capillarmente distribuite sul territorio (ce n'è una o più quasi in ogni comune italiano, e nelle città principali sono numerose) dove i testi si possono consultare e prendere in prestito per periodi abbastanza comodi; per trovare un libro spesso si può ricorrere a cataloghi on-line di facile consultazione che indicano dove il testo cercato è reperibile; in area fiorentina per esempio funziona benissimo il servizio SDIAF[73] (sistema documentario integrato area fiorentina) che ha messo in rete tutte le biblioteche pubbliche del territorio e attraverso un motore di ricerca ☞ http://opac.comune.fi.it/openweb/ si possono trovare testi presenti in tutte le biblioteche della rete; inoltre è possibile recarsi alla biblioteca più vicina a casa e richiedere l'invio del libro in prestito dall'altra biblioteca… basta non avere troppa fretta e in pochi giorni si può avere il testo desiderato a costo zero.

Attivissimo P. (2004) L'Acchiappavirus, Apogeo

Attivissimo P. (2014) Facebook e twitter: manuale di autodifesa, Lulu.com

Brivio F. (2009) L'umanista informatico. XML, HTML, CSS, SQL, web, internet, database, programmazione e google per le scienze umane, Apogeo

Castano S., Ferrara A., Montanelli S. (2009) Informazione, conoscenza e Web per le scienze umanistiche, Pearson,

Formiconi A.R. (2009) Coltivare le connessioni, come "stare online", disponibile su iamarf.wordpress.com (visitato il 9/8/2010)

Huff D., Geis I. (2007) Mentire con le statistiche, traduzione di Giancarlo Livraghi, Riccardo Puglisi, Monti&Ambrosini editori, ISBN 978-88-89479-09-4.

Maggino F. (2009) La misurazione dei fenomeni sociali attraverso indicatori statistici. Aspetti metodologici.. Firenze: Firenze University Press, Archivio E-Prints, Firenze

Maggino F. (2005) L'analisi dei dati nell'indagine statistica vol. 2. FUP, isbn:8884533511

Maggino F. (2005) L'analisi dei dati nell'indagine statistica vol. 1. FUP, isbn:8884532086

[73] 130 Biblioteche e Istituti Culturali, oltre due milioni di documenti, prestito di libri, cd musicali, DVD, prestito interbibliotecario …

www.ingramcontent.com/pod-product-compliance
Lightning Source LLC
Chambersburg PA
CBHW071426050326
40689CB00010B/1995